Hungerstreik

ECON Lebenshorizonte

Susie Orbach

Hungerstreik

Ursachen der Magersucht
Neue Wege zur Heilung

ETB
ECON Taschenbuch Verlag

CIP-Titelaufnahme der Deutschen Bibliothek

Orbach, Susie:
Hungerstreik: Ursachen der Magersucht; neue Wege zur Heilung / Susie Orbach. [Übers. aus d. Amerikan. von Sonia Mikich]. – Düsseldorf: ECON-Taschenbuch-Verl., 1990
(ETB; 23041: ECON-Lebenshorizonte)
Einheitssacht.: Hungerstrike <dt.>
ISBN 3-612-23041-7
NE: GT

Lizenzausgabe

Titel des Originals: Hungerstrike. The Anorectic's Struggle as a Metaphor for our Age
Übersetzt aus dem Amerikanischen von Sonia Mikich
Umschlaggestaltung: Lutz Kober, St. Goarshausen
Druck und Bindearbeiten: Ebner Ulm
Printed in Germany
ISBN 3-612-23041-7

Inhalt

Für Audrey, Laura, Lisa und Jean
in Anerkennung und Liebe

»In den achtziger Jahren ist Anorexia Nervosa zum Symbol und Leitmotiv der kulturellen Strömungen in unserer Gesellschaft geworden. Der Wille zur Selbstbeherrschung und Selbstkontrolle sowie das Erringen absoluter Eigenständigkeit und Autonomie ist für viele Amerikaner inzwischen Garant für eine gesicherte Existenz. Wir werden konfrontiert mit einem Persönlichkeitsentwurf, dessen Überspitzung sich mit im anorexischen Charakter zeigt, der Kontrolle und Selbstbeherrschung zum Mittelpunkt erhebt mit dem Hauptziel der Verwirklichung eines idealen Selbst und eines idealen Körpers.«

John Sours,
Verhungern mitten in der Welt der Dinge

Vorwort

Das Schreiben dieses Buches war ein schmerzlicher Prozeß, denn das Thema konfrontierte mich mit wirklich tragischen Schicksalen. Beim Versuch, die Innenwelt und Außenwelt eines anorexischen Menschen darzustellen, wollte ich die Magersucht als solche und als gesellschaftlich eingebundenes Phänomen untersuchen. Ich hoffe sehr, daß mein Anliegen, Anorexia Nervosa als Vehikel einer Kulturkritik zu benutzen, in keiner Form die zutiefst persönlichen Belange magersüchtiger Frauen verwässert hat.

Wie gesagt, es war schmerzlich, dieses Buch zu schreiben, aber die Arbeit daran hat mich auch zu neuen Ansichten geführt. Beim Versuch, die Anorexie zu verstehen, fand ich bei einzelnen Frauen eine bemerkenswerte Stärke und Entschlossenheit vor. So gelang es mir, in der Anorexie unter anderem auch eine mögliche Protestform und eine legitime Sache zu sehen. Die Arbeit mit Frauen, die mir Einblick in ihr Innerstes gewährten, hat mich zutiefst bewegt. Ich bin dankbar, daß ich an ihren sehr persönlichen Kämpfen teilhaben durfte.

Mein Dank gilt auch Frances Coady, Linda Healey und Caradoc King, die mir mit ihrer Fachkompetenz bei diesem Projekt zur Seite standen.

Susie Orbach
Januar 1985

Einführung

Der Anstieg der Zahl von Magersuchtsfällen wird begleitet von zahlreichen Fiktionen über das Wesen der Magersucht, über ihre Opfer und über mögliche Behandlungsmethoden. Der Hintergrund ihrer Symptome ist genauso verborgen geblieben wie die Anorexie selbst. Die Magersucht gilt allgemein als neue, beängstigende Krankheit. Bis vor kurzer Zeit war die Anorexie noch kein Bestandteil der Lehrpläne von medizinischen Ausbildungsstätten und Schulen für Psychiater, Psychologen und Sozialarbeiter. Aber gleichzeitig mit dem Wachwerden des Interesses kamen die Vorurteile: Die Anorexie sei pathologisch, sie sei unheilbar, sie schaffe resistente Patientinnen, sie sei eine Krankheit vorpubertärer Mädchen, sie träte bei Mädchen der oberen Mittelschicht auf, sie suche insbesondere Leistungsbewußte heim, sie sei eine Flucht vor der genitalen Sexualität. Die Behandlung der Anorexie ist zu einer »Wachstumsindustrie« geworden. Eßstörungen sind ein Tagesthema der Psychologie – die Anzahl von Artikeln und Dissertationen zu diesem Thema steigt ins Unermeßliche. Gleichzeitig wuchern angesichts der steigenden Magersuchtsfälle Spezialkliniken und -programme, die ihre Dienste zur Heilung von Eßstörungen anbieten.

Ein Merkmal dieses wachsenden Interesses an der Magersucht ist der Versuch, eine brauchbare Klassifizierung und Symptomatik zu entwickeln.[1] Dies steht im Zusammenhang mit dem offensichtlichen problematischen Gebrauch des Wortes Anorexie – das im wörtlichen Sinne »Appetitverlust« bedeutet –, um ein Syndrom zu beschreiben, bei dem es um die Verweigerung und Überwindung von Hunger und Appetit geht. Weitere Schwierigkeiten rühren aus dem Wunsch her, eine prägnante Zusammenfassung unterschiedlicher Fälle aus der ärztlichen Praxis zu entwickeln, vermutlich mit dem Ziel, sie in ein bestimmtes Behandlungsraster einzupassen. In diesem Buch benutze ich den Begriff Anorexie in einem möglichst weiten Wortsinn, um Frauen zu beschreiben, deren gemeinsames Merkmal die Nahrungsverweigerung ist und die Angst vor Essen entwickelt haben. Die Folgeerscheinungen dieser Verweigerung zu analysieren ist mein zweites Anliegen. Obwohl Magersucht durchaus zwanghaftes Essen und Bulimie nicht ausschließt (von Zeit zu Zeit geben sich magersüchtige Frauen geradezu einem Freßgelage hin, um sich dann unmittelbar danach zu übergeben), ist das offensichtlichste Charakteristikum der Anorexie die Beharrlichkeit der Nahrungsverweigerung. Verzweifelt versucht die Magersüchtige, dünn zu werden und zu bleiben, und zu diesem Zweck reduziert sie ihr Körpergewicht drastisch. Sie wird so leicht, daß sie noch nicht einmal genug wiegt, um zu menstruieren. Ihre Nahrungsaufnahme ist so minimal, so kalkuliert und so kontrolliert, daß der Körper buchstäblich nach Nährstoffen hungert. Die Magersüchtige weist ein Bündel physischer Symptome auf: Ihre Extremitäten werden sehr kälteempfindlich, sie kann kaum schlafen und wacht früh auf. Weiches Flaumhaar bedeckt den ganzen Körper, um ihn zu wärmen. Mit anderen Worten: Die Magersüchtige befindet sich in einem einschneidenden Prozeß der Veränderung des eigenen Körpers. Die zwanghaft Eßsüchtige stellt sich vor, daß sich alles in ihrem Leben bessern würde, wenn sie nur dünn wäre. Aber die Hoffnung, mit der Schlankheit auch Zufriedenheit zu erringen, ist trügerisch, und dann erfolgt eine dramatische Veränderung der Stoßrichtung und des Hintergrundes des Symptoms. Die Magersüchtige wird völlig besessen von der Aufrechterhaltung der verschiedenen Programme, die sie entwickelt hat, um ihre ohnehin geringe Nahrungsaufnahme noch zu vermindern.

Obwohl die Magersüchtige regelrecht Angst vor Nahrungsmitteln entwickelt, spürt sie das Bedürfnis, sich in ihrer Nähe aufzuhalten. Sie denkt ständig über das Essen nach, sie bereitet mit Sorgfalt Mahlzeiten für andere, insbesondere Nachspeisen, und sie legt große Aufmerksamkeit für die Eßbedürfnisse anderer an den Tag. Ihre eigenen Wünsche und Hungergefühle werden zum Teil befriedigt – durch Übertragung auf und Identifizierung mit anderen Menschen. Das bißchen Essen, das sie sich selbst zugesteht, nimmt sie allein ein. Wenn eine Magersüchtige gezwungen ist, in Gesellschaft zu speisen, schiebt sie das Essen auf dem Teller hin und her und verbirgt es unter Servietten und Salatblättern. Sie hat entsetzliche Angst, tatsächlich etwas zu schlucken und so die Kontrolle zu verlieren, die sie sich mühselig erkämpft hat.

Einerseits hat Anorexie etwas mit »dünn sein« zu tun – mit sehr, sehr dünn sein. Die Magersucht illustriert die Unsicherheit von Frauen darüber, wieviel Platz sie in der Welt einnehmen dürfen. Auf der anderen Seite ist die Nahrungsverweigerung getrieben von dem Wunsch, den eigenen Körper zu kontrollieren, denn der Körper ist für die Magersüchtige ein Symbol für emotionale Bedürfnisse. Wenn sie die Kontrolle über den eigenen Körper erreicht, so glaubt sie, wird sie vielleicht ebenfalls ihre Emotionalität in den Griff bekommen. Das rigide Unterdrücken und Disziplinieren des Körpers ist Teil eines Versuchs, das eigene Gefühlsleben zu verleugnen. Die Magersüchtige kann Gefühle nicht tolerieren. Sie erfährt Emotionalität als Angriff, und sie möchte sie kontrollieren, um von ihren Gefühlen nicht aufgezehrt zu werden. Sie versucht, die Herrschaft über den eigenen Körper und die eigene Seele zu erlangen, indem sie eine völlig neue Person aus sich selbst heraus schafft. Mit anderen Worten: Sie negiert die eigene Persönlichkeit, die voller Bedürfnisse, Hunger, Zorn und Sehnsucht ist. Und mit Hilfe anstrengender, körperlicher Rituale verwandelt sie sich in eine Person, die sie akzeptieren kann. Die Unterwerfung unter Rituale schafft eine Grenze zwischen der Person und ihren Bedürfnissen. Die Magersüchtige schöpft Kraft aus dem Wissen, daß sie Bedürfnisse und Appetit ignorieren kann.

Bulimie

Obwohl dieses Buch sich hauptsächlich mit der Magersucht beschäftigt, ist es wohl bekannt, daß viele magersüchtige Frauen Phasen der Bulimie durchleben. Als definiertes Krankheitsbild ist die Bulimie eine noch jüngere Erscheinung. Ein bemerkenswertes Phänomen der Gegenwart ist das, was ich als »Bulimiewelle« bezeichnen möchte. Eine Welle, die sich zur Zeit an den Hochschulen ausbreitet, vergleichbar mit der »Marihuanawelle« vor etwa 15 bis 18 Jahren.

Häufig stellt die Bulimie eine soziale Handlung dar, bei der Studentinnen zusammenkommen, sich mit Essen vollstopfen, um danach den Magen wieder zu entleeren.

Der Vergleich mit Marihuana ist durchaus zutreffend, denn viele Betroffene, die die Bulimie als gesellschaftlichen Akt betreiben, das heißt als ein spezifisches Bindungsritual, können sie jederzeit aufgeben. Bulimie ist nicht unbedingt die Einstiegskrankheit für eine folgende Magersucht, genausowenig wie Marihuana die Einstiegsdroge für Heroin ist. Für manche Frauen aber stellt sie den Auftakt zur Anorexie dar, für andere wiederum ist sie ein Problem an sich – wie etwa der gewohnheitsmäßige Konsum von Marihuana. Frauen, die sich selbst als der Völlerei und Entleerung sklavisch ergebene Wesen wahrnehmen, werden vielleicht die folgende Beschreibung als zutreffend und nachdenkenswert empfinden: Manche anorexische Frauen weisen, wie bereits dargelegt, in ihrem Alltag bulimische Merkmale auf. Wie die ihr verwandten Syndrome Eß- und Magersucht, so ist auch die Bulimie eine Art Antwort von Frauen. Eine Reaktion auf die Umstände ihrer Erziehung und ihrer sozialen Umwelt. Deswegen sind manche Erkenntnisse der Gesellschaftsanalyse auf bulimische Frauen durchaus anwendbar.[2] Im Gegensatz zur magersüchtigen Frau nimmt die bulimische öffentlich Nahrung zu sich (obwohl sie sich vielleicht nach der Mahlzeit entschuldigt, um sich übergeben zu gehen), und sie ist längst nicht so interessiert an Gesprächen über das Essen oder über Rezepte. Äußerlich entspricht sie vielleicht den gängigen Schönheitsidealen, das heißt, sie ist schlank, aber nicht ausgezehrt. Mit anderen Worten: Es wird nicht sichtbar, daß hier etwas nicht stimmt. Der Überlebensmechanismus der bulimischen Frau beinhaltet eine unaufhörliche Völlerei, und die Betroffene scheint für die eigene Gier nicht zahlen zu müssen. Sie wird die Nahrung wieder los. Entweder durch Erbrechen oder gelegentlich durch hohe Dosen von Abführmitteln. Ihre Mitmenschen müssen nicht unbedingt von ihren Eßschwierigkeiten wissen. Sie sieht gut aus – auch wenn sie selbst daran zweifelt –, und sie scheint vernünftige Eßgewohnheiten zu haben. Auch wenn sie eine kleine Kleidergröße hat, kann sie sich kaum daran freuen. Die eigene Schlankheit ist in ihren Augen eine Art Betrug, ein »Ungestraft-Davonkommen«. Die bulimische Frau macht eine gefährliche Gratwanderung, sie balanciert unsicher zwischen Völlerei und Erbrechen.

Tagsüber leidet die bulimische Frau, emotionale Granatsplitter scheinen sie von innen her zu durchbohren. Sie spürt Schmerzen, aber sie kann kaum damit umgehen. Unbewußt verschiebt sie ihre Gefühle auf einen späteren Zeitpunkt. Ihre Arbeit verrichtet sie mit Kompetenz, ihr Auftreten deutet keineswegs auf irgendwelche Probleme hin – genausowenig wie ihr Körper. Scheinbar ist sie ausgeglichen, gut gelaunt und lebenstüchtig. Aber ihr Leben ist zutiefst gespalten, innerlich ist sie völlig zerrissen. Sie kann die Dinge nicht einfach an sich abprallen lassen, sie ist sehr sensibel und leicht verletzbar. Tagsüber versucht sie, schmerzhafte Erfahrungen von sich fernzuhalten, nachts stopft sie sich emotional und physisch voll. Diese Völlerei ist eine intensive Erfahrung. Es kann so weit gehen, daß sie sich wie ein wildes Tier fühlt: Sie streift auf Futtersuche umher, verzweifelt hält sie nach Trost und Befriedigung Ausschau. Alle unverdauten Gefühle, die sich tagsüber angesammelt haben, springen aus ihr heraus wie aus der Büchse der Pandora. Aber die Betroffene kann sich ihnen immer noch nicht stellen. Die Gefühle ängstigen sie so sehr, daß nur reichliches Essen sie verdrängen kann.

Die bulimische Frau findet nur wenig Trost bei der Nahrungsaufnahme. Erst wenn sie voll und danach wieder entleert ist, fühlt sie sich besser. Sie muß sich säubern. Sie muß ihr Bedürfnis nach Linderung leugnen, sie muß alles ausstoßen, was sie nicht verdauen kann. Dieser Prozeß des Nicht-festhalten-Könnens wird wiederholt. Wie durch einen wiederholten Kurzschluß, so verhindert das bulimische Verhalten die Auseinandersetzung mit zutiefst empfundenen Sorgen. Bulimische Episoden gleichen Ersatzdramen. Das soll nicht heißen, daß solche Erfahrungen an sich nicht wirklich, beängstigend, erniedrigend, schwierig oder schmerzhaft sind, aber sie sind eingekapselte Vorgänge. Sie gleichen Tintenklecksen auf einem Blatt Papier: Die sonst so perfekt aussehende Handschrift wird beeinträchtigt. Bulimische Vorgänge sind der geheimnisvolle, *unsaubere* Ausdruck eines inneren Konfliktes, den die Betroffene nicht loswerden kann. Eine bulimische oder magersüchtige Frau beginnt ihre Mahlzeit vielleicht mit einem farbenfrohen Signal, zum Beispiel einem Tomatensaft. Beim Erbrechen achtet sie sehr darauf, daß die rötliche Flüssigkeit wieder hochkommt. So kann sie sichergehen, daß nichts absorbiert wurde. Mit unvorstellbarer Besessenheit beschäftigt sie sich mit dem Ritual der Völlerei und des Übergebens. Das kann Stunden in Anspruch nehmen, den ganzen Abend, vielleicht sogar die ganze Nacht. Sie wandert vom Delikatessenladen zur Imbißstube und nimmt überall eine Mahlzeit ein. Oder sie schließt sich zu Hause ein mit Kuchen, mit Bergen von Eis, Käse und Keksen. Essen, ausspucken. Essen, ausspucken. So wird die Völlerei zu einer alles beherrschenden Aktivität, zum Zeitvertreib, zur Lebensgestaltung.

Zwar kommen die Therapeuten durch den ständigen Umgang mit Bulimie zu zahlreichen interessanten und komplexen Erkenntnissen, aber die Therapien und Spezialkliniken, die sich insbesondere den zunehmenden Fällen von Anorexie zuwenden, bieten uns, was ihre Erfolgsbilanz betrifft, keinerlei Grund zu Optimismus.[3] Die Versagerquote bei der Behandlung von Anorexie ist entmutigend hoch. Zwar gibt es von der Psychoanalyse bis zur Verhaltensmodifikation eine wahre Bandbreite von Annäherungsmöglichkeiten, aber alle Behandlungsmodelle haben eines gemeinsam: Sie gehen davon aus, daß die Magersüchtige vorsätzlich und stur sich weigert zu essen. Diese Verweigerung steht für die Ärzte im Vordergrund und ängstigt die Familie und die Freunde der Patientin. Daher konzentrieren sich alle Heilversuche darauf, diese Verweigerung außer Kraft zu setzen. Wenn die Magersüchtige nicht in der Lage ist, sich dem angebotenen Eßplan anzupassen, wird sie manchmal auch zwangsernährt. In den fortschrittlicheren Krankenhäusern der USA und Englands sind die Ärzte dabei, etwas elegantere Techniken zu entwickeln, um unter Umgehung der oralen Aufnahme der Patientin Nahrung in den Magen zu schieben. Es besteht ein Konsens darüber, daß die Patientin wieder gesund ist, wenn sie ihr Normalgewicht erreicht hat und wenn sie ihre geschlechtsspezifische Rolle wieder so spielt, wie ihre Umwelt es von ihr erwartet. Solche Interventionen stellen bestenfalls oberflächliche Versuche der Problembewältigung dar, und ihre Erfolge sind stets kurzlebig. Außerdem ist eine solche Behandlung paradox. Die Frau kann die Gewichtszunahme nicht aufrechterhalten, Unsicherheit und mangelndes Selbstbewußtsein werden noch verstärkt. Durch die Verweigerung von Nahrung konnte die Magersüchtige für sich selbst eine Art Erfolg, eine Art Leistung verbuchen. Nach der »Heilung« muß sie sich wieder wie eine Versagerin vorkommen.

Der kognitive Ansatz ist der am weitesten verbreitete. Er geht davon aus, daß, wenn die Magersüchtige in die Lage versetzt wird, ihr eigenes Verhalten zu durchschauen, sie dann ihr lästiges und schwieriges Betragen aufgeben kann. Mögen solche Denkansätze noch so gut begründet sein: Sie können einfach nicht zum Unterbewußtsein der Betroffenen durchdringen. Es sei denn als eine weitere Verurteilung. Denn die Anorexie ist kein bewußter Willensakt (obwohl sie Elemente der bewußten Entscheidung enthält). Sie ist vielmehr eine unbewußte Antwort auf eine Verflechtung von psychischen Problemen, die anders nicht zu lösen sind. Für die Magersüchtige ist die Verweigerung eine Stärke, sie hat das Gefühl, etwas zu vollbringen. Häufig ist die Verweigerung von Essen das einzige Verhaltensmerkmal, auf das sie stolz sein kann. Der Versuch, die Anorexie über den Kopf zu bekämpfen, geht an den Erfahrungen mit Magersüchtigen vorbei und verhindert eine mögliche Hilfe.

Seit etwa 15 Jahren versuchen die Mitarbeiterinnen des »Women's Therapy Centre« in London und des »Women's Therapy Center Institute« in New York, eine Lösung für Eßprobleme zu entwickeln. Eine Lösung, die die gesellschaftliche Rolle von Frauen mit einbezieht und so neue Methoden des Verstehens und Behandelns von Eßsucht, Bulimie oder Anorexie anbietet. In meinen Büchern *Fat is a Feminist Issue I und II* (dt. Ausgabe: *Anti-Diätbuch I und II)* habe ich bereits die Eßsucht und ihre Folgen untersucht. Die Gesellschaftsanalyse im ersten Teil dieses Buches bietet die Grundlage für die Fallstudien im zweiten Teil. Die Schlußfolgerungen ermöglichen eine neue Methode der Behandlung von Anorexie. Ich hoffe, daß das anscheinend unlösbare Problem an Bedrohlichkeit verliert, wenn ich den Bedeutungshintergrund der seelischen und körperlichen Vorgänge bei der Magersucht enthülle. Gleichzeitig wünsche ich mir, daß ich Faszination und Ekel der Menschen verständlich machen kann, die mit dem leichenhaften Körper einer Magersüchtigen konfrontiert werden. Vor allem hoffe ich, die Erfahrungswelt der anorexischen Frau zu treffen, so daß sie sich auf diesen Seiten angemessen verstanden und eindeutig dargestellt sieht.

Die in diesem Buch beschriebene Magersüchtige hat nichts mit den gängigen Klischees zu tun: Sie ist nicht das morbide Mittelschichtsmädchen, das sich weigert, erwachsen zu werden. Natürlich bin ich im Verlaufe meiner Arbeit auf solche jungen Frauen gestoßen. Aber ich hatte auch das Privileg, mit einer sechzigjährigen Großmutter zu arbeiten, einer Frau, die schon jahrelang mit der Magersucht lebte. Und zu meinen Patientinnen zählten auch viele Frauen, die ihre Pubertät schon lange hinter sich gelassen hatten. In den meisten Fällen wurde den Frauen die Therapie nicht aufgezwungen, sondern sie kamen freiwillig trotz häufigen Zögerns und vielfacher Angst. Frauen der Arbeiterklasse waren dabei und Frauen mit mittlerem Einkommen, Akademikerinnen und Prostituierte. Die seelischen Abwehrstrukturen dieser Frauen glichen sich auf den ersten Blick so, daß die bloße Analyse der Symptome aus diesen Frauen eindimensionale Wesen machen würde. Aber bei der Arbeit mit diesen Frauen drängte sich vor allem die Erkenntnis auf, daß der anorexische Raster eine wahre Fülle von individuellen Erfahrungen abdeckt. Der gemeinsame Nenner der Erfahrungen ist nicht in Beruf, Alter oder Lebensabschnitt anzusiedeln, sondern er kumuliert in der allen Betroffenen gemeinsamen Vorstellung, wie ein Gefühlsleben wohl aussehen darf. Die Grundlage dieser gemeinsamen Ideenwelt ist der Versuch, unbefriedigte emotionale Bedürfnisse, Sehnsüchte und authentische Imitationsvorgänge zu verstehen und zu bewältigen. Bei jedem Fall von Magersucht ist ein höchst vitaler innerer Kampf zu beobachten, bei dem es um die Unterdrückung von wesentlichen Bedürfnissen geht. Für ein auf Unangreifbarkeit gebautes Selbstbild ist das bloße Anzeichen eines Bedürfnisses schon eine Bedrohung. Wenn aber die Magersucht grundsätzlich der Versuch ist, Bedürfnisse zu leugnen, so stellt sich die Frage, warum die Bedürfnisse für diese Frauen so belastend sind und warum Entbehrung eine solche Wertschätzung genießt. Ich stelle die These auf, daß die Antwort in der besonders großen Sensibilität liegt, die diese Frauen schon sehr früh hinsichtlich geschlechtsspezifischer Rollenvorschriften verinnerlicht haben. Die Betroffene erlebt trotz einer Sozialisation, deren Ziel die Bedürfnisunterdrückung ist, weiterhin die intensive Präsenz von Bedürfnissen und Wünschen. Dies wird für sie zum Problem, und die Magersucht ist die Lösung. Es gelingt ihr nicht, ihrem Verlangen gerecht zu werden, weder durch Erfüllung noch durch behutsames Abmildern. Ihre Magersucht ist der tägliche, ja stündliche Versuch, die eigenen Bedürfnisse unter Kontrolle zu halten, die eigene Person und ihre Wünsche zu verstecken. Indem die Anorexie existenzbeherrschend wird, verneint sie ureigene

Bedürfnisse. Indem die Anorexie eine übermenschliche Unterwerfung unter das Prinzip der Verweigerung verlangt, bietet sie eine selbstbeherrschte und zuverlässige Existenzform an.

Immer wenn die Seele einer Frau bedroht wurde, wählte sie die Kontrolle über den eigenen Körper als Weg der Selbstdarstellung. Die Nahrungsverweigerung der Magersüchtigen ist nur das letzte Glied einer langen Kette von Versuchen der Selbstbehauptung. Wenn der weibliche Körper Schauplatz eines Protestes ist, so ist gleichermaßen der weibliche Körper das Schlachtfeld, auf dem um die Kontrolle gekämpft wird.

Anmerkungen:

1 dazu: Bruch, H., *Eating Disorders: Obesity Anorexia Nervosa and the Person Within,* New York 1973; Crisp, A. H., *Let Me Be,* London und New York 1980; Sours, J. A., *Starving to Death in a Sea of Objects,* New York 1980; Willbourne, J., und Purgold, J., *The Eating Sickness,* Sussex 1984

2 Ich will jedoch an dieser Stelle nicht die Probleme der ausschließlich von Bulimie betroffenen Frauen ansprechen, weil meine praktischen Erfahrungen mit diesem Personenkreis begrenzt sind.

3 In der Therapie müssen wir die Spannung zwischen Einnehmen und Ausstoßen untersuchen. Wir müssen uns mit der Frage auseinandersetzen, warum sich die Betroffene von der Nahrung so schrecklich bedroht fühlt. Wir müssen ihr helfen herauszufinden, warum sie Dinge, die zunächst als gut und tröstlich betrachtet werden, nicht bei sich behalten kann. Wir müssen erkennen, welches schreckliche Geheimnis sie in sich birgt, durch das sie sich gezwungen fühlt, die Nahrung wieder zu erbrechen, die sie doch zu Beginn der Einnahme als beruhigend empfand. Wir müssen herausfinden, warum eine potentiell angenehme Empfindung auch das Gegenteil beinhaltet. Wir müssen ergründen, was dahintersteckt, wenn positive Gefühle so schnell so giftig werden. Therapeutin und Magersüchtige müssen gemeinsam verstehen, warum die Patientin gezwungen ist, Tröstliches zurückzuweisen.

TEIL I

1. Die Anorexie: Eine Metapher für unser Zeitalter

Jeden Morgen wachen Hunderte und Tausende von Frauen mit dem Gedanken auf: Wird es – was das Essen betrifft – ein »guter Tag« oder ein »schlechter Tag« werden? Sie bereuen das, was sie am Vortag zu sich genommen haben, und sie hoffen, daß sie sich heute stärker unter Kontrolle haben. Sie beginnen den Tag mit Furcht oder Hoffnung, das hängt davon ab, wieweit sie ihre Nahrungsaufnahme zu beherrschen meinen. Für diese Frauen ist das Essen eine immer wiederkehrende Quälerei. Das ist eine unumstrittene und häufig diskutierte Tatsache unseres Alltagslebens. Die obsessive Beschäftigung mit Essen ist Ausfluß einer traditionellen Übereinkunft in unserer Gesellschaft: Inhalt und Umfang der Ernährung sowie das Kochen für andere sei die Sache der Frau. Das Essen ist das Medium, mit dem Frauen angesprochen werden; umgekehrt gilt, daß das Essen für die Frauen auch zur Möglichkeit geworden ist, zu antworten.

Mit der Beschäftigung mit dem Essen geht die Fetischisierung der weiblichen Form einher. Frauen wünschen sich jenen ewig jungen, schönen Traumkörper. Der weibliche Körper wird dauernd geprüft, gehegt und gepflegt. Er dient als Vehikel einer Bandbreite von Aussagen. Frauen befinden sich in einer zwanghaften Verwicklung von Ernährung und Körper. Der weibliche Körper ist Nutznießer stundenlanger Aufmerksamkeit, Sorge und Aufregung. Ein nicht enden wollender Kampf, den eigenen Körper richtig zu formen. Aber der Schmerz, in diesen Kampf (und die daraus folgenden Eßgewohnheiten) verstrickt zu sein, ist irgendwie stumm. Frauen versuchen dauernd, die quälenden

Auswirkungen einer gesellschaftlich verursachten Unsicherheit hinsichtlich ihres Körpers zu vermitteln. Diese Beschäftigung wird sowohl versteckt als auch öffentlich vollzogen. Bis zu einem gewissen Grad akzeptieren Frauen die Bedeutung der Selbstdarstellung, deswegen ist die Fixierung auf den eigenen Körper eine erlaubte Art, sich selbst auszudrücken und einzubringen. Aber hinter dieser gesellschaftlich wohlgelittenen Privatangelegenheit versteckt sich eine qualvolle Beziehung, die so viele Frauen inzwischen zu ihrem Körper haben. Frauen unterdrücken das Wissen um den Schaden und die Schmerzen, die dieser Körperkult mit sich bringt.

Die Anorexia Nervosa ist möglicherweise der dramatische Höhepunkt der Besessenheit unserer Gesellschaft, den Körperumfang regulieren zu wollen. In den letzten zehn Jahren hat dieses psychologische Syndrom epidemische Ausmaße angenommen.[1] Nun könnte die Leserin oder der Leser Einwände erheben und fragen: »Was hat all dies mit mir zu tun? Von welchem allgemeinen Interesse könnte eine gesellschaftsanalytische und medizinische Studie der Magersucht sein?« Dieselbe Person könnte sogar noch weiter gehen und offenes Desinteresse für dieses Thema, ja Ekel äußern. Aber obwohl uns die Anorexie als Antwort auf kulturelle Normen möglicherweise extrem, abstoßend und bizarr vorkommen mag, so illustriert doch gerade die Radikalität dieser Reaktion die Realität von Frauen in unserer Gegenwart. Anorexia Nervosa – das frei gewählte Verhungern – ist sowohl eine ernst zu nehmende Seelenkrankheit, an der Tausende von Frauen leiden, als auch eine Metapher für unser Zeitalter. Wie das psychologische Symptom der Hysterie, das Freud so treffend im Wien des vergangenen Jahrhunderts beschrieb, so ist auch die Magersucht ein deutlicher Ausdruck eines inneren Anpassungsprozesses von Frauen in westlichen Gesellschaften der heutigen Zeit. Ein Versuch der Bewältigung von Leidenschaften und Sehnsüchten in einer Zeit außerordentlicher Verwirrung. Aber ein Unterschied muß festgehalten werden: Die Hysterie war eine »imaginierte« körperliche Antwort auf emotionale Konflikte, die durch die Beschränkung der Frauenrolle im Viktorianischen Zeitalter hervorgerufen wurden. Dagegen haben wir bei der Anorexia Nervosa das schmerzhafte Schauspiel von Frauen vor uns, die tatsächlich ihren Körper *umwandeln* beim Versuch, mit widersprüchlichen Rollenanforderungen fertig zu werden. Hinter solchen psychologischen Symptomen verbirgt sich das Unaussprechliche. Sie drücken sowohl die Widerstands- als auch die Kompromißbereitschaft von Frauen aus, die in einer bestimmten sozialen Rolle innerhalb eng definierter Grenzen leben müssen. Das Hungern mitten im Überfluß, die Verweigerung als Gegenmittel zum Verlangen, das Streben nach Unsichtbarkeit gegen den Wunsch, gesehen (und bewundert) zu werden – die Schlüsselmerkmale der Anorexie –, sind eine Metapher für unser Zeitalter.

Psychologische Symptome und die Bedeutungen, die ihnen von Analytikern und Analysierten zugesprochen werden, eröffnen uns die Welt des Unterbewußtseins im Kontext des Zeitalters eines Individuums. Sind diese Symptome erst einmal entziffert, so erlauben sie uns, sehr detailliert an den Alltagserfahrungen einer Frau teilzuhaben. Sie wirken wie Fenster, die uns einen Blick in die Erlebniswelt von Frauen allgemein erlauben, und sie lenken die Aufmerksamkeit auf zutiefst qualvolle, aber grundlegende Aspekte der weiblichen Existenz, die ansonsten meist verborgen bleiben.

Die Magersucht wird meistens interpretiert als die Weigerung einer Frau, endlich erwachsen zu werden.[2] Eine Störung, die häufig während der Pubertät eintritt, ein Versuch, Mädchen zu bleiben, eine Ablehnung von Weiblichkeit. Wenn wir die Implikationen dieser Sichtweise untersuchen, erkennen wir, daß sie zwei Ziele hat. Und beide infantilisieren die Frau. Denn wenn man die Magersüchtige als Kind definiert, ist sie weniger bedrohlich, ihre Krankheit hat weniger Rechtfertigung. Es handelt sich bei der Magersucht nur um unannehmbares, schlechtes Betragen, das man kurz abhandeln kann.

Und die Meinung der Betroffenen ist irrelevant, weil sie wie die Person selbst schlichtweg unreif ist.

Bei der These, daß es sich bei der Magersucht um eine Störung in der Pubertät handelt, wird etwas anderes unhinterfragt vorausgesetzt: Die erwachsene Frau hat angeblich keine Probleme mit ihrer Weiblichkeit. Die Weigerung der Magersüchtigen, sich ihrer gesellschaftlich definierten Rolle anzupassen, wird als krankhaft an sich betrachtet. Und nicht als äußerst komplizierte Reaktion auf eine verworrene gesellschaftliche Identität. Sogar sehr progressive Ärzte, die Magersüchtigen ihre Hilfe anbieten, benutzen dieses Denkmodell als Grundlage ihrer Therapie. Schon bald aber befinden sie sich in einem Machtkampf mit einer sehr beharrlichen, unbeugsamen Person, und unweigerlich enden sie dabei in einer Zwickmühle: Einerseits beschreiben sie die Magersüchtige als schwach und kindisch, andererseits erfahren sie sie als gewitzte, starke und unbeugsame Gegnerin. Sie sind in einem Paradoxon verstrickt. Da ist die These, daß die Magersüchtige eine kindische, unentwickelte Persönlichkeit sei, und da ist die Erfahrung, daß dieselbe Person unerbittlich unverständliche Ziele verfolgt. Um dies in Übereinstimmung zu bringen, lassen es die Ärzte letztendlich bei einem Machtkampf bewenden, bei dem es nur noch um die Kontrolle über den Körper dieser Frau geht. Die Patientinnen werden zwangsernährt, ihnen wird strenge Bettruhe verordnet, und sie werden im Rollstuhl zur Toilette gebracht und dort genau beobachtet – das alles erscheint auf den ersten Blick als durchaus vernünftige und sinnvolle Hilfestellung. Die nur 70 Pfund schwere Patientin ist schwach, und sie bedarf äußerster Fürsorge und Aufmerksamkeit.[3]

Schaut man sich solche Behandlungsprozeduren jedoch genauer und ernsthafter an, so lassen sich beunruhigende Parallelen ziehen zu der in der Gesellschaft vorherrschenden Einstellung gegenüber weiblichen Körpern. Diesen Maßnahmen liegt in Wirklichkeit eine Vergewaltigung des weiblichen Körpers zugrunde: Der Eingriff ist so brutal und aggressiv, daß ich bei der Suche nach einer möglichen Erklärung die Existenz eines, wenn auch unbewußten Bedürfnisses, Frauen zu kontrollieren, voraussetzen muß. Obwohl solche Maßnahmen erschreckend sind, stellen sie doch lediglich eine Begleiterscheinung akzeptierter kultureller Gepflogenheiten dar. Die Skala reicht von scheinbar harmlosen Schönheitsidealen, dem Weiblichkeitsdiktat oder der verbreiteten Schuldigsprechung von Vergewaltigungsopfern bis hin zu Gepflogenheiten, die auch allgemein als brutal gelten wie zum Beispiel das Bandagieren von Füßen und die Klitorisbeschneidung.

Das Bedürfnis, den weiblichen Körper zu kontrollieren, ist nicht neu. In der Tat hat die Einstellung heutiger Mediziner der Magersucht gegenüber viel gemein mit der Einstellung ihrer Kollegen des vergangenen Jahrhunderts der entnervenden weiblichen Hysterie gegenüber. Hysterie war ein Zustand, der nur Frauen zugeschrieben wurde. Und genauso werden Eßprobleme heutzutage als fester Bestandteil der weiblichen Existenz betrachtet. Obwohl man die Hysterie gewöhnlich als Krankheit bürgerlicher Frauen definiert, trat sie in den Vereinigten Staaten und in England unabhängig von jeglichen Klassenschranken auf. Die ungenaue Nosologie des frühen 19. Jahrhunderts legte fest, daß sich unter dem Begriff Hysterie alle möglichen Konfliktsymptome subsumieren ließen. Einige dieser Krankheitsbilder schlossen sich von vornherein der Definition nach gegenseitig aus. Andere legten offen, daß die Hysterie zum nützlichen Sammelbegriff für jeglichen körperlichen oder seelischen Streß wurde, den Frauen erlebten. Hysterische Arbeiterfrauen wurden als Drückebergerinnen betrachtet, dagegen enwickelte sich die Behandlung bürgerlicher Patientinnen zum (finanziellen) Stützpfeiler der gehobenen Arztpraxis. Aus zeitgenössischen Schilderungen läßt sich eine auffallende Ähnlichkeit zwischen den Attitüden der Ärzte des vergangenen Jahrhunderts und ihrer Kollegen von heute, die Magersüchtige behandeln, herauslesen.[4] Ja sogar die Wortwahl ähnelt sich: Weir Mitchell, der berühmteste und angesehenste Frauenarzt in Amerika um 1880, beschreibt die »Unaufrichtigkeit« von Hysterikerinnen, und er kommt dem Vokabular sehr nahe, mit dem die eigensinnige, hartnäckige Magersüchtige gegenwärtig beschrieben wird.[5] Aber uns sollte nicht bloß die *Übereinstimmung* der *Haltung* gegenüber Frauenkrankheiten beschäftigen. Noch auffallender und beunruhigender sind die Parallelen, die sich in der *Behandlung* der Hysterikerin von einst und der heutigen Magersüchtigen herauskristallisieren. Weir Mitchell empfahl eine strenge »Ruhekur«, begleitet von »Mästen«.[6] Die von ihm verschriebenen Maßnahmen wären in vielen Krankenhäusern, die sich heutzutage der Behandlung der Anorexie widmen, durchaus nicht fehl am Platze: ein reichhaltiger Ernährungsplan, ärztliche Kontrolle und die kritiklose Bejahung der Weisheit ärztlicher Interventionen. Wie wir aus der Literatur und aus den Krankheitsbildern viktorianischer Frauen wissen, war das Weiblichkeitsideal des 19. Jahrhunderts von Zerbrechlichkeit und Romantik gekennzeichnet. Grundlage dessen ist ein Bild von der Frau als das von Geburt an unterlegene und schwache Geschlecht. Erfinderisch entwickelte die »Hysterikerin« ein System von Ohnmachtsanfällen, Schmerzzuständen und Regungslosigkeit. Die Antwort ihrer Umwelt war die Forderung, die eigene Schwächlichkeit hinzunehmen und sich ins Bett zurückzuziehen.

In der Welt des 19. Jahrhunderts waren solche Behandlungsmethoden selten als barbarisch angesehen, aber sie vermochten nicht die Wurzeln des stumpfen Unwohlseins der Patientin zu erreichen. Die Hysterie war, wie die Emanzipationsbewegung später eindeutig demonstrieren würde, nicht so sehr Ergebnis einer Hyperaktivität, sondern Folge von erzwungener Untätigkeit bzw. eines beschränkten Handlungsreichtums. Und Freud sollte dann entdecken, daß sich hinter der Hysterie ein Protestschrei verbarg. Die Hysterie war die Überspitzung, die Karikierung des Weiblichkeitsideals, und genau darin lag eine Anklage.

Wenn Magersüchtige heutzutage täglich mit 5000 Kalorien gemästet werden und strenge Bettruhe auferlegt bekommen, so ist das eine rein symptomatische Therapie, die das Problem nicht eigentlich löst.[7]

Wenn die Bandbreite der Problematik, ihre Rezeption und die daraus folgenden Behandlungsmethoden sich so ähneln, was läßt sich dann durch den Versuch erhellen, die Hysterie und die Magersucht in ihren unterschiedlichen gesellschaftlichen Rahmenbedingungen zu betrachten? Carol Smith-Rosenberg stellt die These auf, daß im 19. Jahrhundert, einer Zeit gewaltiger sozialer und struktureller Umwälzung und Veränderung, den Frauen trotzdem weiterhin grundsätzlich nur Haushalt und Familie als Optionen offenstanden und daß es innerhalb dieses Bereiches nur wenige, sehr beschränkte Rollen gab. In diesem Lichte stellt sich die Hysterie als Alternative für Frauen dar, die ihre reale Situation nicht akzeptieren konnten. So dient die Hysterie als wertvolles Kennzeichen für die Existenz von häuslichem Druck und für die Taktik, mit der individuellen Frauen diesen Druck zu bewältigen versuchten.[8]

Allmählich antworteten die Frauen öffentlich auf diese Zustände: Die stürmische und tatkräftige Suffragettenbewegung entstand. Und diese politische Bewegung sagte sich von weiblichen Artigkeiten und Konventionen ihres Zeitalters los. Da ihre Anliegen auf Ablehnung stießen, wurden ihre Taktiken radikaler. Sie mißachteten die Gesetze und nahmen Gefängnisstrafen in Kauf. Auch in den Zellen schwiegen die Suffragetten nicht, sondern zwangen die Öffentlichkeit, ihre Existenz und ihre Ziele wahrzunehmen. Sie organisierten Hungerstreiks und forderten damit die Repräsentanten der Staatsmacht heraus. Es war ein Kampf gegen den Versuch des Staates, ihre Gedanken zu kontrollieren. Und die Herrschaft über die Ernährung wurde zum neuen Schlachtfeld, zur Machtfrage an sich. Durch die Weigerung zu essen stellten die Frauen die Legitimität des Staates in Frage. Auf diesen Protest antwortete der Staat mit Zwangsernährung – ein weiterer Beweis für die Vorstellung, daß die Kontrolle über den eigenen Körper nicht der Frau überlassen wird, sondern eine Frage der Macht ist.

Im Gegensatz dazu (und der Kampf der Suffragetten hat in nicht geringem Maße dazu beigetragen) haben Frauen heutzutage anscheinend eine verwirrende Vielfalt von gesellschaftlichen Rollen zur Auswahl. Man muß sich das Gewünschte nur aussuchen, und die Welt steht einem offen. Einst machte eine einschnürende Rollendefinition die Frauen zu Gefangenen. Heute sind Frauen mit vielfältigen, unbegrenzten Möglichkeiten gesegnet. So lautet das Märchen. Die Anorexie verdeutlicht die Schattenseiten dieser neuen Chancenvielfalt für Frauen: die Schwierigkeit, in das Terrain der Männer einzudringen. Das Krankheitsbild der Magersüchtigen unterscheidet sich völlig von der phlegmatischen Reaktion ihrer hysterischen Schwester aus dem 19. Jahrhundert. Das Ohnmächtigwerden, Niedersinken und Umsichschlagen ist ihre Sache nicht. Ihr Protest wird gekennzeichnet durch eine ernste, fortschreitende Veränderung des Körpers. Derselbe Körper, den ihre Ururgroßmutter als Waffe eingesetzt hatte. Die Magersüchtige bricht nicht aufgrund weiblicher Schwächlichkeit zusammen, statt dessen verliert sie ihre weiblichen Rundungen, hört auf zu menstruieren und schafft so die offensichtlichen Merkmale ihrer Reproduktionsfähigkeit ab. Im wesentlichen »entweiblicht« sie ihren Körper. Angesichts der scheinbaren Chancenvielfalt für heutige Frauen ist es interessant, daß ihre symptomatischen Reaktionen darauf so eng, rigide und kontrolliert sind. Dagegen hatten die Frauen des 19. Jahrhunderts nur wenige, streng definierte Optionen, aber die Symptome ihres unterbewußten Protestes waren schrankenlos.

Die Teilnahme an der modernen Gesellschaft beinhaltet das Streben nach Erfolg an sich, wobei die Gesellschaft definiert, was Erfolg ist. Zweitrangig ist dabei die Bewertung der Voraussetzungen dieser Gesellschaft. Trotz aller Sonntagsreden über die Gleichheit der Frau sind weibliche Werte kaum jenseits der häuslichen Sphäre zur Geltung gekommen. Frauen betreten die Bühne der außerhäuslichen Welt als Statistinnen, nicht als Hauptdarstellerinnen.

Es wird verlangt, daß sich die Frauen der öffentlichen Sphäre in gleichem Maße anpassen, wie sie sich auch zu Hause anderen Menschen anpassen. Selbst wenn sie nicht mehr bloße Hebammenfunktion für die Kreativität und Aktivität anderer Menschen haben, müssen sie dennoch sicherstellen, daß ihre Gegenwart fast nicht zu bemerken ist. Sie müssen sich an vorherrschenden männlichen Werten orientieren, das ist ihre Eintrittskarte.

Am Ende des 20. Jahrhunderts sind die Geschlechterrollen und die Beziehungen zwischen Männern und Frauen noch immer nicht grundsätzlich verändert worden. Die Arbeit von Frauen ist sicherlich offenkundiger als zuvor, und die Diskriminierung in Ausbildung und Beruf wird durch entschuldigende Worte verhüllt. Die zweite Welle des Feminismus hat um Reformen gekämpft und so das Leben unzähliger Frauen entscheidend verbessert und verändert. Amerikanische Frauen leben jedoch immer noch in einer Gesellschaft, in der das »Equal Rights Amendment« (in der Verfassung verankerte Gleichstellung der Frau, A. d. Ü.) noch immer nicht ratifiziert worden ist. Auch in England ist die rechtliche Gleichberechtigung der Frau bislang unzureichend in die Gesetze eingeflossen und kaum de facto durchgesetzt worden. Diese Manifestationen der weiterhin existierenden weiblichen Ungleichheit treten sowohl subtil als auch offen zutage: in der Familie, der Erziehung, dem Gesundheitssystem und der Arbeitswelt. Die Gleichberechtigung hat wenig Chancen, verankert zu werden, wenn die Gesellschaft sich noch nicht einmal prinzipiell für sie einsetzt. Und selbst wenn die Gleichberechtigung rechtlich gesichert ist: Es bedarf der gemeinsamen Anstrengung auf jeder Ebene, der Infragestellung tiefverwurzelter Haltungen, des Veränderungswillens der gesamten Gesellschaft, wenn die Gleichheit in die Herzen und in die Alltagswirklichkeit heutiger Männer und Frauen einkehren soll. Auf staatlicher Ebene ist noch kein Schritt in diese Richtung unternommen worden. Die Gesellschaft hat sich noch nicht in die Pflicht genommen gefühlt, die Geschlechterrollen zu überprüfen und zu verändern. So ist die Frau von heute starken

Widersprüchen ausgesetzt: Kulturell und psychologisch wird sie darauf vorbereitet, den Bedürfnissen anderer Menschen zu dienen, gleichzeitig wird ihr die Möglichkeit eines selbstbestimmten Lebens vorgegaukelt. Dieses Spannungsverhältnis fließt direkt in die heutige Erziehung ein. Die Kinder beobachten und erfahren, daß sie in einer vorwiegend weiblichen Umgebung heranwachsen, während sie gleichzeitig die »neue« Botschaft vernehmen, daß die Welt »da draußen« die Domäne aller Menschen ist. Weiblichkeit ist aber gleichzeitig unauflöslich mit dem Heim und mit der Mutterrolle verknüpft. Die neue Weiblichkeit außerhalb des Heimes ist geprägt durch die Übernahme männlicher Werte oder durch die Erweiterung der weiblichen Rolle durch die Teilnahme an der Arbeitswelt, das heißt durch das Ausüben von Berufen besonders im Dienstleistungsbereich.

Heutzutage machen Frauen jeden Alters die Erfahrung, daß sie zwischen gegensätzlichen Anforderungen hin und her gezerrt werden. Während es einzelnen Frauen gelingen mag, die neuen Möglichkeiten und Zwänge auszubalancieren, lebt doch die Gesamtheit der Frauen unter Spannung, was ihren Platz in der Welt betrifft. Diese Spannung ist nicht unmittelbar aus den seelischen Symptomen einer Frau herauszulesen, und sie muß auch nicht bewußt aus- oder angesprochen werden, doch beim Erforschen der Bedeutung der Magersucht kristallisiert sich vor unseren Augen ein exaktes Bild der inneren Erfahrungswelt heutiger Weiblichkeit heraus. Die Anorexie symbolisiert die Unterdrückung der Wünsche von Frauen. Durch das äußerst qualvolle Verneinen von Bedürfnissen und Abhängigkeiten und durch das äußerst beharrliche Ausdrücken der eigenen Unabhängigkeit lebt die Magersüchtige die Widersprüchlichkeit des Weiblichkeitsdiktates der Gesellschaft aus.

Die Emanzipationsbewegung und die noch junge feministische Wissenschaft geben uns den Kontext, um die Verflechtung von psychologischen Symptomen, Eßverhalten und Körperbewußtsein bei Frauen zu untersuchen.[9] Vorfeministische Analysen bzw. Ansätze, die den Feminismus übergehen, kranken an der Unfähigkeit, zu verstehen, warum Frauen in so komplizierten und – wie bei der Magersucht – in so brutalen Kämpfen mit dem Essen und dem Körperbewußtsein verwickelt sind. Es gelingt den Ärzten nicht, die eigentlichen Antriebskräfte hinter der Anorexie, Eßsucht und Bulimie zu begreifen, und so schlagen sie verzweifelt die Hände über dem Kopf zusammen, oder sie »behandeln« die Betroffene, als sei sie bestenfalls ein Ausnahmemensch, schlimmstenfalls ein Ärgernis. Indem sie die Magersüchtige zum Essen und zur »richtigen« Körperform bewegen wollen, negieren sie den zugrundeliegenden Protest. Unbewußt leugnen sie die Bedeutung des Krankheitsbildes, dadurch tragen sie zum Fortbestehen der Magersucht bei. Und so haben die Ärzte oft eher Anteil am Problem als an seiner Lösung.

Der Feminismus überprüft die Grundlage der psychologischen Untersuchungen, und so erlaubt er uns, die Geschichten von Magersüchtigen mit anderen Ohren zu hören. Der Feminismus geht von der Tatsache aus, daß die gesellschaftliche Rolle der Frau ihre psychologische Disposition prägt. Dadurch wird deutlich, daß das Seelenleben einer Frau sowohl die Vorbereitung auf die soziale Rolle als auch die Rebellion gegen solche Rollenvorschriften reflektiert. Die Seele ist geschlechtsspezifisch strukturiert, und jede individuelle Psyche verkörpert das Zusammenspielen gesellschaftlicher Beziehungen. Wenn wir über die Bedeutung von »Essen«, »Fett«, »Magerkeit« und »Weiblichkeit« nachdenken, merken wir, daß diese Begriffe vielschichtige Bilder sozialer Praktiken heraufbeschwören, die uns alle betreffen.

Das Verhältnis der Frauen zu diesen Begriffen ist gleichzeitig äußerst komplex und äußerst einfach. Zwei Gebote mit folgenschweren Konsequenzen prägen dieses Verhältnis. Zum einen die seit Beginn der Menschheitsgeschichte herrschende Vorstellung von der weiblichen Form als Objekt männlichen Vergnügens. Diese Sicht der Weiblichkeit ist mit der Selbsterfahrung jeder Frau verwoben, und sie findet ihren Ausdruck im Verhältnis jeder Frau zu ihrem Körper. Beim Übergang ins Frausein erleben alle Mädchen den Druck, attraktiv sein zu müssen und den gängigen Schönheitsidealen zu entsprechen. Sie sollen möglichst schlank, groß, blond, kurvenreich, schmalhüftig sein oder einen knackigen Po oder spitze Brüste vorweisen. Das zweite Gebot für Frauen spielt auf ihre paradoxe Beziehung zum Essen und zum Ernähren an. Sie sollen andere füttern, aber gleichzeitig ihren Hunger auf dasselbe Essen zügeln. Unhinterfragt gilt im Leben jeder Frau die Erkenntnis, daß sie unausweichlich sich in irgendeiner Form einer Diät oder anderen Ernährungskontrollen unterwerfen wird. Das vorliegende Buch geht auf diese Aspekte ein und versucht zu erklären, warum gegenwärtig die Magersucht und andere Eßstörungen immer häufiger bei Frauen auftreten.

Die Erkenntnisse des Feminismus erlauben eine einfühlsame Auslegung der Anorexie. Beim Entschlüsseln dieser seelischen Krankheit können wir erkennen, daß die Magersüchtige eine besonders extreme, intensive und rebellische Antwort auf die verschiedenen Herausforderungen an die Frauen formuliert. Sie hat ihren Körper auf dramatische Art verändert. Sie ist – dem Schönheitsdiktat entsprechend – schlank und zart. Aber gleichzeitig so abgemagert, daß ihr Körper eine schreiende Anklage gegen auferlegte Vorstellungen von weiblicher Sexualität ist. Sie hat sich bereit erklärt, nur wenig Raum zu beanspruchen, sich »dünne zu machen«. Aber gleichzeitig ruft ihr Körper bei anderen Menschen außerordentliches Interesse und Aufmerksamkeit hervor. Ihre Unsichtbarkeit ist wie ein Schlag ins Gesicht, wir können unsere Augen nicht abwenden. Das strenge Kontrollieren der Nahrungsaufnahme ist eine Karikatur der Botschaft, die an alle Frauen ausgestrahlt wird. Die Magersüchtige ist jedoch nicht das passive Opfer der Diätmedizin. Denn *sie* hat weiterhin die Fäden in der Hand, und sie ist *aktiv* dabei, ihre körperlichen Bedürfnisse zu unterdrücken. Sie verleugnet sie – wozu Frauen so häufig angehalten werden –, und so glänzt sie als das »brave Mädchen«, das keine Ansprüche an andere richtet. Gleichzeitig versucht sie beharrlich, diese Bedürfnisse aus sich selbst zu befriedigen. So ist ihre Magersucht sowohl Verkörperung des Klischees von Weiblichkeit als auch das glatte Gegenteil.

Anmerkungen:

1 Duddle, M., *An Increase of Anorexia Nervosa in a University Population,* in: British Journal of Psychiatry, 123, 1973, S. 711–12; Crisp, A. H., Palmer, F. L., und Kalucy, R. S., *How Common is Anorexia Nervosa? A Prevalence Study,* in: British Journal of Psychiatry, 128, 1976, S. 549–54

2 dazu: Crisp, A. H., *Let Me Be,* London und New York 1980

3 Van Buskirk, S.S., *A Two-phase Perspective on the Treatment of Anorexia Nervosa,* in: Psychological Bulletin, 84, 1977, S. 529–38; Lucas, A. R., Duncan, J. W., und Piens, V., *The Treatment of Anorexia Nervosa,* in: American Journal of Psychiatry, 133, 1976, S. 1034–8

4 dazu: Crisp, A. H., und Mitchell Weir, S., *Fat and Blood,* Philadelphia 1881; Skey, F. C., *Hysteria,* New York 1867

5 Mitchell Weir, S., *Lectures on the Diseases of the Nervous System, Especially in Women,* New York 1881, zitiert nach: Carol Rosenberg-Smith, *The Hysterical Women: Sex Roles in Nineteenth Century America,* in: Social Research, 39, S. 652–78

6 Mitchell Weir, S., a.a.O.

7 Russell, G. F. M., *Anorexia Nervosa: its Identitiy as an Illness and its Treatment,* in: Modern Trends in Psychological Medicine, hrsg. von Price, J. H., London 1970

8 Rosenberg-Smith, C., a.a.O.

9 Orbach, S., *Anti-Diätbuch,* München 1979; Orbach, S., *Antidiät* II, München 1984; Lawrence, M., *The Anorexic Experience,* London 1984; Ehrenreich, B., und English, D., *For Her Own Good,* New York 1978; Chernin, K., *Womansize,* London 1983

2. Die Magersucht – Eine Standortbeschreibung

Die Anorexia Nervosa, erstmalig von Richard Morton im Jahre 1694[1] erwähnt, hat in den letzten zwanzig Jahren einen erheblichen Anstieg erfahren, noch dramatischer ist die Entwicklung der letzten zehn Jahre.[2]

Es handelt sich nicht mehr um eine medizinische Kuriosität. In fast allen medizinischen und psychiatrischen Bereichen einschließlich der Zahnheilkunde, der Gastroenterologie und der Gynäkologie werden die Fachleute mit Fällen von Magersucht konfrontiert. Und viele Fachbereiche der Medizin tragen inzwischen zur wachsenden Literatur über die Ätiologie, den Krankheitsverlauf und die Behandlung der Anorexia Nervosa bei. Die hier vorliegende Darstellung und Analyse der Magersucht und der Gründe ihrer massiven Zunahme beruht auf den wissenschaftlichen Erkenntnissen folgender Bereiche: auf theoretischen und klinischen Arbeiten zur Entwicklung einer Psychologie der Frau[3] sowie auf theoretischen und klinischen Arbeiten zu Eßstörungen im allgemeinen.[4]

In den letzten zwei bis drei Jahrzehnten entstand in Europa und den USA die sogenannte Konsumgesellschaft. Der Spätkapitalismus der zweiten Jahrhunderthälfte wird gesellschaftlich dahin gehend rationalisiert, daß er – im Gegensatz zu allen anderen Systemen – die Waren anbietet, die die Menschen wollen. Die Ökonomie wird auf einen kapriziösen Markt hin orientiert, der immer mehr Konsumartikel fordert (zunächst Gebrauchsgüter, dann aber zunehmend Luxusspielzeug). Von allen Systemen gilt der Kapitalismus als das flexibelste und technologisch fortgeschrittenste. Seit dem Zweiten Weltkrieg hat die Bevölkerungsmehrheit Zugang zu einem ständig wachsenden Warenangebot wie zum Beispiel Autos und Fernsehapparate und erfreut sich eines noch nie zuvor gekannten Wohlstands. Es ist nicht meine Absicht, die Entscheidungen, die zur Schaffung der Konsumgesellschaft geführt haben, an dieser Stelle zu diskutieren und die zugrundeliegende Ideologie anzufechten. Oder der Frage nachzugehen, ob es tatsächlich die marktwirtschaftliche Nachfrage ist, die den technischen Fortschritt schafft.[5] Statt dessen werde ich das Phänomen der Konsumhaltung beleuchten: wie sie unser Bewußtsein und Unterbewußtsein beeinflußt, wie sie unsere Bedürfnisse, Selbstwahrnehmungen, Hoffnungen, Prioritäten und Ziele formt. Kurzum, der Frage nachgehen, inwieweit unsere Werte von der Warenideologie geprägt sind.

1960 erlebte die westliche Welt eine Rebellion gegen die Konsumgesellschaft. Die Beatniks und später die Hippies (die erste Generation, die im Wohlstand der Nachkriegsgesellschaft heranwuchs) lehnten öffentlich den Konsum als Raison d'être oder als wahre und zuverlässige Quelle der Zufriedenheit ab. Ihre Rebellion ging ein in die explizit politische Jugendbewegung in den Vereinigten Staaten und Westeuropa. Im Gegensatz dazu waren im letzten Jahrzehnt die Reaktionen auf die Konsumgesellschaft weniger feindlich. Man konsumiert wählerischer, kritischer, spezifischer.[6]

Im großen und ganzen gilt der Konsum, das heißt die Möglichkeit des freien Einkaufs, sei es Kleidung, gute Weine oder Heimcomputer, als wichtiger Bestandteil des Lebens. Und es lohnt sich, dafür zu arbeiten. Die Waren, die wir konsumieren, werden im Gegenzug mit einer Macht ausgestattet, die weit über den Wert des Rohstoffes und der den Waren zugrundeliegenden Produktionsverhältnisse hinausgeht. Es existiert ein merkwürdiges Mißverhältnis zwischen dem Arbeitsprozeß und dem daraus resultierenden Produkt. Anstatt als Ausdruck jenes Arbeitsprozesses oder aufgrund der Nützlichkeit positiv bewertet zu werden, nimmt die Ware häufig eine völlig andere Bedeutung an. Sie wird mit menschlichen Wertvorstellungen von Status, Macht, Reichtum und Sexualität ausgestattet. Das Erwerben eines bestimmten Objektes verleiht dem Besitzer eine bestimmte Stellung innerhalb der Gesellschaft, wenn auch nur vorübergehend. Einer Ware oder einer Gruppe von Waren werden kollektiv bestimmte Bedeutungen zugesprochen. So werden leblose Dinge sowohl zu Hinweisschildern, um Menschen richtig einzuordnen, als auch zu Vehikeln der Selbstdarstellung für ihre Besitzer. Waren sind direkte Namensschilder, die Informationen vermitteln (und gelegentlich auch zu verstecken versuchen). Sie liefern Informationen über die Klasse, das Geschlecht – häufig die rassische Zugehörigkeit –, den Stil eines Menschen usw. Viele der einwandernden Arbeiter haben zum Beispiel die Kleidung benutzt, um eine amerikanische Identität zu etablieren, sogar bevor sie die englische Sprache beherrschen. Dieser Gebrauchswert und diese erhabene Rolle der Dinge haben grundsätzliche Konsequenzen für die Beziehungen, die wir zu uns selbst haben:

Auf den Katalogseiten und in den Schaufenstern werden die Waren zu Schauspielern. Und die Kunden, die ihre Freizeit genießen, werden zunehmend eingeladen, bei diesem Spektakel bewundernde Zuschauer zu sein. Der gesellschaftliche Prozeß des Konsumierens beschwört Vorstellungen von Königsfamilien, von Religion und Magie, um seine lockenden Versprechungen auszuschmücken.[7]

Konsumieren und ein guter Konsument sein – im heutigen Amerika erfreut sich dies großer Wertschätzung. In Großbritannien ist die Situation komplexer. Die Wirtschaftsphilosophie der letzten Regierungen und die Restrukturierung des Kapitals[8] haben Spannungen in einer Gesellschaft geschaffen, die sich bemüht, sich vom ideologischen Puritanismus zu befreien – von einem Verzichtdenken, das historisch den Menschen außerhalb der Aristokratie und des Großbürgertums als Wert nahegelegt wurde. Die Wirtschaft befindet sich in einer Zwickmühle: zwischen der Abkehr von den traditionellen Industrien und der

Hinwendung zu einer konsumorientierten Industrialisierung. Und die Bevölkerung ist geprägt von eher konsumfeindlichen Werten. Ihr sind Sparsamkeit, Umweltschutz, Gemeinschaftssinn und Spiritualität wichtig. (Die aus diesem Auseinanderklaffen resultierenden Unruhen haben eine Art schizophrene Antwort geschaffen: Eine Konsumhaltung ist gut, wenn man sie sich leisten kann.) Weil in den USA der Massenkonsum auf eine längere Geschichte zurückblicken kann, hat hier dieselbe Suche nach höheren Werten und nach dem Sinn des Lebens eine andere Wendung genommen. Die Konsumhaltung ist zu einer Möglichkeit geworden, an der Gemeinschaft teilzuhaben, ein guter Bürger, ja ein guter Amerikaner zu sein. Die goldenen Bögen der McDonald's-Filialen und mancher Supermarktketten reproduzieren in ihrer Architektur die Kirche der Vergangenheit. Wir treten ein, um den Segen einer Konsumgesellschaft zu verteilen und zu empfangen.

Innerhalb dieser neuen Theologie ist mit der Entwicklung der konsumorientierten Wirtschaft eine Veränderung der Funktion des menschlichen Körpers aufgetreten. Einerseits hat die Automation zugenommen, andererseits wird immer mehr arbeitsintensive Industrie nach Südostasien exportiert, und so wächst in den USA und in Großbritannien eine Generation heran, der die Vorstellung grundsätzlich fremd ist, daß der eigene Körper physisch zur Produktion beitragen kann. Die Jugend betrachtet den Körper eher als Instrument des aktiven Konsums. Mit anderen Worten: Die Menschen im Westen erleben einen Rückgang des direkt körperlichen Verhältnisses zum gesellschaftlichen Reichtum. Diese Entfremdung vergrößert die allgemeine Unkenntnis darüber, wie die angebotenen Waren tatsächlich hergestellt werden. Die eigenartige Antwort auf diese Form der Entfremdung lautet: mehr konsumieren, intensiver konsumieren. Das ist der Treibstoff für einen Zirkel des Kaufrausches. Aber im Rahmen dieser grundsätzlich unpersönlichen, unkörperlichen Beziehungen zum Markt vollzieht sich gleichzeitig etwas anderes: Unsere Körper werden uns zurückgegeben, allerdings zu neuen Bedingungen.

Beim Formieren einer Gesellschaft, deren wirtschaftliche Rationalität im Konsum liegt, wird der Körper der Frau inzwischen als anregende Droge benutzt. Erzeugnisse wie Autos, Cola-Getränke oder Chemikalien werden mit jungen Frauen, die die Verfügbarkeit und Sexualität signalisieren, zur Schau gestellt. Die entfremdete, leblose Ware wird begehrenswerter, wenn sie mit menschlichen Eigenschaften frisiert wird. Mit anderen Worten: Die Sexualität des weiblichen Körpers ist abgetrennt worden und einer ganzen Heerschar von Erzeugnissen, die die Konsumkultur widerspiegeln, wieder angefügt worden. So werden Autos, Cola-Getränke und Zentrifugen zu einer Spielart der Sexualität, zu einer Möglichkeit des Zugangs zum eigenen Körper und/oder zum Körper eines anderen Menschen. Da die Sexualität als »unkontrollierbarer« Faktor wahrgenommen wird, verleiht sie dem einzelnen Produkt und dem Prozeß des Konsumierens Menschlichkeit. Die Sexualität gilt in fundamentalem Sinne als etwas Wahres. Sie wird mit Leidenschaft, Sinnlichkeit, Liebe und dem Irrationalen in Verbindung gebracht, und so wird sie als ein Bereich jenseits der Maschinen- und Kommerzwelt wahrgenommen und präsentiert, während sie gleichzeitig als käufliches Erzeugnis eingepackt wird. Beim Konsumieren wird Sex als Nebenprodukt angepriesen. Das Auto macht den Mann sexy, und er »kriegt das Mädchen«.

Das obenerwähnte Mißverhältnis zwischen dem Arbeitsprozeß und dem Erzeugnis findet seine traurige Parallele in der allgemeinen Haltung der Sexualität gegenüber, besonders dem weiblichen Körper gegenüber. Er ist für Frauen und Männer ein Objekt der Entfremdung, der Faszination und des Begehrens. In Kapitel 4 werden wir detaillierter auf den Körperkult der Frauen eingehen und historische und psychologische Erklärungen für eine solche Art der Ausbeutung geben. An dieser Stelle möchte ich auf den Aspekt der Sexualität hinweisen, der zum Ausdruck kommt, wenn die weibliche Physis dazu benutzt wird, die riesige Kluft zwischen dem Produktionsprozeß und dem Akt des Konsumierens zu schließen. Das hat Konsequenzen für unsere verdinglichte Haltung zur menschlichen Sexualität, und es hat unausweichlich einen deutlichen Einfluß auf unsere Vorstellungen von Weiblichkeit. Fast alle gegenwärtigen Darstellungen der Sexualität konzentrieren sich auf den weiblichen Körper als Schauplatz heutiger Sexualität. (Da die Homosexualität immer weniger versteckt wird, beobachten wir eine Zunahme der Zurschaustellung männlicher Körper. Aber diese jüngste Entwicklung hat die Kultur im allgemeinen noch nicht wesentlich berührt.)

Viele Autoren[9] haben ausführlich über die Veränderungen im Arbeitsprozeß oder über das Phänomen der Entfremdung in der kapitalistischen Gesellschaft geschrieben. Aber es ist ihnen nicht gelungen, der entscheidenden Rolle des weiblichen Körpers als Botschafter der kulturellen Hegemonie von Marktwerten Rechnung zu tragen. Die Frankfurter Schule[10] hat die Sexualität und Sublimation in den Blickpunkt gerückt und so den Weg frei gemacht für diese Ausführungen. Aber einzig im feministischen Diskurs wurde dargelegt, daß eine Sexualität, die um ein *Geschlecht* herum phantasiert wird, zum Ersatz für andere Arten des sozialen Kontaktes wird.

Als Mitglieder einer Konsumgesellschaft richten wir unsere Bedürfnisse auf existierende Möglichkeiten ein. Unsere Vorstellungswelt wird zwingend begrenzt vom Kontext, aus dem sie sich speist. Unsere Fähigkeiten, ja sogar unsere Reaktionen werden geprägt von den vorherrschenden Ansichten in unserer Gesellschaft. Für die Frauen selbst ist der eigene Körper zur Ware auf dem Markt geworden. Oder – wie ich an anderer Stelle dargelegt habe – das eigene Erzeugnis, das Objekt, mit dem sie in der Welt verhandeln.[11] Die Vielfalt der Bilder und der Bedeutungen des weiblichen Körpers im allgemeinen formt die Beziehung jeder einzelnen Frau zu ihrem eigenen Körper und zu dem anderer Frauen. Man kann kaum argumentieren, daß Frauen eine unmittelbare oder rein physikalische Beziehung zu ihrem Körper haben. Das liegt an der immensen kulturellen Bedeutung, mit der der weibliche Körper befrachtet ist. Unter dem Gewicht kultureller Andeutungen kann keine natürliche

Beziehung existieren, denn das Verhältnis, das jede einzelne Frau zu ihrem Körper hat, baut auf kulturellen Verflechtungen auf. So muß jede Frau einen Umgang mit ihrem Körper finden, der sowohl ihre Einheit mit der Gesellschaft als auch ihre Individualität ausdrückt. Aber dieses Gebot ist an sich problematisch, da Frauen ermutigt werden, ihren Körper von außen her zu betrachten, als sei er eine Ware. Wenn Frauen sich selbst wahrnehmen, so geschieht das mit einer niederschmetternd brutalen Schärfe des Blicks, der gegen sie gerichtet ist. Fast kann man von einem dritten Auge sprechen.

Vom Zusammenspiel zweier Faktoren hängt es ab, wie eine Frau den eigenen Körper wahrnimmt: Erstens, wie ist er im Vergleich mit den Überfrauen auf den Plakatwänden, im Fernsehen, in Filmen, auf Illustrierten und in Zeitungen? Und zweitens, wie ist ihr Verhältnis zu ihrem Körper seit frühester Kindheit? Wenn eine Frau herangewachsen ist mit einer einigermaßen positiven Haltung zu ihrer eigenen Körperlichkeit, ihrem Äußeren und den weiblichen Körperfunktionen, kann sie vielleicht die täglichen Beleidigungen und Angriffe einer Diät- und Schönheitsindustrie ausgleichen, die darauf abzielt, Frauen in bezug auf ihren Körper unsicher zu machen. Eine solche Frau vermag vielleicht die Forderungen zu ignorieren oder abzutun. Jedoch kommt es viel häufiger vor, daß eine Frau diese ihr ständig vorgehaltenen Bilder nicht verdrängen kann, daß sie ihr unter die Haut gehen. Sie ist empfänglich für die Botschaft, daß ihr Körper, diese für ihr Leben bedeutende Ware, unzureichend ist und mehr Aufmerksamkeit braucht. Ihre innere Unruhe scheint vorübergehend aufgehoben zu werden von den Heilversprechungen der Bekleidungs-, Diät- und Schönheitsindustrien. Sie findet einen gewissen Trost in der Erkenntnis, daß sie sich verbessern, daß sie sich neu herrichten kann. Die Bereitwilligkeit, mit der Frauen jenseits aller Klassen-, Rassen- und Altersschranken die Vorstellung akzeptieren, daß ihre Körper Gärten gleichen – Gebiete, die ständig verbessert und umgeformt werden müssen –, wurzelt in der Bejahung des Warencharakters des eigenen Körpers. Eine Warengesellschaft, in der der weibliche Körper andere Produkte vermenschlicht, während er gleichzeitig als endgültige Ware präsentiert wird, schafft für Frauen eine Vielzahl von Problemen mit dem Äußeren. Problematisch ist sowohl die Kluft zwischen dem eigenen Körper und dem anderer Frauen als auch die Entfremdung vom eigenen Körper. Um noch besser zu verstehen, warum für Frauen der eigene Körper so wichtig für das Selbstgefühl ist und wie viele Probleme durch Eßstörungen ausgedrückt werden, wollen wir jetzt die Veränderungen der weiblichen Rolle, die in den letzten vierzig Jahren stattgefunden haben, näher betrachten.

Die Zunahme der Anorexie vollzieht sich vor allem in den Altersgruppen der Fünfzehn- bis Vierzigjährigen mit einer auffälligen Häufung bei jungen Frauen am Ende des Teenageralters und Anfang Zwanzig. In den letzten vierzig Jahren hat es bedeutende Umwälzungen im Leben der Frauen und in der Kindererziehung gegeben. Die Elternschaft hat sich verändert, das betrifft sowohl die Pflichten der Eltern als auch die Rollenerwartungen, die an die kleinen Mädchen und Jungen gerichtet werden. Diese Umwälzungen müssen genauer untersucht werden, um den Druck, den Eltern erfahren, zu verstehen und um die daraus folgenden Verwirrungen, die Mütter, Väter und Kinder durchleben, zu erhellen.

Die Elternschaft kann oft einem Monolithen, einer unveränderbaren Einheit gleichen. Und es existieren sicherlich in der Struktur der Kindererziehung Konstanten, die von einer Generation zur nächsten weitergegeben werden. Aber große soziale Veränderungen beeinflussen auch die Elternschaft. Die »guten Eltern« einer Periode können schon ein Jahrzehnt später in einem ganz anderen Licht gesehen werden. Wenn wir der Frage nachgehen, welche Gestalt Kindererziehung in den vierziger, fünfziger und sechziger Jahren annahm, so sind die massiven gesellschaftlichen Veränderungen, die in rascher Folge eintraten, besonders interessant. Die Werte, mit denen diese Eltern selbst groß geworden sind, werden durch höhere soziale Kräfte in

Frage gestellt. Aber die Moden in der Kindererziehung wechseln sich so schnell ab, daß sich ein neues, verbindliches Modell der Elternschaft nicht festigen kann. Die Möglichkeit, folgerichtig und zuverlässig handeln zu können, wird zu einem trügerischen Ziel angesichts der wechselnden Meinungen darüber, was nun »gute Eltern« und insbesondere eine »gute Mutter« seien. Diese Veränderungen schaffen Mütter, die unsicher in ihrem Job sind. Was heute richtig ist, wird morgen ein Fehler sein. Was gestern gemacht wurde, wird heute kritisiert. Eine Art fundamentaler Unsicherheit ist Bestandteil der Erziehungsstrukturen in dieser Zeit, und das hat Auswirkungen auf das Seelenleben der Kinder. Wie wir sehen werden, ist die Anorexie eine verständliche, wenn auch extreme Reaktion auf diese Umwälzungen. Sie symbolisiert die Suche nach Sicherheit und Ordnung angesichts großer Verwirrung.

Viele Frauen, die während des Zweiten Weltkrieges eine Familie gründeten, nahmen die Elternschaft allein als Pflicht auf sich. Frauen, die schwanger wurden, bevor ihre Männer in die Armee eingezogen wurden oder während jene auf Fronturlaub waren, malten sich aus, daß ihre Zeit als Alleinerziehende mit der glücklichen Rückkehr des Mannes ein Ende haben würde. Da die Frauen in den Vereinigten Staaten und England gebraucht wurden, um die Produktion kriegswichtiger Güter aufrechtzuerhalten, richteten die Regierungen in den großen Städten eine staatliche Kinderbetreuung rund um die Uhr ein. Obwohl es zunächst so aussah, daß die Frauen alleinverantwortlich für die Kindererziehung waren, führten die Existenz von zuverlässigen Kindertagesstätten und der gemeinsame Überlebenswille jener Tage dazu, daß die Erziehung sich stärker vom Besitzdenken entfernte. Die Frauen investierten einen großen Teil ihrer Energie für den Krieg beziehungsweise für den erhofften Sieg. Viele Menschen entwickelten in dieser Zeit ungeahnte Fähigkeiten, bei der Arbeit schrieben sie das Kameradschaftsgefühl groß, und sie bekamen ein Gespür für ihre eigene Wertigkeit. Propagandafilme, Nachrichtensendungen und Fotogeschichten schilderten die Bedeutung der Frauen für die Kriegsproduktion, und sie betonten das Selbstwertgefühl, das eine Frau durch solch wertvolles Unternehmen erlangen konnte. Darum gab es einen gewaltigen Einbruch, als nach Kriegsende die Männer heimkehrten und den Frauen eine neue Botschaft vermittelt wurde. Das, was als eigentliche Frauenarbeit definiert wurde, bekam einen anderen Schauplatz zugeteilt. Mutterschaft und Hausarbeit – ein Baby im Kinderzimmer, ein Kuchen im Ofen – wurden fast zu heiligen Tugenden erhoben. Etwaiger weiblicher Ehrgeiz wurde vom Bild der professionellen Mutter und Hausfrau verdrängt. Berufe, die mehr Fähigkeiten, Zeit und Energie verlangten, wurden anderen – männlichen – Experten überlassen. Die Frauen wurden dazu bewegt, ihre beträchtliche Energie dem Haushalt zugute kommen zu lassen und Befriedigung aus dem Wissen zu ziehen, daß sie gute Hausfrauen und Mütter waren. Damit die Frauen mit dieser neuen, wenn auch der Ideologie zufolge biologisch bestimmten und damit fast heiligen Rolle zurechtkamen, traten zahlreiche Autoritäten auf. Die Massenblätter entledigten sich nun plötzlich solcher Zeichengeschichten wie »Rosy an der Nietmaschine« und propagierten neue Botschaften wie »Gib uns unsere Frauen und Schätzchen zurück«. Die Filme zeigten lauter glückliche Familien, bei denen die Mutter zufrieden zu Hause saß. Gleichzeitig begannen Frauenzeitschriften und Radiosendungen, vor den gräßlichen Konsequenzen zu warnen, die die Abwesenheit der Mutter auf die geistige Gesundheit der Kinder hätte. Um die Frauen zu ermutigen, die für sie bestimmte Rolle anzunehmen, wurden Kindergärten geschlossen.

Die Anzahl der Experten in Sachen Kindererziehung wuchs. Für das richtige Rollenverhalten gab man den Frauen mal diesen, mal jenen Ratschlag mit auf den Weg. Die Experten verbreiteten ihre Ideen in Büchern, Zeitschriftenartikeln und Gesprächen. Zuerst war die Flaschennahrung richtig, dann das Stillen. Einmal war es notwendig, nach einem Stundenplan zu füttern, ein anderes Mal war notwendig, bei Bedarf zu füttern. So war es richtig, die Kinder zu disziplinieren, aber es war auch richtig, freizügig zu sein. Es war wichtig, weinende Kinder zu umarmen. Es war wichtig, weinende Kinder nicht zu verhätscheln.[12] Zusätzlich wurden Frauen über die Wichtigkeit aufgeklärt, die sie für das berufliche Weiterkommen ihres Mannes hatten. Der sensible Umgang der Ehefrau mit den Bedürfnissen ihres Mannes war lebenswichtiger Bestandteil seines Erfolges. Durch sein Fortkommen und durch ihre vollständige Identifizierung mit seinen Bedürfnissen sollte die Frau Erfüllung finden. So wurde die Familie zum Zufluchtshafen vor der »Welt da draußen«, vor der Konkurrenz am Arbeitsplatz. Der natürliche Hort der Kleinkinder, die begehrte Domäne der Frauen.

Trotz der riesigen ideologischen Geschütze, die auf das Bewußtsein aller Menschen einhämmerten, hatte diese schlagartige Veränderung des Frauenbildes für Frauen und für ihre Familien einen emotionalen Preis. Viele Frauen waren wirtschaftlich gezwungen, weiter zu arbeiten, aber gleichzeitig stellten sich bei ihnen Schuldgefühle ein, weil sie angeblich keine guten Mütter waren. Frauen, die weiterhin berufstätig sein wollten, aber nicht von diesem zusätzlichen Einkommen abhingen, mußten mit einer Art Diskriminierung am Arbeitsplatz fertig werden und auch mit ihren inneren Zweifeln, ob sie nicht doch der Familie schaden würden. Für viele Frauen bedeutete das Eingesperrtsein im Haus: kein eigenes Geld zu haben. Die wirtschaftliche Abhängigkeit produzierte bei ihnen Unterwürfigkeit (und bei den Männern Überlegenheitsgefühle), und letztendlich wurde so die Arbeit abgewertet, die Frauen im Haus taten. Die starken, fähigen Frauen, die während des Krieges sowohl gearbeitet als auch die Kinder großgezogen hatten, wurden abgeschoben auf das Terrain häuslicher und familiärer Angelegenheiten.

Während weiße Frauen von einer befriedigenden gesellschaftlichen Existenz außerhalb des Heimes ausgeschlossen wurden, war die Situation der schwarzen Frauen noch von besonderen Schwierigkeiten geprägt. Das vor allem von Weißen geschaffene ideologische Klischee der schwarzen amerikanischen Familie war von Mythen über die starke schwarze Frau durchsetzt, die mit ihrer Arbeit, dem Kindererziehen, der Beaufsichtigung von Enkelkindern usw. ohne weiteres fertig wurde. Bei der Verbreitung solcher Bilder ging es freilich nicht darum, die häufig heldenhaften Bemühungen dieser Frauen zu honorieren, sondern man wollte genau diese Frauen kritisieren, weil sie angeblich den schwarzen Mann kastriert hatten. So erlebte die schwarze Frau, daß sie für Arbeitslosigkeit, Armut und Zerrüttung der Familienverhältnisse verantwortlich gemacht wurde.[13]

In jeder gesellschaftlichen Schicht waren die Kinder Angelegenheit der Frauen. Es war die Aufgabe der Frau, den jüngsten psychologischen Theorien entsprechend, gesunde Kinder mit ausgeglichenem Seelenleben heranzuziehen. Die Arbeit von Sigmund Freud erfuhr weite Verbreitung, Studien der Situation in den Waisenhäusern während des Zweiten Weltkriegs wurden veröffentlicht.[14] Das führte zu einer Fixierung auf die zentrale Rolle der Mutter für die seelische Gesundheit der Kinder. Frauen wurden ermutigt, ihren Kindern im Vorschulalter möglichst viel Zeit, Kreativität und Energie zu schenken. Die Kindheit und die Entwicklungsphasen der Kinder wurden zu festen Begriffen.

Aufgrund der strukturellen Isolierung im Alltag war es fast keiner Frau möglich, die Bedingungen der eigenen Existenz frei zu diskutieren und zu untersuchen. Es gab durchaus ein unterschwelliges Wissen, eine bestimmte Art der Unzufriedenheit. Oft lebten die Frauen in Enttäuschung, Frustration und Beengtheit. Frauen erwarben die Fähigkeit, einander am Küchentisch zu trösten und gegenseitig die Härten der Gefangenschaft zu mildern. Ausflüge in hastig errichtete Einkaufszentren hatten für die Frauen so etwas wie eine flüchtige Ventilfunktion, so wurde den Frauen vorgegaukelt, daß sie beim Auswählen der Güter wichtige Entscheidungen träfen. Solche vorübergehenden Ablenkungen konnten jedoch nicht die innere Unruhe so vieler Frauen stillen oder die Befriedigung schenken, die diese Waren doch zu versprechen schienen.

Diese Situation hielt sich bis Mitte der sechziger Jahre. Das war die Welt, deren Folgen Betty Friedan so nachdrücklich in ihrem Buch *Der Weiblichkeitswahn*[15] beschrieb: eine Welt, die für Frauen nur verhinderte Ambitionen und häusliche Frustrationen bedeutete. Eine Welt der nicht greifbaren Unzufriedenheit oder, um Friedans Begriff zu benutzen, eine Welt mit »dem Problem ohne Namen«. Ein Merkmal der damals herrschenden Vorstellung von Häuslichkeit war die Leugnung, daß die Hausarbeit vielleicht nicht alle Frauen zufriedenstellen würde. Frauen, deren Unzufriedenheit offensichtlich wurde, wurden zu Kranken abgestempelt. Sich der zugewiesenen Rolle widersetzen bedeutete, den Arzt oder den Psychiater zu besuchen und sich Valium verschreiben zu lassen[16] oder eine Therapie zu beginnen, um sich besser einzufügen. (Diejenigen, die zur Anpassung unfähig waren, wurden zu Opfern psychiatrischer Mißhandlung.)[17] Frauen, deren Beschwerden offenkundig wurden, warfen sich selbst vor, bei der Erfüllung der an sie gerichteten Rollenerwartungen versagt zu haben. Gleichzeitig wurden sie zur Zielscheibe zahlreicher Witze über jüdische Mütter und nörgelnde Ehefrauen. Weil sie von ihrem beschnittenen Leben so frustriert waren, suchten sie ein Ventil in der Beschäftigung mit dem Erfolg der Kinder oder des Ehemannes.

Insbesondere die Kinder wurden zum Objekt der Mutter deklariert. Die Mutter sollte die Kinder perfektionieren, im Gegenzug verkörperten die Kinder die Leistung der Mutter. Söhne und Töchter wurden sowohl die Objekte der Mutter als auch ihr Daseinsgrund. Es ging nicht einfach darum, daß die Mütter, den gesellschaftlichen Normen entsprechend, die Verantwortung für die Kindererziehung innehatten, sondern dadurch, daß die Kinder Empfänger größter Fürsorge und Aufmerksamkeit waren, sollten sie der Mutter in der Welt Genugtuung verschaffen. Männliche Kinder sollten sich auf Gebieten verwirklichen, die der Mutter verschlossen waren. (So erklärt sich der gewisse Unterton in Äußerungen wie »mein Sohn, der Arzt«.) Bei weiblichen Kindern tendierten die Wünsche der Mütter zur Widersprüchlichkeit. »Du sollst so wie ich werden«, »du sollst nicht so wie ich werden«. In beiden Fällen existierte ein enormer Druck in der Mutter-Kind-Beziehung, und ein Kind konnte niemals erfolgreich genug sein, denn es konnte nicht die Bedürfnisse der Frauen nach Selbstdarstellung befriedigen.

Die Frustration im Leben so vieler Frauen trat besonders deutlich Ende der sechziger, Anfang der siebziger Jahre zutage, als sich eine Frauenbefreiungsbewegung entwickelte, die sich energisch und übermütig daranmachte, alle Kategorien weiblicher Erfahrung umzudenken. In den Selbsterfahrungsgruppen gehörten die Kindererziehung und die Mütterlichkeit zu den heißen Themen. Die Mütter, die sich solchen Gruppen anschlossen, gewannen neue Einsichten und verlangten eine Neubewertung des Familienlebens, insbesondere des Konzeptes von der allgegenwärtigen und opferbereiten Ehefrau und Mutter. Der Groll, der unterschwellig gebrodelt hatte oder irgendwie verdrängt worden war, wurde genauer untersucht. Und Frauen konnten erkennen, daß viele Probleme, die sie zuvor als Beweis eines individuellen Versagens erfahren und interpretiert hatten, in Wirklichkeit gesellschaftliche Ursachen haben.

Für viele Frauen führten solche Einsichten zu direkten Veränderungen im häuslichen und familiären Bereich. Sie nahmen die (unterbrochene) höhere Ausbildung wieder auf, sie suchten sich Arbeit außerhalb des Heims, sie organisierten Kinderläden usw. Die Vorreiterinnen dieser Veränderungen beeinflußten das Selbstverständnis aller Frauen. Und die Berufstätigkeit wurde abermals allgemein zum ehren- und begehrenswerten Ziel. Von den siebziger Jahren an bis heute hat es einen allmählichen Eintritt von Frauen in Arbeitsgebiete gegeben, die ihnen zuvor verschlossen waren. Frauen und Männer mußten sich mit der Notwendigkeit auseinandersetzen, die Erziehung und Vorsorge der Kinder anders zu organisieren.

Nun ist es in den meisten Fällen nach wie vor die Frau, die sich selbst als Hauptverantwortliche für die tägliche Kinderaufsicht empfindet und die darum eine Ersatzperson sucht, wenn sie nicht zur Verfügung steht. Aber obwohl dieses Verantwortungsgefühl weiter mit dem Geschlecht verbunden bleibt, haben die Folgen dieser Umwälzung für das Selbstbild der Frau, für die Vorstellung von Mütterlichkeit und schließlich für die Mutter-Kind-Symbiose weiterhin Bestand. So läßt sich zusammenfassen, daß seit dem Zweiten Weltkrieg in den meisten Fällen Veränderungen bei der Kindererziehung erfolgt sind und daß die Mütter zahlreichen Veränderungen des sozialen Rollenverständnisses unterworfen wurden. Mütter, die sich zu einem bestimmten Zeitpunkt sehr intensiv mit der Erziehung des Kindes befaßt haben, beginnen, einen Teil ihrer Hoffnungen, Energie und Ambition auf andere Bereiche zu richten. Diese neue Option hat freilich für viele Frauen unerwartet widersprüchliche Gefühle erzeugt: Schuldgefühle und Verwirrung vermischen sich mit der Freude an der Befreiung und der wachsenden Selbstachtung. Die Empfindungen, die eine Frau der eigenen Person gegenüber hegt, und die Möglichkeiten, die sie für die Zukunft ihrer Kinder sieht, wirken sich auf die Mutter-Kind-Beziehung und somit auf die psychologische Entwicklung des Kindes aus. Frauen, die am Anfang der Ehe sich die Möglichkeit der Berufstätigkeit ausmalten, dann aber entmutigt wurden und erst seit kurzem die Berechtigung solcher Wünsche wiederentdeckt haben, verhalten sich zwangsläufig etwas widersprüchlich ihren Kindern, vor allem den Töchtern gegenüber. Diese Widersprüche betreffen insbesondere die Erwartungen, die Frauen an das Leben richten dürfen, sowie die Projektionen und Vorbilder, die eine Mutter ihrem Kind mitgibt. Wenn eine Mutter solche Verschiebungen im Selbstbild durchlebt und die Zukunftsaussichten der Kinder widersprüchlich ausmalt, so kann dies extrem verwirrend für das Kind sein. Aber auch Töchter, die über die konventionelle Frauenrolle hinauswachsen wollen und von Müttern großgezogen wurden, die sich offensichtlich in diese Rolle schickten, durchleben einen Wirrwarr beunruhigender Gefühle. Gefühle der Untreue, der Schuld und der Loslösung – und das wird nicht immer innerhalb der Familie akzeptiert.

In der Geschichte der Kindererziehung ist die Zeit nach dem Zweiten Weltkrieg also eine wichtige Phase. Ihre Merkmale sind die Um- und Neudefinition der Vorstellungen von guter Kindererziehung. Wenn schon die Mutter bei dieser historischen Achterbahnfahrt kaum weiß, woran sie sich festhalten soll, so ist die Tochter noch verunsicherter: Sie erlebt die Welt als Stätte weniger gültiger Werte, geringer Beständigkeit und Kontrolle. Die Handlungen der Magersüchtigen spiegeln diese Erblast wider. Die Rigidität der Krankheit ist der symbolische Versuch, Beständigkeit zu schmieden, wo kaum welche existiert. Der Versuch, eine durchschaubare, verläßliche Existenz zu führen, die dem Anspruch nach Veränderungen widerstehen kann.

Wir wenden uns jetzt der Mutter-Tochter-Beziehung zu, um genauer zu verstehen, in welchem Umfang der Druck auf die heutige Erziehung die Konstruktion der Psychologie der Weiblichkeit berührt – eine Psychologie, die für eine ganze Palette von Eßstörungen und Schwierigkeiten mit dem eigenen Äußeren den fruchtbaren Boden bietet. Bevor ich detailliert auf die Mutter-Tochter-Beziehung eingehe, möchte ich hervorheben, wie sehr meine Beobachtungen für eine bestimmte Zeit und eine bestimmte Gesellschaft typisch sind. Mit anderen Worten: Die Spannungen, die in der Mutter-Tochter-Beziehung eingeflochten sind, resultieren vorwiegend aus den oben skizzierten gesellschaftlichen Kräften.

Heutzutage sieht die Kindererziehung anders aus als vor oder während des Zweiten Weltkrieges, als noch Familienverbände und Gemeinschaftsdenken funktionierten. Desgleichen schenkte man im 19. Jahrhundert dem Phänomen der Kindheit viel weniger Aufmerksamkeit. Nur einige Gruppen der oberen Mittelschicht kannten den Begriff der Kindheit. Auffällig an der Periode nach dem Zweiten Weltkrieg ist das Hin und Her bei den Überlegungen, was denn nun eine gute Mutter sei. Zuvor hatten Erziehungsmodelle einige Jahrzehnte lang Gültigkeit, und die Mutter-Tochter-Beziehung war nicht so stark den »Experten« in Sachen Kinderentwicklung ausgeliefert, die laufend die neuesten Vorschriften zur korrekten Erziehung hinausposaunten. Trotz alledem ist es dennoch möglich, einige allgemeingültige Aussagen über die heutige Mutter-Tochter-Beziehung zu machen.

Feministische Theoretikerinnen[18] haben die Familie als Vermittler der weiblichen Inferiorität ausgemacht. Innerhalb der Familie, vor allem innerhalb der Mutter-Tochter-Beziehung, lernt ein kleines Mädchen zuallererst die Umrisse ihrer gesellschaftlichen Rolle kennen. Dieser Prozeß vollzieht sich gleichzeitig mit ihrer sich entfaltenden Selbstwahrnehmung.[19] In unserem Kulturkreis sind die Mütter verantwortlich für die psychologische und soziale Entwicklung des Kindes, sie leisten die Transformation von der biologischen Kategorie des Geschlechtes zur gesellschaftlichen Kategorie des Geschlechtes.[20] Mit anderen Worten: Eine Mutter dirigiert die Entwicklung ihrer Kinder auf Bahnen, die dem Geschlecht angemessen sind. Das gilt sowohl für die Sozialisation als auch für die Formierung der psychischen Strukturen der Kinder. Auf die Mutter-Tochter-Beziehung wirkt sich dieser gesellschaftliche Anspruch schwerwiegend aus.

Zwangsläufig ist die Mutter-Tochter-Beziehung ambivalent. Denn die Mutter, die im Patriarchat ein eingeschränktes Leben führt, hat die nicht beneidenswerte Aufgabe, der Tochter genau diese Position schmackhaft zu machen. Explizit, aber auch unbewußt bereitet sie die Tochter psychologisch darauf vor, die ihr bevorstehenden Beschränkungen im Frauendasein zu akzeptieren. Die Mutter muß dies tun, damit die Tochter nicht als Außenseiterin abgewiesen wird. Natürlich gibt es eine breite Palette von Verhalten und Aktivitäten, die eine Mutter als annehmbar bewertet. Aber die Konstruktion der Weiblichkeit ist gebunden an fundamentale gesellschaftliche Normen, die die Parameter eines Frauenlebens umreißen.

Heutzutage bedeutet gelungene Weiblichkeit für die junge Frau die Erfüllung dreier grundsätzlicher Forderungen: Sie muß sich erstens anderen unterwerfen. Sie muß zweitens die Bedürfnisse anderer Menschen vorausahnen und befriedigen. Und drittens muß sie sich über das Verhalten anderen gegenüber definieren. Die Konsequenzen dieser Forderungen: Durch die Selbstverleugnung sind Frauen nicht in der Lage, ein authentisches Gespür für eigene Bedürfnisse zu entwickeln oder gar die eigenen Wünsche als gerechtfertigt zu begreifen.

Da sie sich mehr mit fremden als mit eigenen Bedürfnissen beschäftigen, werden Frauen von der Zustimmung ihrer Umwelt abhängig. Das Gebot der Verbindung mit anderen, die gesellschaftliche Forderung, daß Frauen sich selbst durch die Assoziierung mit anderen Personen definieren sollen, bedeutet, daß ihr Selbst zum Teil unterentwickelt ist. Unsicherheit und mangelndes Selbstvertrauen sind so vorprogrammiert. Hinter der kompetenten Fürsorge einer Frau, die ihrer Umwelt ständig gibt, verbirgt sich ein hungriges, beraubtes und bedürftiges kleines Mädchen, das wegen der eigenen Sehnsüchte und Wünsche unsicher und voller Scham ist.[21] So führen die Anforderungen der Gesellschaft und ihre Konsequenzen zu einer Psychologie, die von zwei wesentlichen Merkmalen gekennzeichnet ist. Bis zu einem gewissen Grad existieren in allen Frauen zwei zutiefst verinnerlichte Tabus (die gesellschaftlich verstärkt werden). Zum einen das Aussprechen von Anlehnungsbedürfnissen, zum anderen das Ergreifen von Initiativen.[22] Die meisten Menschen sind sich des Ausmaßes sehr bewußt, wie Initiativen von Frauen abgewertet und mißbilligt werden. Eine Frau, die die eigene Meinung vertritt, entschlußfreudig ist oder die eigenen Bedürfnisse offen mitteilt, wird oft verunglimpft oder neidisch als anmaßende, aggressive Person beschrieben. Weniger bekannt ist die Tatsache, wie stark Mädchen und Frauen ihre Bedürfnisse nach Wärme und Fürsorge unterdrücken. Kompliziert wird die Situation dadurch, daß mit der versteckten Instruktion, eigene Bedürfnisse herabzusetzen, zwei paradoxe Anweisungen einhergehen: Einerseits werden Mädchen dazu angehalten, abhängiges und unterwürfiges Verhalten an den Tag zu legen. Sie sollen

»keine Ahnung haben«, sie sollen Hilfe benötigen beim Auswechseln einer Glühbirne (um den Mythos der männlichen Überlegenheit und der weiblichen Schwäche am Leben zu erhalten). Andererseits hält man Mädchen dazu an, das eigene Bedürfnis nach Aufmerksamkeit umzuwandeln – und zwar in Fürsorge und Verantwortlichkeit für andere. So werden die emotionalen Bedürfnisse der Frauen tief vergraben und nur mit Scham und Kummer von ihnen erlebt. Ihre Bedürfnisse tauchen gleichsam in den Untergrund ab – verhindert, unbefriedigt. Frauen fühlen sich von innen her nicht wohl – das ist eine der seelischen Folgen der Verdrängung der emotionalen Bedürftigkeit und des eigenen Autonomiestrebens. Sie haben keine Daseinsberechtigung, sie sind fehl am Platz. Ständig versuchen sie, sich wohl in ihrer Haut zu fühlen. Und die Zustimmung anderer Menschen vermag vorübergehend die innere Unruhe zu besänftigen.

Diese seelische Disposition bringt eine Frau in die Mutterschaft mit ein. Indem sie sich auf die offensichtlichen und drängenden Bedürfnisse ihres neugeborenen Mädchens einläßt, werden in der Mutter schmerzhafte Erfahrungen wieder wach. Erinnerungen daran, daß sie selbst dauernd ihre emotionalen Bedürfnisse, aber auch ihre Bereitschaft zur Initiative im Zaum halten muß. Die Mutter zu sein bedeutet, eine Tochter den geschlechtsspezifischen Rollenerwartungen angemessen heranzuziehen, zu formen. Eine Mutter kann ihrer Tochter keine Flausen in den Kopf setzen, was die Zukunft betrifft. Und so vermittelt sie ihrem Kind bewußt und unbewußt die Gesetze der Gesellschaft. Die Mutter-Tochter-Beziehung ist geprägt von der Ablehnung der emotionalen Bedürftigkeit und dem Autonomiebestreben der Tochter. Die Bedürfnisse der Tochter lassen bei der Mutter wieder eigene, unbefriedigte Wünsche wach werden und rufen eine ganze Bandbreite von bewußten und unbewußten Reaktionen hervor. Daher wirkt das Verhalten der Mutter so unbeständig. Ein Beispiel: Manchmal kann die Mutter das kindliche Verhalten, das Jammern und Wimmern, das scheinbar grundlose Getue der Tochter akzeptieren. Sie geht auf das Mädchen ein und gibt ihm dadurch das Gefühl, daß ihm in einer schwierigen Phase geholfen wird. Dann kann es jedoch andere Augenblicke geben (sogar während desselben Vorfalls), in denen die Mutter die Bedürfnisse der Tochter schier irritierend und ärgerlich findet. Sie versucht, die Nöte der Kleinen beiseite zu schieben. Häufig wird das Töchterchen dadurch abgelenkt, daß es doch bitte Rücksicht auf die Mutter nehmen soll: »Jetzt ist aber Schluß, Mama hat Kopfschmerzen.« Oder das Kind wird angespornt, den Kummer zu verdrängen: »Na, stell dich nicht an wie ein kleines Baby!« Wenn eine Mutter Probleme damit hat, mit Bedürfnissen umzugehen, so wird ihr Verhalten die kleine Tochter verwirren. Die Tochter erlebt, daß ihre Bedürfnisse von Fall zu Fall verschieden akzeptabel sind oder nicht. Sie weiß nicht, ob sie sie zum Ausdruck bringen darf oder nicht. So wird sie ihrer Bedürfnisse unsicher, sie schämt sich, und das schafft allmählich in ihr eine große Ungewißheit. Zusätzlich entwickelt sie sich zur Klette, weil sie ja ständig Zuflucht und Sicherheit sucht.

Diese Anhänglichkeit wird vielleicht unbewußt noch durch andere Handlungen der Mutter bestärkt. Wenn das kleine Mädchen erste Schritte in die Selbständigkeit unternimmt, wie zum Beispiel eine Treppe hochklettert oder aus dem Zimmer krabbelt, so vermittelt die Mutter oft, daß sie sich aufgrund dieser Aktivitäten große Sorgen macht. Die Mutter läuft der Kleinen hinterher oder teilt ihr mit, daß die Treppe gefährlich ist. Während ein kleiner Junge eher ermutigt wird (»Los, du schaffst es schon, jetzt die nächste Stufe und noch eine, kluger Junge«), bekommt das kleine Mädchen vielleicht Ermahnungen zu hören (»Sei jetzt ganz vorsichtig, nicht so schnell, fall nicht hin, aufpassen«). Vielleicht habe ich die unterschiedliche Wortwahl ein wenig überbetont bei diesem Beispiel. Aber dies soll die Aufmerksamkeit auf Unterschiede lenken, die oft auf nonverbaler Ebene vermittelt werden. Der kleine Junge, der auf eine Treppe zuläuft, ruft vielleicht bei der besorgten Mutter im ersten

Moment einen scharfen Blick hervor. Doch dann wird sie lächeln und ihn ermutigen, die Sache zu Ende zu bringen. Sie vermittelt ihm die Vorstellung, daß er recht daran tut, solche körperlichen Anstrengungen in Angriff zu nehmen. Das gehört zu einem richtigen Jungen dazu, genauso wie später das Bäumeklettern und Balancieren auf Eisenbahnschienen. Das kleine Mädchen, das auf die Treppe losstürmt, ruft vielmehr Angst hervor. Denn die Körperlichkeit der Kleinen ist im allgemeinen Beschränkungen unterworfen. Die besorgte Mutter steht da voller Unruhe, ob das Mädchen wohl mit der Treppe zurechtkommt. Vielleicht ist die Mutter nicht imstande, die gleiche Zuversicht in die Fähigkeiten des Mädchens auszustrahlen, wie sie es beim kleinen Jungen kann.

Halten wir fest: Die Mutter versäumt, die Tochter zu Initiativen zu ermutigen, und sie ist unfähig, die frühkindlichen emotionalen Bedürfnisse der Tochter angemessen oder beständig zu befriedigen. Und daher hat das kleine Mädchen Probleme mit der psychologischen Loslösung (einem Prozeß, der im Alter von sechs Monaten beginnt und bis zum dritten Lebensjahr andauert), denn es braucht ja weiterhin Wärme und Fürsorge. Die Fähigkeit, sich selbst als eigenständige Person, als Subjekt wahrzunehmen (die sogenannte Individualisierung), hängt von der Befriedigung frühkindlicher emotionaler Bedürfnisse ab.[23] Daher verläuft die Entwicklungsphase der Loslösung/Individualisierung nicht glatt. Die Mutter zögert, ihre Tochter loszulassen. (Vielleicht hat sie sich psychisch mit der Tochter verschmolzen, weil sie selbst keine eigenständige Person geworden ist.) Und die Tochter hat noch nicht genug Eigenständigkeit verinnerlicht, um sich von der Mutter zu befreien.

Es gibt Hinweise, daß die Tabus, denen Begehren und Erwartungen von Frauen unterworfen sind, sich direkt in der Mutter-Tochter-Beziehung Ausdruck verschaffen, und zwar beim Füttern und beim Festhalten. In einer Studie mit italienischen Kleinkindern berichtet Lezine[24] von auffälligen Unterschieden bei der Behandlung männlicher und weiblicher Säuglinge. 66

Prozent der Mädchen wurden gestillt im Gegensatz zu 99 Prozent der Jungen. Mädchen wurden erheblich früher entwöhnt als Jungen. Und im allgemeinen wurde bei Mädchen viel weniger Zeit für das Füttern aufgewendet. Die gleiche Diskrepanz zeichnete sich beim Berührungsverhalten ab. Weibliche Säuglinge wurden kürzer festgehalten als männliche.[25] Inoffizielle Berichte von Analytikern und Entwicklungspsychologen bestätigen diese Unterschiede. (Auch wenn es nicht um das Thema Brustnahrung gegen Flaschennahrung, sondern um Zeit- und Hautkontakt geht.) Diese Beobachtungen weisen auf eine Kontinuität zwischen den frühkindlichen Eßgewohnheiten und akzeptierten Eßgewohnheiten der erwachsenen Frau hin. Das Verhalten in der Säuglingszeit ist gewissermaßen eine Vorbereitung auf später. So wie den erwachsenen Frauen anempfohlen wird, ihren Hunger dem gängigen Schönheitsideal zuliebe zu zügeln, so gewöhnen sich kleine Mädchen daran, weniger zu bekommen. In der ersten Beziehung seines Lebens erfährt das kleine Mädchen also die Botschaft der Verweigerung: Ihr wird emotionale Versorgung und Autonomie vorenthalten. Das geht einher mit dem Zügeln des psychischen Appetits. Diese allgemeinen Äußerungen gelten keineswegs unverrückbar für jede Mutter-Tochter-Beziehung. Es ist eher meine Absicht, die Parameter der ersten lebenswichtigen Beziehung eines Mädchens zu skizzieren.

Beim Beginn der Pubertät werden die unterschwellig weiter existierenden Probleme der Loslösungs-/Individualisierungsphase des Kleinkindes wieder auf neue und dramatische Weise wachgerufen. Der Kampf um eine von der Familie unabhängige Identität vollzieht sich auf wackeligem Grund. Wenn sich die Jugendlichen von der Familie lösen und Gleichaltrigen zuwenden, so führt dies zu Spannungen und Verzweiflung. Auch hier steht der Wunsch nach Nähe und Schutz der vertrauten Umgebung im Widerspruch zum Verlangen nach Trennung und Autonomie. Lambley[26] untersucht, wie sich die Eltern von Magersüchtigen in den Versuch des Kindes einmischen, normale Beziehungen zu Gleichaltrigen aufzubauen. Beziehungen, die für die

Herausbildung einer eigenen Identität wichtig sind. Die Eltern neigen dazu, am Freundeskreis der Tochter herumzukritteln, weil sie sie nicht »aus dem Nest« lassen wollen, weil die Tochter sich ausschließlich mit dem Gefühlsleben der Familie beschäftigen soll.

Mädchen erleben den überwältigenden Wunsch, sich anzupassen. Das ist das Ergebnis der jugendlichen Unsicherheit, der Angst vor der Loslösung von der Familie und des Wunsches, bei den kritischen Gleichaltrigen anerkannt zu werden. Die ohnehin noch nicht ausgereiften seelischen Strukturen werden zusätzlich von den drastischen körperlichen Veränderungen, die während der Pubertät einsetzen, erschüttert. Das Mädchen spürt, wie sich der Körper ohne ihr Dazutun verändert. Und das Ergebnis dieser Veränderungen liegt im dunkeln. Vielleicht stellen diese Veränderungen ihren Mangel an Selbstkontrolle unter Beweis. Vielleicht aber auch ihre Fähigkeit, die Zukunft in den Griff zu bekommen. Mangelnde Selbstsicherheit setzt sich um in Unsicherheit dem eigenen Körper gegenüber.

Während der Pubertät verliert die Mutter-Tochter-Beziehung nichts an Intensität oder Widersprüchlichkeit. In diesem Kontext erlebt die Mutter die sexuelle Reifung ihrer Tochter. Da die Mutter selbst den Druck erfahren hat, einen möglichst attraktiven Körper zu haben, hat sie sich möglicherweise nicht wohl und zuversichtlich in ihrer Haut gefühlt. Und wenn sie seit Jahren mit ihrem Gewicht herumkämpft, überträgt sie möglicherweise dieses Problem auf die heranwachsende Tochter. Sie beobachtet genau, was die Tochter ißt, und beschäftigt sich mit deren körperlichen Veränderungen. Dies geschieht durchaus mit den besten Absichten, trotzdem werden ihre Beobachtungen oft als Einmischung empfunden. Andererseits gibt es Mütter, die sich durch die Sexualität der Tochter bedroht sehen und darum außerstande sind, die aufregenden körperlichen Veränderungen, die die Tochter durchlebt, angemessen zu begrüßen und ins rechte Licht zu rücken. Und so sucht das Mädchen Bestätigung und Verständnis außerhalb der Familie. Bei Freundinnen und bei

Zeitschriften, die sich explizit an Teenager richten. Eine bestimmte Botschaft ist diesen Jugendzeitschriften gemein: Sie predigen Diäten und Gewichtskontrolle als Antwort auf Pubertätskrisen. Junge Frauen lesen, daß eine Diät die Eintrittskarte ins Reich der Teenager ist und gleichzeitig eine Antwort auf eine Masse von Problemen darstellt. Das Universalmittel für körperliche Unsicherheit heißt ... Diät und Kontrolle! So werden Mädchen ins Erwachsenenalter eingeführt, so soll ihr Verhältnis zum eigenen Körper aussehen: Sei wachsam, kontrolliere deinen Appetit (auch auf Sex), habe Angst vor deinem Körper, denn er wartet nur darauf, dich hängenzulassen!

In der Pubertät lernt das Mädchen, zwischen ihrem Körper und ihrem Selbst zu trennen. Das ist, wenn man so will, die Keimform einer psychosomatischen Spaltung. Der Körper als Werkzeug, als etwas Künstliches, wenn auch Wichtiges. So wird er dem Mädchen dargestellt, so nimmt sie ihn selber wahr. Er ist ihrer Person gleichzeitig fremd, und doch spiegelt er wider, was und wer sie ist. Was bedeutet diese paradoxe Aussage? Wie wir gesehen haben, neigt die Frau dazu, den Körper fast als etwas nicht zu ihr Gehörendes zu betrachten. Der prüfende Blick ist mehr oder weniger angstvoll. Distanziert schaut sie sich im Spiegel an und stellt die Frage, ob der Körper (ob sie selbst) akzeptabel ist.[27] Die Norm, die sie dabei anlegt, reflektiert das Ausmaß der Verinnerlichung gesellschaftlicher Wertvorstellungen. Sie mißt, wie weit sie vom projizierten Schönheitsideal entfernt ist. Sie malt sich die Vorzüge der Anpassung aus. Ihr Körper ist eine Erklärung über ihre Person und die Welt und über ihre Position in der Welt. Ein Frauenkörper lebt innerhalb vorgeschriebener Grenzen, und so wird er zum Vehikel zahlloser Aussagen, die anders nicht vermittelbar wären.[28] Der Körper ist die Eintrittskarte der Frau in die Gesellschaft. Durch ihn lernt sie einen Mann kennen, er legitimiert ihre Sexualität und ihre Rolle. Der Körper ist ihr Sprachrohr. Beim Versuch, die herrschenden Vorstellungen von Weiblichkeit anzunehmen oder abzulehnen, benutzt die Frau diejenige Waffe, die so häufig gegen sie gerichtet wird. Sie spricht mit dem Körper.

Im nächsten Kapitel werden wir sehen, wie diese Motive unmittelbar Ausdruck finden im Verhältnis zum Essen und zur Ernährung. An dieser Stelle will ich lediglich die Form der Mutter-Tochter-Beziehung allgemein illustrieren und ihre Bedeutung für die psychologische Entwicklung von Mädchen und Frauen hervorheben. Denn obwohl Eßstörungen und Schwierigkeiten mit dem eigenen Äußeren nicht unbedingt alle Frauen berühren, existiert in der Erfahrungswelt eine Kontinuität, die sie für solche Probleme anfällig macht. Wir werden sehen, daß ein Teil dieser Verletzbarkeit sicherlich mit der zentralen Rolle zusammenhängt, die das Essen im Leben einer Frau spielt. Aber diese Störungen haben nicht nur etwas mit der sozialen Rolle der Frau zu tun, sondern auch mit ihrer psychologischen Disposition. Und wir haben gesehen, daß diese Psychologie eine der Verleugnung ist: Den Frauen werden berechtigte Bedürfnisse, der Wille zur Initiative und die Suche nach emotionaler Versorgung streitig gemacht. Das schafft in ihnen Abwehrstrukturen, in denen die Unzufriedenheit mit der eigenen Person zum Ausdruck gebracht wird. Die Magersucht ist Ausdruck dieses Unbehagens. Die extreme Manifestation der Vorenthaltung von Selbstbestimmung.

Anmerkungen:

1 In seinem Buch *Starving to Death in a Sea of Objects* (New York 1980) weist John Sours darauf hin, daß schon im 16. Jahrhundert in Genua von einem Magersuchtsfall berichtet wurde. Anfang des 17. Jahrhunderts wurde in Frankreich ebenfalls eine solche Krankheit dokumentiert. Die Nosologie der Anorexia Nervosa geht auf Sir William Gull (England 1968) und Dr. E. C. Lesegue (Frankreich 1873) zurück. Es hat gewisse Bedenken gegeben wegen der ungenauen Begrifflichkeit, aber da das Wort inzwischen so weit verbrei-

tet ist, ist es unwahrscheinlich, daß diese Bezeichnung jetzt noch zugunsten eines präziseren Begriffes verändert werden wird.

2 Crisp, A. H., Palmer, R. L., und Kalvey, R. S., *How Common is Anorexia Nervosa? A Prevalence Study,* in: British Journal of Psychiatry, 128, 1976, S. 549–54

3 Chodorow, N., *The Reproduction of Mothering. Psychoanalysis and the Sociology of Gender,* Berkeley 1978; Dinnerstein, D., *Das Arrangement der Geschlechter,* Stuttgart 1979; Eichenbaum, L., und Orbach, S., *Feministische Psychotherapie,* München 1984

4 Bruch, H., *Eating Disorders; Obesity, Anorexia Nervosa and the Person Within,* New York 1973; Selvini Palazzoli, M., *Magersucht. Von der Behandlung einzelner zur Familientherapie,* Stuttgart 1984; Orbach, S., *Anti-Diätbuch,* München 1979; Orbach, S., *Antidiät II,* München 1984

5 Andere Thesen besagen, daß das Angebot des Marktes künstlich gelenkt wird oder gar Nebenprodukt militärischer Forschung ist.

6 Vgl. die Arbeit des Verbraucheranwaltes Ralph Nader oder die Reaktion von Verbraucherinitiativen auf geplante Atomkraftwerke.

7 Ewan, E., und Ewan, S., *Channels of Desire,* New York 1982, S. 70

8 Friend, A., und Metcalf, A., *Slump City,* London 1981

9 Braverman, H., *Die Arbeit im modernen Produktionsprozeß,* Frankfurt/M. 1980; Turkel, S., *Working,* New York 1974; Garson, B., *All The Live Long Day,* New York 1975

10 Marcuse, H., *Triebstruktur und Gesellschaft,* Frankfurt/M. 1973

11 Orbach, a.a.O., 1979; Orbach, a.a.O., 1984

12 Lasch, C., *The Culture of Narcissism,* New York 1979

13 Moynihan, D., *The Negro Family: The Case of National Action,* US-Department of Labour, Washington, D. C., 1965

14 Spitz, R., *Die Entstehung der ersten Objektbeziehungen,* Stuttgart 1973

15 Friedan, B., *Der Weiblichkeitswahn oder Die Selbstbefreiung der Frau,* Reinbek 1968

16 Valium (Diazepam) wurde 1963 auf dem Markt eingeführt.

17 Chesler, P., *Frauen – das verrückte Geschlecht,* Reinbek 1977

18 Mitchel, J., *Frauenbewegung – Frauenbefreiung,* Berlin 1981

19 Money, J., und Erhardt, A., *Man and Woman, Boy and Girl; The Differentiation and Dimorphism of Gender Identity from Conception to Maturity,* Baltimore 1973

20 EICHENBAUM, L., und ORBACH, S., a.a.O.
21 EICHENBAUM, L., und ORBACH, S., *Ganz Frau und wirklich frei,* Econ, Düsseldorf 1984
22 ibd.
23 FAIRBAIRN, W.R.D., *Psychoanalytic Studies of the Personality,* London 1952
24 Zitiert von BELOTTI, E. G., in: *Was geschieht mit kleinen Mädchen?,* München 1975
25 ibd.
26 LAMBLEY, P., *How to Survive Anorexia,* London 1982
27 BERGER, J., *Ways of Seeing,* London 1972
28 ORBACH, a.a.O., 1979

3. Verhungern im Überfluß

Nach dem Zweiten Weltkrieg traten in Westeuropa und in den USA bedeutende Veränderungen bei der Produktion und Verbreitung von Nahrungsmitteln auf. Als Anfang der fünfziger Jahre die Rationierung von Lebensmitteln ein Ende fand, gab es, wie es schien, Essen – zu einem vernünftigen Preis – in Hülle und Fülle. Es herrschte die Vorstellung, daß im Westen der Hunger besiegt worden war, obwohl vieles auf das Gegenteil hinwies und die Nahrungsmittel keineswegs gerecht verteilt wurden. Aber der Glaube an den Überfluß dominierte, und er sollte zu zahlreichen Konsequenzen für die Bedeutung des Essens im Alltag der Menschen führen.

Für die meisten Menschen sah die Versorgung mit Lebensmitteln plötzlich ganz anders aus. Kühlschränke, schon zuvor fester Bestandteil der amerikanischen Kücheneinrichtung, fanden auch in britischen und europäischen Haushalten Verbreitung. Ein auf Vorrat angelegter Kühlschrank wies auch auf mehr Fülle und Auswahl hin als etwa eine gutbestückte Vorratskammer. Überall entstanden Supermärkte mit unzähligen Theken und Regalen voller Milchprodukte, Dosennahrung, Fleisch, Gewürze, Backwaren, Gemüse, Obst und Grundnahrungsmitteln. So wurde eine große Palette von Essen für jedermann erreichbar. Nur wenige Menschen waren in der Lage, den Supermarkt zu verlassen, ohne mehr mitzunehmen, als auf dem Einkaufszettel stand. Und die Küche – oft der Mittelpunkt des Heims – hatte eine immer größere Vielfalt von Nahrungsmitteln anzubieten.

Das Verhältnis zum Essen variiert kulturell, man denke nur an die Klischees von der amerikanischen Vorliebe für Snacks wie Tacos und Popcorn, an die italienische Mama bei der Nudelzubereitung, an das endlose Teetrinken am Küchentisch in England oder an das Zeremoniell der gehobenen französischen Cuisine. Aber in vielen Familien waren Küche und gemeinsame Mahlzeiten das Herzstück des Familienlebens. Sogar dort, wo Konventionen diesem Stereotyp widersprachen (in England bedeutete der Lockruf der Kneipe, daß bei vielen Familien Papi oft beim Essen fehlte), war die *Idealvorstellung* vom Familienleben mit einer gemütlichen Küche, der Vorbereitung von Essen und gemeinsamen Mahlzeiten verwoben.

Der sichtbare Reichtum an Nahrungsmitteln war keineswegs nur auf das Heim beschränkt. In den gesamten USA entstanden in jeder Stadt jene allgegenwärtigen Restaurant- und Imbißketten, vormals karge Schnellstraßen wurden ökonomisch zum Leben gebracht. Es war die Geburtsstunde des »Strip«, einer grell beleuchteten Meile voller Tankstellen und Gaststätten mit Markennamen. Hier gab es standardisiertes Essen in jeder Preislage. Vom billigen Hamburger mit allem Drum und Dran zu aufgemotzten Gourmetrestaurants, die eine internationale Speisekarte anboten. Und wer auch immer sich von der Pseudointeressensgemeinschaft der Fast-Food-Ketten und Supermärkte abgestoßen fühlte, konnte an einem anderen Aufschwung teilhaben: Delikatessen- und Spezialitätenläden, Wochenmärkte und Restaurants, wo der Besitzer persönlich das Menü zubereitete. Sowohl die in den sechziger Jahren einsetzende Reformkostwelle und das in den siebziger Jahren sich ausbreitende Interesse an der Nouvelle cuisine waren in einem gewissen Sinne individualistische Rebellionen gegen eine hochtechnologisierte Nahrungsproduktion und -verteilung. Sie waren Versuche der Selbstdarstellung durch Essen: Man ist, was man ißt. Eine Aussage, die mit Nachdruck von denjenigen aufgegriffen wurde, denen das Essen als Ausdruck der Individualität, Einzigartigkeit und Persönlichkeit galt.

Die Allgegenwart, die scheinbare Fülle des Essens haben in

den letzten 25 Jahren unsere Wahrnehmung gespalten. Mehr als je zuvor ist für immer mehr Menschen das Essen nicht mehr einfach eine angemessene Antwort auf den physischen Hunger. Das Verhältnis zum Essen verändert sich bestimmten Modewellen gemäß. Essen an sich ist zum Lebensstil geworden. Wie, was und wo man ißt, soll der Umwelt einen Einblick in die eigene Persönlichkeit vermitteln, und das gelingt auch. Das Essen hat den Charakter eines Statussymbols bekommen, zu vergleichen mit dem Auto. Für viele Menschen (vor allem für wohlhabende Berufstätige und Geschäftsleute) ist das Essen eine Zerstreuung, eine Form der Unterhaltung und die Zurschaustellung einer Verachtung für die Massenproduktion. Eine Sushi-Mahlzeit, die von einem japanischen Koch, der eine siebenjährige Ausbildungszeit absolvieren muß, zubereitet wird, ist der moderne Ersatz für die maßangefertigte Limousine, die sich immer weniger Menschen leisten können. Aufgeregt drängelt man sich um einen Sitzplatz im neuesten Restaurant, das die maßgebenden Kritiker entdeckt haben. Und das Essen ist dort ebenso Ausdruck des eigenen Status wie ein kulinarisches Erlebnis. Ein ganzes Vokabular für die Liebhaber der feinen Küche ist entstanden. Und kulinarisch »nicht auf dem laufenden zu sein« ist ein Zeichen der Unbeholfenheit und Stillosigkeit.

In England spiegelt sich die Verachtung für den Massenkonsum, die wir im vergangenen Kapitel dargelegt haben, in einer Verachtung für das Essen wider. Zwischen denjenigen Menschen, für die das Essen ein ästhetisches Statement ist, und den anderen, die darin lediglich etwas Nützliches sehen, herrscht eine gewisse Spannung. So ist man in diesem Land dem sogenannten Luxus gegenüber ein wenig zurückhaltend. Aber die gleichen wirtschaftlichen Kräfte, die in den USA die Restaurantketten, Spezialitätenläden und Supermärkte haben sprießen lassen, sorgen auch in Großbritannien für die wachsende Präsenz von Lebensmitteln. Trotz dieser Ungleichheiten im Westen, trotz der neuerlichen Entwicklung des Essens zum Statussymbol oder zur Trendsache (und wir werden sehen, daß dies sich direkt auf Eßstörungen im allgemeinen und auf die Magersucht im besonderen auswirkt), trotz des Bedeutungswandels also: Diese Entwicklungen beruhen auf einem viel elementareren Verhältnis des Menschen zum Essen, das am Anfang des Lebens eine so zentrale Rolle spielt.

Für alle Menschen ist das Essen in den ersten Lebenstagen das Hauptkommunikationsmittel. In der behüteten Welt eines Babys ist Hunger nicht einfach Hunger, sondern es schwingen zahlreiche emotionale Nuancen mit. Die Stimmung, die beim Füttern herrscht, vermittelt viele Dinge. Zunächst das Offensichtliche: Das Baby schreit, weil es Hunger hat, und es wird gefüttert. Ihm wird die Sicherheit gegeben, daß von Hunger verursachtes Unbehagen sich aufheben läßt. Dies schafft die Zuversicht, daß (scheinbar von innen her stammende) Bedürfnisse zu befriedigen sind. Das Baby erlebt ja, wie das Anmelden von Wünschen zur Zufriedenheit führt.

Vermutlich empfindet das Kind anfangs alles als einen eher magischen Prozeß: Die Brust oder die Flasche tauchen gleichzeitig mit den Bedürfnissen auf. Allmählich aber entwickelt das Kind ein Selbstbewußtsein, und es nimmt seine Umgebung wahr. Es spürt die eigenen Auswirkungen und sieht, daß andere reagieren (diese Phase wird üblicherweise als die »omnipotente« beschrieben). Das Füttern geht viel tiefer als bloße körperliche Befriedigung. Der Prozeß des Fütterns bildet ein Geflecht von Gefühlen heraus, das nicht nur unser Verhältnis zum Essen berührt, sondern auch unser Erleben von Nähe und Intimität. Denn das Füttern findet immer innerhalb eines vertrauten Rahmens statt, und die Akteure sind das Kind und seine Mutter oder ein weiblicher Mutterersatz. In den ersten Lebensmonaten, wenn das Baby abwechselnd schläft und ißt, ist dies die erste Form der Beziehung. Ein körperlicher Austausch zwischen zwei Personen. Beide müssen etwas lernen: Das Baby soll sich der Brust oder Flasche anpassen, die Mutter soll sich dem Tempo des Babys sowie dem Auftreten und Ausmaß seines Hungers angleichen.

Für die Schaffung dieses besonderen Klimas des Fütterns wird der Mutter viel Verantwortung zugeschrieben. Die Gefühle, die sie in die Situation einbringt, formen zwangsläufig das Geschehen. Für manche Mutter ist das Füttern eines Säuglings schiere Wonne. Sie empfindet großes Vergnügen und Zufriedenheit, weil sie gebraucht wird, weil sie etwas geben kann. Sie liebt die tiefe Bindung zu ihrem Kind und freut sich daran, es versorgen zu können. Ihre Gelassenheit teilt sich dem Säugling mit. Es darf sich Zeit nehmen, es weiß, daß die Brust und der Körperkontakt da sind, wenn erwünscht. Anfangs weiß das Baby vielleicht nicht, daß diese Sache, die ihm Befriedigung verschafft, etwas von ihm Getrenntes ist. Das Baby empfindet die Mahlzeiten als Teil einer »Wachphase«, und danach fällt es bald wieder in den Schlaf.

Das Kind wächst, und die Mahlzeit ändert ihren Charakter. Das Baby begreift die Brust und den Körper der Mutter als etwas ihm Äußeres. Es gewöhnt sich daran, diesen Kontakt bei den Mahlzeiten zu erwarten. Und es freut sich auf diese Annehmlichkeit, denn es weiß, daß sie ihm nicht überstürzt entzogen wird. Man vermutet, daß das Kind gelegentlich dieses warme, beruhigende Körpergefühl herbeihalluziniert, wenn es eines Trostes bedarf. Dann fängt das Kind allmählich an, mit der Brust oder der Flasche herumzuspielen. Es interessiert sich für anderes Essen, das ihm angeboten wird. Die Ernährungsbeziehung muß mit der Entwicklung des Kindes wachsen. Die größere Auswahl an Essen, die das Kind wünscht oder die die Eltern ihm geben, bedeutet für beide Seiten eine Umstellung. Eine Mutter, die zuvor ihr Kind gestillt hat, empfindet den Wechsel zur festen Nahrung vielleicht als Verlust. Es ist nicht nur die Tatsache, daß das Baby etwas einnimmt, das nicht von ihr stammt. Sondern sie bedauert, daß sie das Baby nicht mehr beim Füttern in den Armen hält. Die körperliche Nähe, die mit dem Ernährer assoziiert wird, findet ein Ende. Das Baby sitzt jetzt im Kinderstuhl, die Mutter ihm gegenüber. Für das Kind ist die Hinwendung zur festen Nahrung ein Schritt auf neue Ufer zu. Es erlernt neue

Fähigkeiten, es interessiert sich jetzt auch für die Welt außerhalb der Brust. Eine aufregende Zeit. Aber manchmal kann sie für die Mutter äußerst anstrengend sein. Die neue »Unabhängigkeit« des Kindes wird als Verlust oder Erleichterung oder als eine Mischung von beidem erlebt. Vielleicht entwickelt die Mutter Schuldgefühle, weil sie ihr Kind nicht mehr mit allem versorgt. Vielleicht möchte sie das Baby länger stillen, weil ihr Selbstwertgefühl davon profitiert und weil so die frühere Intimität verlängert wird. Diese ganzen Reaktionen treten bei fast allen Müttern auf. Und so fühlen sie sich hin und her gerissen von diesen Veränderungen bei der Ernährungsbeziehung.

Die Mahlzeit wandelt sich von einem wonnig-wohligen Zustand zu einer Spielsituation, in der das Baby das Essen genau untersucht, herumspuckt und auch noch mehr verlangt. So fängt das Baby an, sich auszudrücken. Es weitet sein Repertoire an Handlungen aus, und zwar in einer Situation, die es als essentiell befriedigend erlebt hat. Schüchternheit, Begierde oder einfache Lustigkeit werden vom Kind bei der Mahlzeit vorgeführt. So beginnt sich die Persönlichkeit des Kindes auszudrücken. Der Wechsel zur festen Nahrung signalisiert vielleicht die Keimform eines Machtkampfes. Die Verweigerung oder die Herumspielerei des Kindes regt die Mutter auf, sie wird frustriert und nervös. Die Geduld, die sie früher aufgebracht hat, geht ihr verloren. Bei der Mutter findet ein kontinuierlicher Prozeß der Anpassung an die sich entfaltenden Bedürfnisse des Kindes statt. Manche Frauen kommen gut damit zurecht, sie entwickeln sich in etwa parallel zum Kinde: Im gleichen Maße, wie das Kind körperlich geschickter und »unabhängiger« wird, so wendet sich das Interesse der Mutter stärker der Welt außerhalb des Kinderzimmers zu. Andere Mütter finden diese Verschiebungen störend und zudem schwierig durchzuführen. Für viele Frauen hat das Füttern vor allem mit sinnlicher Nähe zu tun, andere treten in die Situation mit dem Wunsch, ergiebig und kompetent einen Job zu verrichten. Und diese fundamentalen Schlüsselerlebnisse mit Nahrung und Mahlzeiten wirken sich ein Leben lang aus.

Die meisten Menschen haben zeitlebens ein ähnliches Verhaltensraster dem Essen gegenüber. Die Nahrungseinnahme vollzieht sich in einem sozialen Rahmen: In neun von zehn Fällen ist es eine Frau, die das Essen zubereitet und serviert. Unsere Kindheitsassoziationen von Kindheit und Essen werden täglich bestärkt.

Der Einfluß der Frauen ist in jedem Bereich des Familienlebens und der psychologischen Entwicklung spürbar. Aber nirgendwo so einschneidend wie bei der Ernährung. Denn obwohl inzwischen viele Männer kochen (sowohl beruflich als auch aus Spaß), sind es vornehmlich die Frauen, die nach wie vor das Einkaufen, Zubereiten und Servieren von Nahrung erledigen. Eine Mutter sorgt für das Frühstück, den Mittagsimbiß, das Abendessen und kleine Zwischenmahlzeiten, und dabei geht sie nach einem wohlüberlegten Plan vor. Die Wünsche der Kinder, Nährwerte und die Haushaltskasse müssen miteinander in Einklang stehen. Im Essen ist die Mutter stets gegenwärtig. Fast so, als sei das Essen in all seinen Erscheinungsformen eine Personifizierung der Mutter. Vom Gesichtspunkt eines Kindes her wird die Essenz der Mutter durch die Nahrung destilliert. Die Persönlichkeit der Mutter trägt in den Mahlzeiten Früchte: So drücken sich ihre Liebe, Macht und Opferbereitschaft aus. Das Essen wird mit der Mutter gleichgesetzt, durch das Essen wird sie zurückgewiesen oder akzeptiert. Die rein biologische Bedeutung der Nahrung tritt völlig in den Hintergrund. Vorherrschend ist das Prisma verdinglichter Projektionen.

Wir müssen uns in Erinnerung rufen, daß die zentrale Bedeutung der Mutter für das Geschehen in der Küche seit dem Zweiten Weltkrieg einigen Spannungen und Zwängen unterworfen ist. Einerseits verkürzte der technologische Fortschritt objektiv die Zeit, die jemand zur Nahrungszubereitung brauchte. Andererseits wurde den Frauen eingeredet, mehr Zeit in der Küche und in Geschäften aufzuwenden. Die Frauen sollten sich förmlich in das Essen hineinrühren – zum Rezept gehörten eben auch die Liebe und die Fürsorge der Familie gegenüber. Zweimal täglich, zum Frühstück und Abendessen, versammelte sich die Familie rund um den Küchentisch. Insbesondere als die Kinder heranwuchsen und die Mutter körperlich immer weniger brauchten, wurden die Mahlzeiten zur Manifestation ihrer Arbeit für ihre Lieben, ja zu einer existentiellen Sinnstiftung. Durch die Mahlzeiten konnte eine Mutter Originalität und haushälterisches Geschick zum Ausdruck bringen. Aufgrund des beschränkten Handlungsspielraumes für Frauen, aufgrund des ideologischen Zwanges, die »gute Mutter« zu sein, wurden die psychologischen Aspekte weiblicher Hausarbeit immer bedeutender. Die Mahlzeiten vermittelten das Gefühlsgeflecht, das zwischen den Familienmitgliedern bestand. Wenn die Speisung ein Ausdruck mütterlicher Liebe war, so gewann die positive Empfangsbereitschaft des Kindes oder Mannes eine ungeheure Wichtigkeit. Wenn sich das Selbstwertgefühl einer Frau aus ihren Qualitäten als Köchin ableitete, so wurde die Würdigung ihrer Erzeugnisse durch die Familie natürlich zum augenfälligen Maßstab. So ist das Essen stets ein dynamischer Faktor innerhalb sozialer Beziehungen. Das Annehmen von Essen stellt stets auch Forderungen an den Esser. Und diesen Forderungen liegen die Inhalte und Nuancen ebenjener Beziehung zugrunde.

Wir haben gesehen, daß es eine Mutter gleichzeitig erfreuen und erschrecken kann, wenn ihr Baby mit dem Essen herumexperimentiert. Und genauso kann die Wechselhaftigkeit der Beziehung, die ein älteres Kind durch sein Eßverhalten ausdrückt, die Mutter erschrecken und anregen.

Es gibt wohl kaum ein Kind, das nicht bestimmte Eßphasen hat oder starke Vorlieben und Abneigungen beim Essen an den Tag legt. Das Nudelgericht, gestern und vorgestern mit Begeisterung verschlungen, wird plötzlich abgelehnt. Jetzt bekommt das Kind tagtäglich etwas anderes, bis es das auch wieder leid ist. Je mehr das Essen auf dem Teller einem Brei ähnelt, um so interessanter für das Kind. (Daher der Siegeszug des Hamburgers – die Quintessenz des süßen, würzigen, harten, weichen, »mampfigen« Essens!) Mal wird ein überladener Teller verlangt, mal muß er fast leer sein. Die Intensität, die diesen Wechsel begleitet, erinnert an den entwicklungspsychologischen und sozialen Kern der Ernährungssituation. (Ein Beispiel: Das Erlernen von Tischmanieren, das wir alle als selbstverständlich hinnehmen, ist ein Bestandteil der Sozialisierung. So lernen wir Klassenzugehörigkeit, Disziplin und allgemeingültige Umgangsformen.) Im Verlaufe der Entwicklung eines Menschen entfalten sich diese Momente weiter. Die Kinder wachsen heran und passen sich im Essen immer stärker den Eltern an, und die Erwachsenen gehen mehr oder weniger auf die Empfindlichkeiten und Vorlieben ihrer Kinder ein.

Viele Eltern sind in der Lage, relativ gelassen mit dem Eßverhalten ihres Kindes umzugehen. Aber in abertausend Haushalten werden Mahlzeiten zu schieren Machtkämpfen und Disziplinierungsversuchen. Mal ist die Konfrontation zwischen Mutter und Kind, mal zwischen Vater und Kind. Die Kinder lernen, daß es gefährlich ist, das Essen zu verweigern. Der Wunsch, einfach nichts zu essen, kann als Schädigung der Mutter interpretiert werden, und die Kinder meinen, daß sie ihre Mutter verletzen oder zurückweisen. Mit anderen Worten: Eine Initiative des Kindes kann als Angriff oder Ablehnung ausgelegt werden. Da die Bedürfnisse der Mutter sich im Kinde widerspiegeln, empfindet es Verwirrung. Ihm wird ein Strich durch die Rechnung gemacht. Die soziale Rolle der Mutter und die unvermeidlich damit einhergehende Psychologie werden in der Ernährungsbeziehung vorzüglich zum Ausdruck gebracht.

Wenn die Familienmitglieder das Gebot, Mutters Essen zu schätzen und zu mögen, als Last empfinden, so sollte dies nicht als krankhaftes Brauchen der Mutter an sich gedeutet werden, sondern es handelt sich hier um eine Konsequenz der schmalen Bandbreite von Handlungsmöglichkeiten, die traditionell der Mutter zugesprochen wird. Erinnern wir uns: Die soziale Rolle beinhaltet unter anderem, daß das Selbstwertgefühl der Mutter zum wesentlichen Teil darauf beruht, daß sie für gutes, nahrhaftes Essen sorgt. Es verwundert nicht, daß sich ebendieser Druck in anderen Situationen in der Mutter selbst wiederholt. Vielleicht ist auch sie verpflichtet, die Kochkünste der eigenen Mutter zu genießen. Oder sie identifiziert sich mit den Mühen einer anderen Frau, als deren Gast sie zu einem Abendessen geladen ist. Sie spürt den Wunsch, möglichst viel Appetit an den Tag zu legen, um ihre Freude über die Kochkünste der Gastgeberin kundzutun.

In den letzten Jahren hat der Trend, Essen als Mode oder Stilsache zu begreifen, eine Erweiterung der Rollenanforderungen an die Frau nach sich gezogen: Es reicht nicht mehr, nur »anständig« zu kochen. Viele Frauen verbringen Stunden um Stunden damit, Kochbücher zu lesen, neue Rezepte auszuprobieren oder spezielle Kochkurse zu belegen, weil sie sowohl die alltägliche Routine ein wenig variieren wollen als auch mit dem Druck fertig werden müssen, phantasievolle, abwechslungsreiche Mahlzeiten produzieren zu müssen. Diese Arbeit ist Ausdruck von Kreativität, denn Kochen ist – wie andere Ausdrucksformen des Menschen – ebenfalls eine Kunst. Aber diese stilisierte Cuisine stellt das Ergebnis in den Mittelpunkt und versteckt den ihm vorausgegangenen Arbeitsprozeß. Roz Coward hat einen interessanten Vergleich angestellt: Er weist auf die Ähnlichkeit hin, die zwischen Pornographie für Männer und Hochglanzfotos mit exquisiten Gerichten auf schön gedeckten Tafeln, die Frauen anregen sollen, bestehen.[1] Der Prozeß des Entscheidens, Einkaufens, Putzens, Rührens, Kochens und Zusammenstellens der verschiedenen Zutaten, der eben ein fertiges Gericht ausmacht, verschwindet hinter dem Bild der köstlichen Fettuccine mit Walnüssen und Ziegenkäse, das uns auf der Illustriertenseite starr und makellos entgegenglänzt. In den Anzeigen sehen wir eine fleckenlos reine Küche, in der ein kleines Mädchen ein Glas Milch trinkt und ein Butterbrot ißt, während die Mutter zufrieden zuschaut. Ein verlogenes Bild, da der soziale Prozeß, der diese Interaktion überhaupt ermöglicht, verschwiegen wird. Die Tafel, die für ein intimes Abendessen für acht Personen gedeckt ist und auf der köstliche Vorspeisen um einen exquisiten Hauptgang arrangiert wurden, bewirkt die Verwandlung von Essen in ein Statussymbol. Das Essen ähnelt zwar anderen Schmuckgegenständen wie Kleidung, Juwelen oder Kunstgegenständen, aber es ist vielleicht unserem Zeitalter gemäßer, denn Essen ist das perfekte Beispiel eines Objektes von nur vorübergehendem Wert, das ständig ergänzt werden muß.

An sich ist diese Hochstilisierung von Speisen kein neues Phänomen. Aber wie andere Erscheinungen, die ich im Zusammenhang mit der Magersucht untersuche, so ist auch der Massencharakter der Eßmoden neu. Großbürgertum oder Adel haben schon immer das Essen als Selbstdarstellungsmedium, als Bestätigung des eigenen Lebensstils und als Ausdruck der Epoche benutzt. Der russische Hof übernahm eine Spielart der französischen Haute cuisine, die Französische Revolution posaunte 1789 eine völlig neue Art des Kochens heraus. Der kaiserliche Hof in China war nicht der einzige, der feine Gewürze zu einer Melange sinnlichen Genusses komponierte. Die Moden am Hof wurden zur Pflichtübung für diejenigen Teile des Großbürgertums oder Adels, die zur herrschenden Klasse aufrücken wollten. Unzählige Bedienstete in der Küche und im Garten ermöglichten die hochraffinierten Gaumenfreuden. Das Personal war hierarchisch organisiert: Chefkoch, Assistent, Pastetenkoch, Saucenkoch, eine Vielzahl von Lehrlingen. Die Erzeugnisse solcher Küchen (in denen stets diverse Suppen- und Saucenfonds vor sich hin köchelten) sehen natürlich anders aus als diejenigen, die eine Küche von heute zu leisten vermag. Und dennoch ist es in der zweiten Hälfte des 20. Jahrhunderts zu einer Übernahme dieses Kochstils bei großen Teilen der Mittelschicht westlicher Industriegesellschaften gekommen.

Die bürgerliche Küche der Moderne ahmt die der französischen Bourgeoisie nach – ohne Abstriche zu machen –, obwohl hier in der Regel nur eine einzige Arbeitskraft zur Verfügung steht: die Frau und Mutter. Erst in jüngster Zeit ist die Hegemonie der französischen bürgerlichen Küche durch die relative Einfachheit der Nouvelle cuisine ernsthaft in Frage gestellt worden.

In der Regel denkt ein Mittelschichtspaar, das zum Essen einladen will, immer noch über komplexe Saucen nach, die genau dosierte Bestandteile wie Fonds, Mehlschwitzen und Wein erfordern. Ein solches Mahl sagt etwas über die Wichtigkeit der Abendgesellschaft und das Flair der Gastgeberin aus. Und das Essen, das exquisit und köstlich schmecken soll, darf möglichst nicht nach Arbeit aussehen. Die von der Hausfrau tatsächlich verrichtete Tätigkeit gilt nicht als Arbeit an sich, sondern als Ausdruck ihres Gebens, Geschicks und Talents. In den fünfziger und sechziger Jahren verbuchte man in Kreisen leitender Angestellter eine Ehefrau, die eine perfekte Gastgeberin war, stillschweigend als Pluspunkt. Das drückte sich darin aus, daß der Chef zum Abendessen eingeladen wurde. Bevor die Spesenwirtschaft solchen privaten Abendgesellschaften ein Ende bereitete (zugunsten von Restaurantbesuchen, wo noch aufwendiger und neuerdings »nouvelle« serviert wird), hieß es allgemein, daß ein Mann nur dann in seinem Beruf vorankommen könne, wenn seine Frau imstande wäre, dem Chef ein elegantes Mahl vorzusetzen. Natürlich ohne gehetzt zu wirken. War ein solches Abendessen mit dem Vorgesetzten ein Erfolg, so galt dies als Auftakt für die Bewirtung von auswärtigen Geschäftsfreunden oder der eigenen Kollegen. Bei diesem höflichen und wichtigen Ritual war die Arbeit der Ehefrau ein notwendiger, versteckter Bestandteil des Arbeitsalltages in einer Firma.

Kleinkinder ernähren, Mahlzeiten für die Familie bereiten, stilvolle Abendgesellschaften geben – das Spektrum der Fähigkeiten, das der Frau von heute abverlangt wird, sagt schon an sich viel Interessantes aus. Nämlich um Frauen mit Eßstörungen richtig verstehen zu können, müssen wir auf die komplexe soziale Funktion der Frau in Sachen Ernähren eingehen. Zuvor aber sollten wir zwei weitere Themen untersuchen, die die

Besonderheiten von Problemen wie Magersucht, Bulimie und Eßsucht illustrieren.

Der erste Aspekt hat etwas mit dem Sozialisationsprozeß zu tun, den wir im vorhergehenden Kapitel diskutiert haben. Wir erinnern uns: Mütter werden dafür verantwortlich gemacht, daß die Töchter die gleiche soziale Rolle übernehmen, die sie selbst innehaben. Die Tochter identifiziert sich mit der Mutter und verinnerlicht deren Persönlichkeit (vgl. Kapitel 2). Und dieser Prozeß, der wesentlich für die Entwicklung der Persönlichkeit der Tochter ist, steht ständig unter dem Druck der Struktur der Gesellschaft. Mit anderen Worten: Es gibt keine Persönlichkeit, die außerhalb der Gesellschaft und ihrer Regeln entsteht. Der Bezug zur Gesellschaft ist immer da – entweder wird er bewußt hergestellt oder bewußt abgelehnt. Ein Mädchen zu werden heißt: lernen, wie sich Mädchen und Frauen in der Welt verhalten, welche Wichtigkeit das Zubereiten von Essen im Leben einer Frau hat und welche Bedeutungen mit dem Essen als Kommunikationsmedium einhergehen.

Ein Mädchen wächst heran in einer Fülle von Bildern, die etwas mit Frauen und Essen zu tun haben. Da gibt es Erinnerungen an die Zeit, als es gefüttert wurde, an die Mutter, die für die Familie kocht, an Frauen, mit Einkaufstüten beladen. Da gibt es das Fernsehen und die Zeitschriften, die häufig Frauen in der Küche stehend darstellen. Das Ergebnis: Die meisten Mädchen wachsen heran mit dem Wunsch, dieses wichtige Attribut der Weiblichkeit zu erwerben. Das soll durchaus nicht auf Kosten anderer Persönlichkeitsmerkmale gehen, aber es gehört zum Frausein dazu. Wie Menstruieren, Sichkleiden und Zurechtmachen, so gehört auch das Kochen (für andere) zum wichtigen Brimborium der Weiblichkeit, das die Mädchen akzeptieren. Diejenigen, die von solchen Fähigkeiten nichts wissen wollen, protestieren innerhalb eines bestimmten sozialen Rahmens. Ihr Wunsch, in dieser Beziehung »nicht weiblich« zu sein, ist eine Zurückweisung real existierender kultureller Normen. Es handelt sich nicht einfach um eine »freie Wahl«, und leicht sind solche Entscheidungen erst recht nicht. Der überwältigende soziale Zwang zur Anpassung erschwert es Individuen ungemein, sich wohl in ihrer Haut zu fühlen, falls sie den angeblich notwendigen Rollenanforderungen nicht entsprechen.

Nun kann man einwenden, daß nicht alle Mütter kochen und sich soviel Mühe mit dem Essen geben, wie ich zuvor beschrieben habe. Und daß sie darum ihren Töchtern kein Bild von Weiblichkeit vorführen, das unwiderruflich mit dem Essen verbunden ist. Sie suchen ihre Töchter nicht heim mit dem Bild der Überfrau in der Küche, und so muß die Tochter später nicht unbedingt – was die Hausfrauenrolle betrifft – in die Fußstapfen der Mutter treten. Diese Beobachtung trifft immer häufiger zu, insbesondere gilt dies für die berufstätige Frau von heute. Aber meine Argumentation ist nichtsdestotrotz weiter stichhaltig für diejenigen Mütter, die unmittelbar nach dem Zweiten Weltkrieg Kinder aufzogen.

Erst seit etwa zehn Jahren steht es überhaupt zur Debatte, daß Frauen nicht zwangsläufig ihre Familie versorgen und bekochen müssen. Und viele Frauen sind nach wie vor reichlich unsicher, ob sie diese soziale Funktion überhaupt abtreten sollen. Die Frauen, die die Magersüchtigen von heute großzogen, konnten in den fünfziger und sechziger Jahren auf keinerlei Unterstützung hoffen, wenn sie die konventionelle Hausfrauenrolle ablehnten. Und sogar dort, wo ein Ehemann seine Frau ermutigte, anders zu sein – weil er gerne gegen stereotype Verhaltensvorschriften rebellierte –, lebte die Familie weiterhin in einem kulturellen Rahmen, der übermächtig ebendiese Rollenstereotype präsentierte. Da gab es die Nachbarinnen, die Frauen auf dem Bildschirm, die Tanten, Großmütter und Freundinnen, die nach wie vor konform gingen. Eine anders handelnde Mutter hätte sich im Widerspruch zur Norm befunden, und ihre heranwachsende Tochter hätte mit dieser verwirrenden Tatsache zurechtkommen und aus sehr verschiedenen Bildern von Weiblichkeit die eigene Persönlichkeit herausdestillieren müssen. Aber Tatsache ist, daß Frauen, die nach dem Zweiten Weltkrieg tiefe Zweifel an ihrer Rolle als Hausfrau und Mutter hegten, ziemlich isoliert in ihrem Unglück waren. Bei vielen Frauen geht die Scham, nicht kochen zu wollen, einher mit dem Ärger, letztendlich doch kochen zu müssen. Das Verstoßen gegen eine gesellschaftliche Übereinkunft fordert immer seinen Preis. Auch von den Rebellischen und offen Trotzigen. Die Palette der Antworten, mit denen Mädchen und Frauen auf die Fesseln ihrer sozialen Rolle reagieren (insbesondere auf ihre Funktion als Ernährerin und Versorgerin), manifestiert sich oft in der Sprache ebenjener sozialen Rolle: Kritische Reaktionen drücken sich im Eßverhalten und in Eßstörungen aus.

Aber der zweite Aspekt, der bei einer Analyse der Ursachen für die Magersucht berücksichtigt werden muß, weist auf ein äußerst grausames und ironisches Merkmal der Beziehung von Frauen zum Essen hin. Dieser Aspekt ist dermaßen beunruhigend, daß er normalerweise vertuscht oder vollkommen ausgespart wird. Als hätte er nichts mit den Merkmalen der Frauenrolle zu tun, die ich gerade im einzelnen dargestellt habe. Man lasse sich an dieser Stelle folgende schockierende Tatsache durch den Kopf gehen: Eine Frau macht allmählich die Erfahrung, daß das Essen, das sie aus Liebe und Fürsorglichkeit für andere zubereitet, für sie selbst eine Art Gefahr darstellt. Täglich lesen Frauen in Zeitungen und Illustrierten, daß sie ihren Hunger auf ebendieses Essen irgendwie kontrollieren müssen. In der gesamten Menschheitsgeschichte haben Frauen sich dieser zweifachen Norm beugen müssen: andere ernähren und gleichzeitig selbst entsagen. Aber in früheren Zeiten sowie in einigen heutigen Kulturkreisen lag und liegt der Verweigerung von Essen eine gewisse Rationalität zugrunde (auch wenn diese den patriarchalischen Charakter sozialer Beziehungen reflektiert).

Gesellschaften, in denen Nahrung knapp war, hatten wirtschaftliche Gründe, bestimmten Personengruppen Essen vorzuenthalten. Man glaubte, daß die männlichen Mitglieder der Familie (zuerst die Jäger, später die Geldverdiener) vor allen anderen essen sollten und daß ihnen die besten Stücke zustanden. Man wollte sichergehen, daß sie gut genug ernährt waren, denn sie sollten ja ihre Rolle als wirtschaftliche Beschützer erfüllen können. Die Mutter aß als letzte, oder sie nahm sich eine kleinere, minderwertige Portion. Die moderne Forderung, daß sich Frauen im Bereich des Essens zurückzuhalten haben, hat also durchaus ihren Widerhall in der Geschichte. Heutzutage haben jedoch solche Forderungen rein rhetorischen Charakter.

Frauen sollen ihren Appetit auf den Kuchen, den sie für andere backen, zügeln und sich statt dessen mit einem kalorienarmen Thunfischsalat zufriedengeben. Diät, Verzicht, Verleugnung – die Losungsworte für Frauen. Und was noch schlimmer ist: Sie sollen so tun, als sei Hüttenkäse mit einem Scheibchen Melone genauso lecker wie ein dicker Käsetoast zum Mittag. So hat Essen für Frauen einen völlig anderen Charakter. Nahrungsmittel sind potentielle Feinde, eine Bedrohung. Für alle Frauen von fünfzehn bis fünfzig lautet die goldene Regel der Weiblichkeit: Du sollst begehrenswert sein. Attraktivität geht einher mit einer ständig schrumpfenden Kleidergröße, die die meisten Frauen nur durch strenge Diät erringen können. Und weil das »Idealgewicht« seit 1965 immer geringer geworden ist, spornt man die Frauen dazu an, von Jahr zu Jahr immer weniger zu essen.

Moden im medizinischen Bereich passen sich dem Zeitgeist an. Die Gewichtstabellen und Idealgewichte werden genauso getrimmt wie die Mannequins, die die neue Mode vorführen. Obwohl neueste Untersuchungen beweisen, daß »Untergewicht« die Gesundheit ernsthafter gefährdet als geringes »Übergewicht«[2] (vor allem, wenn letzteres relativ stabil ist), verschreiben die Ärzte ihren Patienten Pläne zum Abnehmen, als sei dies gesundheitsfördernd. Die Mediziner erkennen oft nicht, wie stark sie gängige Schönheitsideale verinnerlicht haben. Bücher über Diät sind Bestseller, ihre Millionenauflagen beweisen, wie besessen unsere Kultur von einer kontrollierten Nahrungsaufnahme ist. Zwar werden die Bücher zunehmend für beide Geschlechter geschrieben. Aber die Frauen sind nach wie vor die

Hauptzielgruppe, und es sind auch die Frauen, die am häufigsten solche Publikationen kaufen. Jede Frauenzeitschrift, ob »Vogue«, »Cosmopolitan« oder »Family Circle«, hat nicht nur eine feste Kolumne über Ernährung, sondern veröffentlicht monatlich oder wöchentlich einen Schwerpunkt zu Gewichtsproblemen. Wie nehme ich ab? Wie behalte ich mein Gewicht? Wie sage ich nein zu verführerischen Naschereien? Wie vermeide ich, »schlecht« (= kalorienreich) zu essen?

Fast jede Frau hat schon einmal eine Diät gemacht. Das »Aufpassen« beim Essen wird zur zweiten Natur, zu einem festen Bestandteil des Frauseins. Es gibt unterschiedliche Arten, das Essen zu kontrollieren. Einige Frauen machen permanent eine Diät oder beschränken die Nahrungsaufnahme ständig. Andere zügeln sich während der Woche, um sich dann am Wochenende »gehenzulassen«. Wieder andere hungern tagsüber. Manche Frauen nehmen mehrmals in der Woche flüssiges Protein anstatt einer richtigen Mahlzeit zu sich. Einige Frauen fasten einmal wöchentlich. Dann gibt es welche, die seit Jahren keine Kartoffeln, Butter oder Nachspeisen gegessen haben. Manche Frauen gehen in Sportzentren, um sich ihre »Laster« abzutrainieren. Es gibt Frauen, die sich vollstopfen und dann übergeben (Bulimie); andere, die ständig abnehmen wollen, sich aber dann bei jeder Mahlzeit überessen (Eßsucht). Und schließlich gibt es die Frauen, die um jeden Preis das Essen vermeiden (Anorexie). Die Varianten weiblicher Anpassung sind vielfältig. Eine Frau kann sich in einer Woche ein anstrengendes Gymnastikprogramm vornehmen und sich in der nächsten auf eine Diät stürzen, in der dritten Woche alles hinschmeißen usw. Fast alle Reaktionen werden von zwei Gefühlen begleitet: Scham, wenn die verbotenen Früchte doch gegessen wurden, und kurzfristige Freude, wenn sich ein neuer Plan zur Gewichtskontrolle abzeichnet und umgesetzt wird (wie kurz das auch immer sein mag).

Für buchstäblich Millionen von Frauen – und ich will an dieser Stelle hervorheben, daß ich auch Millionen meine, so erschreckend es auch ist – ist das Essen ein Kriegsschauplatz, eine Quelle unglaublichen Drucks und riesiger Ängste, ein Gegenstand heißer Begehrlichkeit und das Zentrum vieler Projektionen von Gut und Böse. Inmitten eines noch nie gekannten Überflusses an Lebensmitteln begeben sich in den USA und in Westeuropa Frauen freiwillig in den Kampf um das Abnehmen. Oft schränken sie das Essen derart stark ein, daß der Körper physiologisch nicht mehr ausreichend versorgt wird. Vor fünfzig Jahren kreisten die Ängste der Frauen um die Frage, wie sie genug Essen für ihre Familien und sich selbst heranschaffen konnten. Heute haben Frauen Angst davor, zuviel zu essen. In Restaurants, vor allem in den modischen, können wir immer öfter Frauen beobachten, die an ihrem Essen herumpicken, als seien sie überhaupt nicht daran interessiert, und die gleichzeitig leidenschaftlich über die Zutaten und die Zubereitung eines Gerichtes plaudern. Heute gilt es als guter Stil, wenn man dem eigenen Essen gegenüber großen Gleichmut an den Tag legt, aber gleichzeitig über die kulinarischen Trends gut informiert ist. Drei köstlich hergerichtete Muscheln gehen als Hauptgericht durch, ein walnußgroßer Klecks einer perfekt komponierten Schokoladentrüffel als Nachspeise. Der Kult um die Askese arbeitet aufs seltsamste der Hochstilisierung des Essens zu. Die Fähigkeit, den Verlockungen zu widerstehen, ruft nicht nur die Bewunderung und den Neid der Umwelt hervor, sondern stärkt auch das eigene Selbstwertgefühl. Man hat nein zum Apfel gesagt, das hat Eva nicht geschafft.

Aber so wie die Umwelt die Verweigerungsfähigkeit beneidet, so kann sie auch den »Rückfall ins Laster« gut nachvollziehen. Vom Hochseilakt des Verzichts abzustürzen heißt: Rückkehr in die gemütliche Runde derer, die ähnliches erlitten haben. Wenn also eine Frau beim Kampf um die Pfunde wieder einmal aus Nachlässigkeit unterlegen ist, so wird sie sicher der Tischgesellschaft davon berichten, und die Unterhaltung wird sich daraufhin den neuen Diätideen zuwenden. Viele Gespräche bei Tisch drehen sich um die Mahlzeit, die nicht hätte gegessen werden dürfen, um die Speisen, die man wünscht, aber tapfer ablehnt, um die Kilos, die heruntermüssen. Mit bebenden Händen wird im Restaurant die Speisekarte mit den Desserts entgegengenommen. Werde ich widerstehen können? Darf ich nur dieses eine Mal sündigen? Möchte jemand mit mir teilen (das heißt das Essen mit verantworten)? Da Frauen nicht essen sollen, wissen sie auch nicht, wie sie essen sollen noch was sie essen wollen. Sie leben im Schatten Evas.[3] Sie alle haben gesündigt.

In *Fat is a Feminist Issue* (*Das Anti-Diätbuch)* habe ich vorgeschlagen, die Eßprobleme von Frauen, die sich in zwanghaften Eßlüsten niederschlagen, als Reaktion gegen das von der Gesellschaft verordnete Hungern zu begreifen. Ich habe untersucht, inwieweit zwanghaftes Essen und Fettpolster Ausdruck einer Rebellion gegen die gängige Vorstellung von Frauen als Schmuck- und Lustobjekt sind. Ich bin detailliert auf die Erfahrungen von Frauen mit dem Essen eingegangen und auf ihre Weigerung, sich dem Weiblichkeitsdiktat zu unterwerfen. Wir haben gesehen, daß viele Frauen, wenn auch nur vorübergehend, Kraft und Substanz aus dem Essen großer Mahlzeiten zogen, eine Art Aufstockung des emotionalen Kraftwerks, von dem die Umwelt so abhängt. Wir konnten feststellen, daß das Zunehmen ein Akt der Selbstbehauptung ist, ein Versuch, eine andere Weiblichkeit vorzuführen. Zudem haben wir gesehen, daß Fettleibigkeit Präsenz signalisiert, und zwar eine nicht so leicht einzuordnende, die überdies aktives Handeln verlangt und sich nicht mit Projektionen zufriedengibt. Fettleibigkeit, so meine Schlußfolgerung, ist die individuelle (bewußte oder unbewußte) Rebellion gegen die Fesseln der sozialen Rolle.

In der Anorexia Nervosa begegnet uns eine weitere Form der Rebellion Evas, auch wenn sie vielleicht nicht sofort ins Auge springt. Eva lehnt die Frucht vom Baum der Erkenntnis und somit den Schlüssel zum Verstehen der Welt ab. Das vollzieht sie mit einer Geste, die wir als Ablehnung der Welt und ebenjener Erkenntnis interpretieren können. Während es auf den ersten Blick so aussehen mag, daß die Nahrungsverweigerung der Magersüchtigen ein Akt der (Über-)Anpassung und eine Bejahung sozialer Normen ist, hat die Verweigerungshaltung einen dialektischen Kern: Ich nehme nichts von dem, was mir geboten wird, denn es reicht nicht aus, und es ist nicht für mich gedacht. Das Essen symbolisiert eine Welt, von der die Magersüchtige bereits enttäuscht wurde. Das Teilhaben an dieser Welt wäre keine Antwort.

Der Eßsüchtigen bringt das Essen Trost, auch wenn es mit Ängsten verbunden ist. Der Drang zum Essen geht in der Regel einher mit dem Wunsch, sich selber etwas Gutes zu geben, einen Schmerz zu stillen, einen Mangel auszugleichen, etwas Unaussprechliches zu sagen. Die Magersüchtige kann einen solchen momentanen Trost im Einverleiben der Grundstoffe des Lebens nicht finden. Wir können nur darüber spekulieren, ob die Magersüchtige jemals Nahrung tröstlich und lebenspendend empfunden hat oder nicht, denn wir können nicht wissen, wie sie als Baby die Ernährungssituation erlebt hat. Wir spüren, daß die Eßsüchtige die allerersten Erfahrungen mit Nahrung positiv und tröstlich fand, daß Essen mit Wohlbefinden und Sicherheit gleichgesetzt wurde. Obwohl möglicherweise in den Hungermechanismus der Eßsüchtigen im Verlaufe ihrer Entwicklung eingegriffen wurde und ihr allerlei Eßprobleme beschert wurden, muß man doch an dieser Stelle hervorheben, daß in einem fundamentalen Sinne Essen etwas Positives darstellte. Bei Magersüchtigen dagegen legt die außerordentliche Ängstlichkeit, die sie dem Essen gegenüber empfinden, die Vermutung nahe, daß solche Frauen die frühkindlichen Eßsituationen als angespannt, problematisch und beängstigend erlebt haben.

Strengste Ordnung oder chaotische Verwirrung – viele Magersüchtige erwähnen eines dieser beiden Merkmale, wenn sie über Mahlzeiten im Familienkreise berichten. Bei Jean zu Hause kamen die Mahlzeiten mit fabrikmäßiger Pünktlichkeit auf den Tisch. Als hätte jemand zum Antreten geblasen – so sollten sich am Wochenende alle Familienmitglieder regelmäßig zum Frühstück, Mittagessen und Abendmahl versammeln. Dann wurde das Tischgebet gesprochen, und mit großem Ernst nahm man die Mahlzeit zu sich. Der Teller mußte leergegessen werden. Die Gespräche drehten sich um harmlose Dinge. Mutter durfte auf keinen Fall aufgeregt werden. Politik oder Wissenschaft waren tabu. Familienangelegenheiten, Großmutters Wohlbefinden, Vaters Arbeit und dergleichen waren die üblichen Gesprächsthemen. Eine angespannte, freudlose Atmosphäre. Essen hatte nichts mit Spaß oder »Genuß« zu tun. Es gehörte sich nicht, einen Nachschlag zu verlangen, und in den Augen der Kinder waren die Desserts reichlich fade. Niemand durfte ohne hinreichende Entschuldigung der Mahlzeit fernbleiben. In der Küche hing der detaillierte Speiseplan für die folgende Woche, und von außergewöhnlichen Ereignissen abgesehen, galt es als höflich, Tage vorher Bescheid zu geben, falls man zum Essen verhindert war.

Diese Rigidität prägte auch andere Bereiche des Familienlebens. Der gesamte Alltag verlief nach einem strengen Stundenplan: Aufstehen, ins Bett gehen, Hausaufgaben machen, im Garten spielen, Fernsehen, alles war reguliert. Die Erwachsenen gestatteten sich selbst genausowenig Flexibilität wie den Kindern. Familienleben – das war ein Aneinanderreihen von Arbeiten und Pflichten, die die Eltern festlegten. Es gab gleichzeitig kaum Rückzugsmöglichkeiten und wenig echtes Engagement. Jedes Mitglied hatte die Aufgabe, innerhalb einer gegebenen Struktur Selbstgenügsamkeit darzustellen.

Lisas Familie stand für das andere Extrem. Die Mahlzeiten verliefen völlig chaotisch. Manchmal gab es etwas, das einem konventionellen gemeinsamen Essen ähnelte. Manchmal aß jeder etwas anderes. Irgendwie schaffte es die Familie nie, zusammenzusitzen und ohne Unterbrechung zu speisen. Dauernd läutete das Telefon, die Kinder zankten sich, man verließ die Tafel nach eigenem Gutdünken, Freunde wurden stets willkommen geheißen. Bei Tischgesprächen kannte man anscheinend keinerlei Restriktionen, und so wirkte die Unterhaltung oft beliebig und zusammenhanglos. Es kam eine Atmosphäre zustande, die die intensive Verstrickung der Familienmitglieder Lügen strafte. Lisas Eltern hatten beide Übergewicht.

Es ist seltsam: Obwohl die Mütter von Jean und Lisa sich bei Tisch sicherlich sehr unterschiedlich verhielten, verbrachten beide bei der Vorbereitung des Essens in etwa die gleiche Zeit. In beiden Haushalten gaben sich die Frauen große Mühe mit den Produkten, die schließlich auf dem Tisch landeten. Lisas Mutter ging auf die Vorlieben der einzelnen Familienmitglieder ein, während Jeans Mutter ihre ganze Energie in die Planung ausgewogener und wirtschaftlich vertretbarer Mahlzeiten investierte. Jedesmal, wenn sie etwas aßen, spürten Lisa und Jean nach wie vor den starken Einfluß der Mutter.

Bei Lisa und bei Jean verkörperte die Magersucht sowohl den Wunsch, genauso wie der Rest der Familie zu sein, als auch das Bedürfnis, sich abzugrenzen. Jeans Magersucht verlief relativ konventionell. Und im nachhinein kann man den Ausbruch der Krankheit fast voraussagen. Jeans Probleme begannen, als sie elf war. Kurz zuvor hatte sie zum erstenmal menstruiert. Ein Ereignis, das ihre Mutter in helle Aufregung versetzt hatte. Die Mutter drückte ihre Abscheu darüber aus, daß ihre Tochter zu einer so unpassenden Zeit die Periode bekam. Und Jean zog daraus den Schluß, daß sie etwas Schreckliches verbrochen hatte. Irgend etwas stimmte mit ihrer Entwicklung nicht, und sie war daran schuld. Durch das Herunterhungern auf ein Gewicht, bei dem die Periode nicht einsetzen würde, schaffte sie das Problem aus der Welt.

Jean trieb den strikten Verlauf des Familienessens auf die Spitze. Sie gestattete sich nur eine genau festgelegte Menge pro Mahlzeit und zählte dabei jeden Bissen einzeln. Nach 18 Uhr nahm sie nichts mehr zu sich, denn sie hatte in einer Zeitschrift gelesen, daß die Verdauung abends langsamer funktionierte. Sie teilte die Zeit, die sie sitzend vor dem Fernseher verbrachte, penibel ein. Sie verordnete sich regelmäßige Leibesübungen und errechnete sorgfältig die Zeit, die sie sich für Hausaufgaben gestatten durfte. All dies war der Versuch, sich selbst besser zu akzeptieren. Wenn sie nur die Familienregeln besser als alle anderen befolgte, so dachte sie, würde sie Respekt und Selbstachtung erwerben. Jean machte es sich zur Pflicht, früher aufzustehen, ordentlicher zu sein, weniger zu essen als alle anderen. Ihre Hauptanstrengungen galten dem Essen. Sie verinnerlichte das reglementierte Verhalten und Auftreten der Familie, und gleichzeitig wies sie das offensichtlichste Symbol familiären Gemeinsinns zurück. Denn als ihre Portionen immer kleiner wurden, fiel es ihr außerordentlich schwer, am Eßtisch zu sitzen. Und so brachte sie die ganze Ordnung durch ihre Aktionen völlig durcheinander. Sie wies das zurück, was die Familie zu bieten hatte, gleichzeitig war ihr Protest ein genaues Spiegelbild der Form des Familienlebens. Ihre Magersucht war der Versuch der gleichzeitigen Angleichung und Abgrenzung. Sie ging völlig in einem Prozeß auf, der ihr Befreiung bringen sollte, aber weil sie in der Kindheit emotional unterversorgt worden war, brauchte sie weiterhin sehr viel Beistand. So wurde die Herausbildung eines differenzierten Selbst unmöglich.

Wir werden später die Gruppendynamik in der Familie und die daraus folgende psychologische Disposition Jeans genauer untersuchen. An dieser Stelle will ich nur auf die Parallelen hinweisen, die zwischen der Ernährungssituation in der Familie und Jeans Magersucht bestehen. Dabei will ich bewußt der Zeit (1971) Rechnung tragen, in der Jean ihre Pubertät erlebte, und an die allgemeine Fixierung auf Schlankheit und kontrolliertes Essen erinnern, die damals vorherrschend war. Denn ich bin überzeugt, daß die psychologischen Probleme Jeans, die sie durch die Magersucht zum Ausdruck brachte, zu einer anderen Zeit eine andere Form angenommen hätten.

Dreißig Jahre zuvor hätten genau derselbe familiäre Rahmen und genau dieselbe psychologische Disposition bei Jean nicht zur Anorexie, sondern vermutlich zu Zwangsvorstellungen geführt. (Und diese Symptome hätten genauso wirksam Jeans Ängste eingebunden wie die Magersucht.) Vielleicht hätte Jean wieder Rituale festgelegt, diesmal zwanghaftes Waschen, Zählen, Türen schließen und dergleichen. Handlungen, die in sich so verständlich und psychologisch undurchsichtig wären wie die Rituale der Magersucht.

Vor dreißig Jahren hätte eine junge Frau ihre Minderwertigkeitskomplexe nicht durch die Umwandlung ihres Körpers und die drastische Verleugnung ihrer weiblichen Biologie gelöst. Denn damals war die Gesellschaft noch nicht von einer Überfülle an Lebensmitteln besessen und gleichzeitig darauf fixiert, daß Mädchen und Frauen nein zu diesem Reichtum sagten. Die bei Jean zu Hause praktizierte Askese wäre in dem allgemeinen Durcheinander kultureller Normen nicht so stark aufgefallen. Da Nahrungsmittel noch nicht den Charakter eines Konsumartikels hatten, besaßen sie auch nicht die heutige Bedeutung. Ein gewisser Körperkult existierte zwar, er war aber noch nicht das A und O in einem Frauenleben. Die Magersucht wäre eine wenig angemessene Reaktion und Protestform gewesen. Wenn man davon ausgeht, daß psychologische Symptome den Zeitgeist einer Gesellschaft ausdrücken, so hätte der Protest anders ausgesehen.

Lisa wurde mit sechsundzwanzig magersüchtig, also zu einem relativ späten Zeitpunkt in ihrem Leben. Zuvor war sie Opfer einer Eßsucht. Jahrelang hatte sie als Jugendliche und junge Erwachsene einen vergeblichen Kampf mit der Waage geführt, ständig um Schlankheit bemüht. Wie in Jeans Fall, so war auch diese Magersucht ein verfrühter Versuch, sich von der Familie zu lösen. »Verfrüht« ist hier nicht im Zusammenhang mit Lebensjahren gemeint. Sondern es gab nach wie vor viele Dinge, die Lisa von ihrer Familie brauchte und auf die sie emotional nicht verzichten konnte. Fettleibigkeit und Eßsucht symbolisierten Lisas Versuch, sowohl den Eltern zu gleichen als auch einen Schutzschild zwischen ihnen und ihr zu errichten. Innerlich empfand sie sich als »chaotisch und durcheinander«. Und jedesmal, wenn sie abnahm, konnte sie diese undisziplinierten, unordentlichen Charakterzüge zurückweisen. Aber lange hielt die Unterdrückung nicht vor: Lisa unterbrach die Diät, und der

Kreis begann von vorn. Als sie Mitte Zwanzig war, heiratete sie John, einen Buchhalter. Ein Mann, dessen Beruf und Persönlichkeit genau das ausstrahlte, das Lisa augenscheinlich fehlte. Er war methodisch und ordentlich. Weil er entschlossen und geduldig war, tolerierte er alles, was Lisa entnervend fand. Er gab ihr Ruhe und Sicherheit, und so fühlte sie sich eine Zeitlang geborgen. Ihr Eßverhalten wurde weniger chaotisch, und sie schaffte es endlich, ein annehmbares Gewicht zu halten. Nach einigen Jahren war jedoch die Ehe am Ende. Beide waren inzwischen auf bestimmte Rollen füreinander festgelegt: John war der feste Rahmen in der Beziehung, Lisa sorgte für Emotionen und Geselligkeit. Die Trennung beraubte Lisa der für sie so nötigen Grenzen, innerhalb derer ihre »freien« Charaktermerkmale sich ausleben konnten. Obwohl sie selbst die Scheidung herbeigeführt hatte, waren die Auswirkungen für sie verheerend. Sie empfand gleichzeitig Schuld und Unsicherheit. Sie fing an zu glauben, daß sie die Verstoßene war. Ein Gefühl der Panik überwältigte sie. Das Alleinsein, die Suche nach einem neuen Partner – alles machte sie nervös. Es war ihr unerträglich, so exponiert und verletzlich zu sein.

Und dann fing sie an, nach Fehlern zu suchen. Ihr Körper schien der Sündenbock zu sein. Wenn sie nur den unnahbaren Damen der Hochglanzfotos von »Vogue« gleichen könnte, würde sie sicherlich beliebter sein und nicht so bedürftig wirken. Lisa wurde dünner und dünner. Und weil sie einen starken Knochenbau hatte, wirkte sie zunehmend größer und unnahbarer. Mit Verachtung reagierte sie auf Nahrung und auf Menschen, die aßen. Diese Ablehnung galt natürlich auch jenem Teil ihres Innern, das noch solche grundsätzlichen Bedürfnisse hatte. Weil sie aber wirklich sehr hungrig war und früher ja sehr positiv dem Essen gegenübergestanden hatte, mußte sie hart an sich arbeiten, um jegliche Hungergefühle zu unterdrücken. So entwickelte sie eine Serie von Ritualen. Sie aß zum Beispiel nur ein Ei am Tag, teilte es in vier Stücke, nahm jedes Viertel im Abstand von vier Stunden zu sich. Oder sie gestattete sich eine

Rolle Pfefferminz am Tag, pro Stunde durfte dann ein Bonbon gelutscht werden. Oder sie machte einen riesigen Salat (natürlich ohne Sauce) zurecht und verlängerte die Zubereitungszeit, indem sie alle Bestandteile in verschiedene Formen schnitt. Anschließend aß sie den Salat so langsam wie nur möglich. Ideal war es, wenn sie es schaffte, nur die Hälfte des Essens im Laufe einer halben Stunde zu sich zu nehmen und dann die zweite Hälfte später beim Fernsehen zu verspeisen. Zusätzlich kaufte sie täglich einige Becher Joghurt und etwas Gebäck. Diszipliniert aß sie nur ein Drittel des Joghurts und die Hälfte des Gebäcks, der Rest kam in den Mülleimer. Diese Rituale hatten einen zweifachen Effekt: Einerseits gaben sie ihr die Sicherheit, daß sie auf das Essen verzichten konnte, andererseits gaben sie ihrem Leben eine gewisse Struktur, was ja zuvor der Ehemann geleistet hatte. Die Magersucht war ein Mittel, Ängste und Sorgen einzubinden, Grenzen (wenn auch trügerische) zu schaffen und durch ein annehmbares Äußeres so etwas wie Erleichterung und Sicherheit zu bekommen. Die Ernährungsgewohnheiten ihrer Familie bereiteten Lisa große Ekelgefühle, sie wollte ihr so unähnlich wie nur möglich sein. Das ritualisierte Vorenthalten von Essen löste ein Geflecht komplizierter seelischer Probleme.

Auch an dieser Stelle möchte ich hervorheben, daß Lisas spezielle psychische Disposition zwar dazu geführt hat, Symptome zu entwickeln, die die innere Unordnung im Zaum halten sollten. Aber in einer anderen historischen Phase wäre es nicht unbedingt zu einer Magersucht gekommen. Lisas Psychologie ähnelte den Fällen von vororgasmischen oder »frigiden« Frauen, die zwei, drei Jahrzehnte zuvor Objekt zahlreicher Publikationen waren. Solche Frauen waren in der Regel unfähig, sexuelles Vergnügen zu empfinden. Ihre Versuche, Befriedigung zu bekommen, wurden in der damaligen Zeit als promiskuitiv oder nymphoman abgekanzelt. Wie die Magersucht, so drückte auch die Frigidität Abweisung und Verschlossenheit aus, die Unfähigkeit, sich zu öffnen und seelisch und körperlich loszulassen. Bei der Analyse solcher Fälle stellte sich heraus, daß das Aufgeben dieser falschen Grenzen, die die Frigidität symbolisierten, unweigerlich zu einem Gefühl der Zersetzung geführt hätte. Die Frauen befürchteten, daß das unter Verschluß gehaltene Chaos in ihnen dann losbrodeln würde. Sie wollten sich nicht verletzbar machen, sie wollten sich nicht seelisch zersplittern lassen. Die unfreiwillige Frigidität (die von Orgasmusunfähigkeit bis zum Vaginismus reichen konnte) war die körperliche Lösung, die sich eine solche Psyche als Verteidigungsmechanismus aussucht. Heutzutage gelten sexuelle Tabus als überholt (auch wenn sie es nicht sind). Für eine Frau von heute ist ein perfekter Körper Prüfstein der Akzeptanz. Der Versuch, einen solchen Idealkörper zu bekommen und gleichzeitig abzulehnen, siedelt psychologische Probleme im sichtbaren Äußeren des Körpers an.

Wie und warum der Körper zum Vehikel der Selbstdarstellung von Frauen wurde, darum geht es im nächsten Kapitel. Ich möchte die Leserin bzw. den Leser darum bitten, folgendes immer in Erinnerung zu behalten: die überwältigende Rolle, die das Essen im Leben der Frauen spielt, und die Eigenschaft der Frauen, andere zu ernähren und sich selbst Essen vorzuenthalten. Ohne die strukturelle Beziehung zum Essen wäre die Fähigkeit unserer Gesellschaft, bei Frauen eine zutiefst empfundene körperliche Unsicherheit hervorzurufen, ernsthaft in Frage gestellt.

Anmerkungen:

1 Coward, R., *Female Desire,* London 1984

2 Sorlie, P., Gordon, T., und Kannel, W., *Body Build and Morality, the Framingham Study,* in: Journal of the American Medical Association, 243, 1980, S. 1828–31

3 Ich danke Janet Surrey für ihren Hinweis, daß Evas Griff zum Apfel uns aus dem Zustand der Gnade geführt hat.

4. Die Entwicklung eines negativen Körpergefühls

Für die Anfälligkeit der Frauen, ein negatives Körpergefühl zu entwickeln, gibt es einen Hintergrund: Es existiert ein ganzes Spektrum widersprüchlicher Bilder und Bedeutungen, die im allgemeinen dem weiblichen Körper zugeschrieben werden. Aufgrund der Unbeständigkeit des kulturellen Überbaus fällt es Frauen extrem schwer, ein authentisches und stabiles Verhältnis zum eigenen Körper zu entwickeln. Es hängt von kulturellen Faktoren ab, wie Frauen ihren Körper sehen und erleben. Hinzu kommt, daß eine Frau im Laufe einer Stunde, eines Tages oder einer Woche ihren Körper durchaus unterschiedlich wahrnehmen kann. Ihr Verhältnis zum Körper hat oft Auswirkungen auf ihr Selbstwertgefühl. Und umgekehrt: Ihr Ichgefühl beeinflußt das Verhältnis zum Körper. Akzeptanz in einem Bereich überträgt sich häufig auf andere. Gute Laune zu haben kann also eine Frau dazu führen, den eigenen Körper recht ansehnlich, ja sogar erfreulich zu finden. Bei vielen Frauen ist das unmittelbare Ichgefühl untrennbar mit dem augenblicklichen Verhältnis zum eigenen Körper verbunden. Der Körper wird positiv oder negativ besetzt – die Grundlage des Selbstwertgefühls. Je und je empfindet sich eine Frau als groß und plump oder als schlank und attraktiv. Diese Wahrnehmung steht nicht unbedingt mit wirklichen Gewichtsveränderungen in Zusammenhang. Die Einbildungskraft der Frau ist stark genug, Ausdruck und Auftreten sichtbar zu beeinflussen.[1] Wenn sie sich in ihrer Haut wohl fühlt, drückt ihre Körperhaltung dies auch aus. Und Unbehagen läßt sich ebenfalls aus der Körperhaltung ablesen.

In der gesamten Geschichte des Abendlandes, angefangen bei den Kunstwerken und Mythen alter Zivilisationen bis zu heutigen Darstellungsformen, sind weibliche Körper als Objekte der Schönheit und als Symbole für Schönheit wahrgenommen worden. Eine schöne Frau verleiht einem Mann zusätzliches Ansehen, da diese Schönheit, ihm zu gefallen, ja überhaupt vorgesehen ist. Für die Frau ist der Körper ihr Schlüssel zur Welt. So wie das Selbstwertgefühl eines Mannes von dem Wissen abhängt, daß er der »Brötchenverdiener« ist, so ist die Identität einer Frau fest mit ihrer eigenen Attraktivität verwoben. Mit ihrem Körper verhandelt sie mit der Welt. Die zuvor dargestellte Verdinglichung der Sexualität findet ihren Höhepunkt in der Weise, wie Frauen getrimmt werden, ihren Körper als Objekt/Instrument/Waffe auf dem Marktplatz zwischenmenschlicher Beziehungen einzusetzen. Wir werden sehen, daß der weibliche Körper darüber hinaus für Frauen und Männer ein gefürchtetes und gleichzeitig begehrtes Objekt ist, Körper dienen der (emotionalen) Versorgung, Körper dienen der Befriedigung, Körper dienen dem Verkauf. In diesem unharmonischen Ensemble verschiedener Bedeutungen müssen Frauen einen Weg finden, mit und in ihrem Körper zu leben. Ihre Ausgangsposition erlaubt ihnen aber nicht, sich sonderlich wohl oder entspannt in ihrer Haut zu fühlen.

Diesem zerbrechlichen Selbstbild der Frau steht eine gewaltige Kraft gegenüber: die Diät-, Mode-, Kosmetik- und Schönheitsindustrie. Diese Branchen haben sowohl eine materielle wie auch eine ideologische Stoßrichtung. Antriebskraft ist immer der Kommerz. Die Profitraten steigen mit der Unsicherheit, die Frauen dem eigenen Körper gegenüber hegen. Die Industrien geben vor, diese Unsicherheit aufheben zu können, gleichzeitig verstärken und vergrößern sie die Komplexe der Frauen.

Frauen haben zu allen Zeiten und in jedem Kulturkreis sich bemüht, den eigenen Körper den vorherrschenden Normen über sexuelle Attraktivität anzupassen. Während der Renaissance galten üppige Frauen als schön. Dagegen mußten Frauen des Viktorianischen Zeitalters eine Wespentaille vorweisen können. In der ersten Hälfte des 19. Jahrhunderts schwärmte man in den Vereinigten Staaten von der »zerbrechlichen, blassen, graziösen Frau«.[2] Dann aber, im Jahre 1865, entzündete sich die Phantasie an einer Schönheit des britischen Musiktheaters, Lillian Russell. Plötzlich war Kurvenreichtum en vogue. Und am Ende des Jahrhunderts wurden hochgewachsene athletische Frauen zum Vorbild. Abgelöst wurden sie von einer grazileren Idealvorstellung: zierliche, knabenhafte Gestalten wie Mary Pickford und Clara Bow. In den zwanziger Jahren regierte der flachbrüstige »Flapper« die Szene. Ab 1930 bis Ende der fünfziger Jahre spiegelte sich weibliche Schönheit in Kurven, großen Brüsten und schmalen Taillen wider. Abweichungen wurden zwar toleriert, und es gab immer gegenläufige Tendenzen innerhalb einer Epoche. Aber ein bestimmtes Schönheitsideal vermochte sich immer auf lange Zeit durchzusetzen.

Die letzten fünfundzwanzig Jahre zeichneten sich dadurch aus, daß sich die Vorstellungen von einem attraktiven Frauenkörper rasant änderten. Der Idealkörper sah fast jedes Jahr anders aus. Als sei ein Frauenkörper mit einem Rocksaum zu vergleichen, der je nach Saison mal nach oben, mal nach unten rutscht. Die Modezeitschriften, glamourösen Fernsehserien und Medien im allgemeinen spiegeln es wider: Seit den sechziger Jahren sind die Körper der Frauen immer dünner, dünner und dünner geworden. Die großen Brüste der fünfziger Jahre sind verschwunden. Schmale, knochige Figuren sind heutzutage Mode. Vor fünfzig Jahren hat manche Frau vielleicht über die Tatsache gejammert, daß ihr Körper dem vorherrschenden Ideal nicht entspricht. Heutzutage hat keine Frau die Gewißheit, daß sie eine gute Figur hat. Denn heutzutage hat keine Frau den »richtigen Körper« länger als eine Saison. Das ästhetische Ideal ändert sich andauernd.

Es ist aber nicht nur so, daß die Vorstellung von Ästhetik rasant wechselt. Sondern seit einigen Jahrzehnten interessie-r en sich immer mehr Frauen für Mode und für ihr Äußeres. Bis zu unserem Jahrhundert beschäftigten sich vor allem die Frauen des Großbürgertums, Kurtisanen und bestimmte Teile des Bürgertums mit den neuen Trends bei der körperlichen Attraktivität. Es gibt mehrere Faktoren, die die Frauen dazu zwingen, sich mit den Kleidern und Körpern von Mannequins und Filmstars zu identifizieren: die Geburt des Warenhauses und der Frauenzeitschriften sowie die Verbreitung der Massenkultur (und in den Vereinigten Staaten der Assimilierungsprozeß der Emigranten aus vorindustriellen Kulturkreisen). Auf jedem wirtschaftlichen Niveau wird die neueste Mode reproduziert. In amerikanischen Warenhäusern geht es dabei geradezu demokratisch zu. Kleider vom gleichen Schnitt werden auf den verschiedenen Etagen zu verschiedenen Preisen ausgestellt und verkauft. Von der Sonderangebotsecke bis zur Designerabteilung gibt es für jede Geldbörse eine individuelle Boutique. Film-, Fernseh- und Massenkultur haben bei der Bevölkerung eine Bereitschaft entstehen lassen, die Vorbilder der Weiblichkeit nachzuahmen. Diese Vorbilder projizieren eine begrenzte Anzahl von Körpertypen. Und die aktuell schönen Frauen entsprechen diesen Körpertypen. Weil wir in einem Zeitalter leben, das Schlankheit immer höher schätzt, und weil Schlankheit ein erklärtes Ziel der Magersüchtigen ist, müssen wir den Gründen dieser Schlankheitsbesessenheit auf die Spur gehen und uns fragen, für was sie in den letzten fünfundzwanzig Jahren steht.

Schlankheit als Kategorie der Weiblichkeit (später der Moral) kam zunächst Anfang der sechziger Jahre auf. Jean Shrimpton, »The Shrimp«, die Engländerin aus der oberen Mittelschicht, war das erste Starmannequin, das deutlich mit dem kurvenreichen Image einer Marilyn Monroe, Gina Lollobrigida, Jane Mansfield und Brigitte Bardot brach. Shrimpton war dünn und hatte lange Beine, kleine Brüste und glattes, unfrisiertes Haar. Sie verkörperte die Ablehnung der rigiden britischen Klassengesellschaft (in der Filmindustrie wurde Julie Christie zu ihrem Gegenstück). Vielleicht war es kein Zufall, daß Shrimpton aus der oberen Mittelschicht kam. Körperkult und Mode der sechziger Jahre wurden ja vor allem von den jungen Leuten aus der oberen Mittelschicht und Oberschicht beeinflußt. Diese Trendsetter verkörperten einen individualistischen Bruch mit den Zwängen der Klassengesellschaft. Eine Haltung, die sich nur Privilegierte erlauben konnten. Gefördert wurde diese Welle von genau jenen Illustrierten, die diese Klasse repräsentierten – »Vogue«, »Queen«, »Harper's« usw. Jean Shrimpton wurde in den Kleidern von Mary Quant, Ossie Clark und anderen Topdesignern vorgeführt, die sich vom Mief der fünfziger Jahre befreiten, indem sie eine neue Weiblichkeit proklamierten. Die neue Frau war alleinstehend, sexy, abenteuerlustig und frei.

Diese neue Freiheit fand ihren Niederschlag zusätzlich im Jet-set. Die Söhne und Töchter des alten Adels in Großbritannien und des neuen in den Vereinigten Staaten brachen offen mit der Konvention. Sie waren fest entschlossen, ein wildes Leben zu führen, und verschlangen jede neue Sensation in der Kunst, Musik, Mode und im Tanz. So entstand ein Lebensstil, der radikal mit den Konventionen und Sitten der fünfziger Jahre brach. Alle Mitglieder des Jet-sets waren dünn. Es ist schwer zu urteilen, warum das so war. Waren sie zufällig vom Typ her alle langbeinig und von der »pferdeähnlichen Konstitution ihrer Klasse«, wie damals oft behauptet wurde? Oder galt Schlankheit als erstrebenswert an sich, weil man so die Zurschaustellung üppigen Reichtums symbolisch zurückwies? Es reicht, hervorzuheben, daß Schlankheit Freiheit signalisierte. Eine Freiheit, die eine wachsende Anzahl von Menschen jeder Klassenzugehörigkeit sich zulegen konnte. Schlankheit stellte den Bruch mit der staubigen Vergangenheit dar, und anscheinend bot sie die Möglichkeit, Klassenschranken zu überwinden. Der letztere Aspekt läßt sich deutlich an der Popularität der sich damals verbreitenden »Alltagsdramen« ablesen. Britische Bühnenautoren wie Kops, Wesker, Pinter, Arden und Dunn setzten sich mit Wirklichkeit und Klassenfragen auseinander. Dazu kam die Musik der Beatles, einer proletarischen Rockgruppe aus dem Norden Englands. Und da gab es noch Twiggy, das vielleicht berühmteste Fotomodell des Jahrzehnts. Sie hieß Lesley Huggins und kam aus der Arbeiterstadt Dagenham. Twiggy war sehr schlank und ziemlich klein. Sie versteckte ihre Herkunft nicht, und sie verkündete die Botschaft des Jet-sets: Freiheit und Spaß. Bei Millionen junger Frauen der Arbeiterklasse und des Bürgertums kam das an.[3]

In den USA ging es in den sechziger Jahren nicht so sehr um die Klassenfrage. Sondern es wurden die sexuellen und rassischen Schranken, die in jedem Lebensbereich existierten, fundamental in Frage gestellt. Die Politik der Regierung wurde auf jeder Ebene kritisiert, dazu gehörten auch ihre militärischen Entscheidungen. Die Jugend Amerikas beteiligte sich am Widerstand gegen die Welt der Eltern. Diese Herausforderungen wurden unter dem Begriff Jugendrevolte zusammengefaßt. Von hier aus war es nur ein kleiner Schritt zum Jugendkult, der bis heute ein Leitmotiv der amerikanischen Gesellschaft geblieben ist. Die geburtenstarken Jahrgänge nach dem Zweiten Weltkrieg wuchsen heran. Für sie entstanden neue Märkte, und jugendliche Energie, ja das Jungbleiben wurde gefeiert. Jugend oder vielmehr der Kampf gegen das Älterwerden wurde mit Schlankheit gleichgesetzt. Sogar berühmte Filmstars nahmen ab, um mit den neuen Normen der Schlankheit und Jugend gleichzuziehen. Anne Bancroft, die Sirene der späten Fünfziger, änderte ihr Image. Jane Fonda war nicht mehr die fleischig-sinnliche Barbarella, Mary Tyler Moore spielte nicht mehr Ehefrauenrollen, sondern nahm ab, um die unabhängige Junggesellin darstellen zu können. Sogar Sophia Loren wurde um ein, zwei Kleidergrößen schlanker. Wer schlank war, mußte scheinbar den Jahren keinen Tribut zahlen. Als ob das Älterwerden um jeden Preis umgangen werden sollte!

Vor kurzem ist Jane Fonda vom Sockel des Filmstars herabgestiegen, um anderen Frauen mitzuteilen, wie man jung und schlank bleibt. Sie hat es geschafft, ehrlich die verheerenden Auswirkungen der Bulimie darzustellen. Gleichzeitig hat sie aber eine ähnliche Besessenheit vermarktet: Aerobic. Amerika, der große Gleichmacher, bringt uns jetzt alle dazu, Alter und Fettpolster zu bekämpfen. Um dünn, fit und jung zu bleiben, so die neuen Evangelisten, müssen wir uns trimmen. Schlank und fit zu sein ist Teil des amerikanischen Traums geworden. In Amerika illustriert der Schlankheitswahn den Versuch, die menschliche Biologie und den Prozeß der Reifung zu leugnen. Während die wirklich Jungen von heute einem enger werdenden Arbeitsmarkt und immer geringeren Berufschancen gegenüberstehen, versuchen die Jungen der sechziger Ära, so lang wie möglich jung zu bleiben. Sie sind eine Gruppe mit gutem Einkommen und genau definierten Konsuminteressen. Die Werbeagenturen und ihre Handlanger in den Medien halten den Glauben an ihre unversiegbare Vitalität wach, die lediglich von Zeit zu Zeit durch neue Spielzeuge der Konsumgesellschaft aufgeladen werden muß. Und wenn eine Frau den jugendlichen Überschwang nicht länger aufrechterhalten kann, gibt es immer die professionelle Hilfe des Schönheitschirurgen. Solche Eingriffe sind nicht mehr nur den Superreichen und Filmstars vorbehalten. Täglich bieten Schönheitschirurgen in den beiden Massenblättern New Yorks, »The New York Post« und »The Daily News«, ihre Dienste an. Kosmetische Reparaturarbeiten werden immer früher verrichtet, so daß die »neue Jugend« mit dem eigenen Selbstverständnis Schritt halten kann.

Zwei andere Faktoren, die das Leben dieser neuen Jungen (Dreißig- bis Fünfundvierzigjährige) beeinflußt haben, finden im Schlankheitsdiktat perversen Ausdruck. Der eine Faktor hat etwas mit dem Feminismus zu tun, der andere mit der wachsenden Tendenz, kleinere Familien zu gründen. Bei der Auseinandersetzung mit dem Feminismus fällt sofort folgender Zusammenhang auf: Die Kritik der Frauenbefreiungsbewegung an der Objektrolle, die Frauen für Männer spielen, geht einher mit der zunehmenden Verdinglichung einzelner Körperteile der Frau – also Lippen, Beine, Haare, Brüste, Augenbrauen usw. – durch die Mode- und Kosmetikindustrie. Millionen Frauen haben versucht, eine selbstbestimmte Identität zu finden und nicht der konventionellen Definition von einem Traumkörper aufzusitzen. Statt dessen haben sie nach neuen Wegen der Ichfindung und nach einer neuen Rolle in der Welt gestrebt. Daher läßt der eklatante Anstieg der geschriebenen und verkauften Empfehlungen, wie Frauen auszusehen haben, auf einen subversiven Versuch schließen, diese Veränderungen bei den Frauen auszuhöhlen. Selbstsicherheit am Arbeitsplatz, so heißt es, wird durch »Karrierekleidung« erreicht. Selbstsicherheit im Bett durch die richtigen Dessous und das richtige Parfüm, Selbstsicherheit im allgemeinen durch eine möglichst schlanke Figur.

In meinem Anti-Diätbuch stellte ich die These auf, daß den Frauen die Schlankheit in dem Augenblick gepriesen wurde, als sie forderten, in der Berufswelt ernster genommen zu werden. Oder in der Sprache der siebziger Jahre, »als sie mehr Raum forderten«. Die Reaktion: Die Frauen sollten sich »dünne machen«. Das Schrumpfen der amerikanischen und englischen Frau (vielmehr der Glaube, daß sie gefälligst schrumpfen sollte) fällt keineswegs zufällig mit den Veränderungen zusammen, die Frauen hinsichtlich ihrer Rolle in der Gesellschaft forderten. Körperpflege, Körperkult, Aerobic und Schlankheit werden als wertvolle Beschäftigungsfelder genau in dem Augenblick angeboten, da Frauen versuchen, sich von solchen Geboten frei zu machen.

Mit dem wachsenden Interesse der Frauen an einer eigenen Berufstätigkeit als Quelle von Identität und Sinn[4] kamen abnehmende Kinderzahlen und zunehmende Scheidungsraten. Die Verkleinerung der Familie läßt sich auf viele Faktoren zurückführen, nicht zuletzt auf einen ökonomischen Wohlstand, der im gesamten Abendland eine niedrigere Sterblichkeitsziffer zur Folge hatte. Ein weiterer Faktor ist der Wunsch der Frauen, außerhalb des Heimes einen Beitrag zu leisten. Als das Kinderkriegen noch als Erfüllung der Weiblichkeit und als einzige legitime Rolle für Frauen galt, zollte man großen Hüften bzw. einer mütterlichen Figur die größte Hochachtung. Heutzutage findet man nur geringschätzige Worte für breite Hüften, da die Fähigkeit der Frauen, Kinder zu gebären, grob zurückgewiesen wird. Die Botschaft klingt geradezu bösartig: »Man kann nicht beides haben« oder: »Wenn du unbedingt Mutter sein willst, dann bitte nicht so offensichtlich!« Hierher rührt das implizite Gebot, alles, was offensichtlich mütterlich aussieht, zu verstecken. Schlankheit ist das Gegenteil von Fruchtbarkeit. Insofern weist die kindlich-dünne Twiggy auf ein Schönheitsideal hin, das nichts mit fruchtbaren, mütterlichen Frauen zu tun hat. Ein vorpubertärer Körper kann nicht reproduzieren. So hat die zierliche, niedliche Twiggy wesentlich dazu beigetragen, daß weibliche Körper auf moderne Art wieder zu Objekten gemacht wurden.

Und schließlich gibt es dann noch die Modeindustrie, deren kapriziöse Einfälle alle Frauen verspotten, wenn sie am Morgen die Tür des Kleiderschrankes aufmachen. Die Mode ändert sich genau in dem Augenblick, in dem sich eine Frau gerade mit den neuen Sachen angefreundet hat. In den letzten zwanzig Jahren ist die Mode stets von extrem dünnen Frauen vorgeführt worden. Der Trend zur Androgynität, den man in den Kleidern und Körpern ablesen kann, die in Illustrierten und auf Plakatwänden vorgeführt werden, ist kaum frauenfreundlich zu nennen. Der amerikanische Modeschöpfer Calvin Klein hat in seiner neuesten Anzeige für Damenunterwäsche eine extrem gelenkige Frau in Boxershorts präsentiert. Man muß zweimal hinschauen, um herauszufinden, ob das Bild einen Mann oder eine Frau darstellt.

Das moderne Ideal der Schlankheit symbolisiert also viele verschiedene Dinge. Im positiven Sinne kann die Schlankheit als Versuch interpretiert werden, die Schranken der Klasse und des Alters zu überwinden. Im negativen Sinne ist es eine Wiederauflage frauenfeindlicher Tendenzen, die in unserer Kultur weiterleben. Das fängt mit der Ablehnung der weiblichen Form als solcher an, und es hört auf mit der aggressiven Vorenthaltung von Raum für Frauen. Die Schlankheit erlöst uns von der Realität und führt uns in das bessere Leben.

Um besser zu verstehen, warum Frauen von innen her überzeugt sind, daß sie dem Ruf der Diät-, Mode- und Schönheitsindustrie folgen müssen, ist eine Analyse des psychologischen Funktionierens von körperbezogener Unsicherheit notwendig. Als Grundlage sollen mir praktische und theoretische Erkenntnisse der Psychoanalyse dienen, denn hier finden wir das genaue Raster, anhand dessen wir die Schritte nachvollziehen können, die zum Erwerb eines Körpergefühls führen. Ich hoffe, daß die Leserin und der Leser mit der Spannung zurechtkommen, die zwischen der soziologischen und psychoanalytischen Fragestellung, zwischen den objektiven und subjektiven Faktoren, zwischen dem Äußeren und Inneren existiert. Bei den folgenden Überlegungen sollen die sozialen Wurzeln einer individuellen Erfahrung stets mitgedacht werden.

Das Erwerben eines Körpergefühls passiert nicht plötzlich während einer bestimmten Entwicklungsphase. Sondern es sollte eher als fundamentaler Bestandteil der Menschwerdung verstanden werden. Moderne psychoanalytische Theoretiker, die Entwicklungsprozesse entweder anhand der direkten Beobachtung[5] kindlichen Verhaltens oder anhand der Rekonstruktion infantiler mentaler Prozesse durch die Psychoanalyse beschreiben, versuchen, ein Bild des körperlichen und seelischen Wachstums des Neugeborenen bis zu seiner eigentlichen Geburt als menschliches, das heißt als soziales Wesen vorzustellen. Die These, daß das Selbst zum Subjekt wird und dabei die körperlichen Grenzen der Subjektivität erkennt, ist ein verzwicktes Problem in der Entwicklungspsychologie. Denn genau diese Erkenntnis impliziert eine Spaltung zwischen Seele und Körper. Winnicott argumentiert gegen das Vorhandensein einer solchen Spaltung: »Das Individuum fühlt, daß der lebendige Körper mit seinen Grenzen, mit seinem Inneren und Äußeren den Kern des ›imaginativen‹ vorgestellten Selbst bildet.«[6] Spitz[7] spricht von der Existenz zweier Systeme, dem Co-Anästhetischen (dem Körperlichen) und dem Diacritischen (dem Emotionalen). Das erstere System, das Co-Anästhetische, verschmilzt allmählich mit dem Diacritischen, wenn letzteres einen höheren Entwicklungsgrad innerhalb des Kontextes der Mutter-Kind-Beziehung erreicht. Mahler, Pines und Bergman[8] vermuten, daß die Entwicklung eines Körperbewußtseins mit dem Prozeß der Loslösung und Individualisierung zusammenhängt. Im Alter von sechs Monaten beginnt dieser Prozeß, und er endet, wenn das Kind in etwa zwei Jahre alt ist. Im Alter von neun bis vierzehn Monaten entwickelt das Baby eine größere motorische Aktivität, und die Mutter fängt an, dem Kind die verschiedenen Körperteile zu benennen. Sie spiegelt das Interesse des Kindes am eigenen Körper wider, und so hilft sie ihm, Körperbewußtsein aufzubauen. Mahler beobachtet, daß vom vierzehnten bis zum vierundzwanzigsten Monat die körperliche Aktivität eines Kindes mit der Mutter zusammenhängt. Der Körper wird ein Vehikel der Differenzierung, und das Baby meldet vielleicht Widerstand an, wenn es auf dem Rükken liegt oder in andere Positionen gezwungen wird. Beim Fortschreiten der psychologischen Loslösung wird der Körper zunehmend das Vehikel, eine größere Unabhängigkeit an den Tag zu legen.

Ich selbst neige der Auffassung zu, daß ein Säugling in seinen ersten Lebensmonaten vor allem von den Sinnen geprägt ist. Das Kind ist fundamental mit der primären Versorgerin verschmolzen, und das ist meistens die Mutter. Es hat noch nicht ein Bewußtsein von sich selbst als eigenständiges Wesen. Es macht auch keinen Sinn, von einer Spaltung zwischen Psyche und Körper zu sprechen. Hier liegt eher eine Einheit vor. Ein Ichbewußtsein, das meiner Meinung nach eine körperlich-geistige Einheit ist, wird als getrenntes, aber zugleich mit anderen verbundenes erkannt. Dies geschieht mit der Herausbildung komplexer mentaler Vorgänge innerhalb des Kontextes einer Beziehung. Die Person kann nur ihre Subjektivität erkennen in Verbindung mit der Subjektivität (sowohl körperlich als auch geistig) anderer Menschen. Mit anderen Worten: Die Entwicklung eines Körperbewußtseins hängt völlig mit der Entwicklung von Objektbeziehungen zusammen (Beziehungen mit anderen Menschen, die mit dem Wiedererkennen der Mutter als Person, als von einem selbst getrenntes Objekt beginnen). Beeinträchtigungen, die bei der Bewußtwerdung der eigenen Körperlichkeit auftreten, sind Konsequenzen von Problemen in diesen Objektbeziehungen.

Die seelische und körperliche Entwicklung des Kleinkindes hängt von der Beziehung ab, die sich zwischen ihm und der Bezugsperson, meistens ist es die Mutter, entwickelt (in der Sprache der psychoanalytischen Entwicklungspsychologie sprechen wir vom Objekt). Das Kleinkind benutzt die Persönlichkeit und die Psyche der Bezugsperson, um eine eigene Egostruktur aufzubauen. Die Fürsorge und Aufmerksamkeit der Mutter ist die Nahrung, die die embryonische Psyche des Babys aufpäppelt, so daß es zur Person werden kann. In Kapitel 1 sahen wir die Auswirkungen von geschlechtsspezifischen Zuschreibungen auf die Mutterschaft. Wir trugen der Tatsache Rechnung, daß Mütter höchst zwiespältige Empfindungen der eigenen Person sowie den eigenen Fähigkeiten, Bedürfnissen, Wünschen und Muttergefühlen gegenüber hegen. Wir sahen, wie das Großziehen einer Tochter in Frauen eine ganz besondere Kombination problematischer Gefühle weckte. Denn die Erfordernisse einer geglückten weiblichen Sozialisation setzen die Mutter-Tochter-Beziehung auf bewußter und unbewußter Ebene unter einen besonderen Druck.

Die Mutter hat die Aufgabe, ihrer Tochter Persönlichkeitsmerkmale zuzuführen, die mit den konventionellen Vorstellungen von einem »richtigen Mädchen« konform gehen. Die Identifizierung der Mutter mit einem Kind gleichen Geschlechts bedeutet, daß sie in einem fundamentalen Sinne sich selbst reproduziert, wenn sie eine Tochter großzieht. Die meisten Frauen leben mit einem Gefühl des Selbstekels oder Selbsthasses (versteckt oder offen), weil sie psychologisch und gesellschaftlich weiblich konditioniert wurden. Wenn also eine Mutter sich auf ein kleines Mädchen bezieht, wird sie unweigerlich dem Baby einige negative Gefühle hinsichtlich der Weiblichkeit vermitteln. Hinzu kommt, daß das Erwerben von geschlechtlicher Identität – das Wissen, daß man ein Mädchen oder ein Junge ist – gleichzeitig mit stereotypen geschlechtsspezifischen Verhaltensvorschriften gelernt wird. Eine Mutter, die in der Zeit nach dem Zweiten Weltkrieg ein Mädchen großzog, hatte Klischees von Weiblichkeit im Kopf, die aus heutiger Sicht repressiv, unterwürfig und verunglimpfend waren.

Die Mutter-Tochter-Beziehung wird von der Gesellschaft geformt, in der die Mütter leben und in die die Töchter eintreten .müssen. Die Psychologie der Mutter wiederum wurde von ihrer Mutter geprägt. Zwei Leitmotive drücken der weiblichen Psychologie ihren Stempel auf: Frauen dürfen nicht emotional abhängig sein, sondern müssen für andere Menschen ein zuverlässiger Partner sein. Und sie dürfen nicht die Initiative ergreifen und handeln, sondern sie müssen helfen, die Hoffnungen anderer wirklich werden zu lassen. So kommen die Frauen dazu, zögerlich mit den eigenen Bedürfnissen, ja mit der eigenen Person umzugehen. Und sie werden ermutigt, die eigene Existenzberechtigung durch andere Menschen bestätigen zu lassen. Beim Heranwachsen lernt ein

Mädchen, die Aufmerksamkeit nach außen zu richten: sich um die Bedürfnisse anderer kümmern und sich durch die Übernahme der Projektionen anderer Zustimmung zu verschaffen.

Mädchen fühlen sich vom Sachverstand anderer angezogen. Sie bestreiten, ignorieren oder unterdrücken viele Bedürfnisse und Initiativen, die in ihnen hochkeimen. Das Ergebnis: Sie wachsen heran mit dem Gefühl, nie ganz genug bekommen zu haben. Und oft unersättlich und unerfüllt zu sein. Um mit diesem seelischen Zustand fertig zu werden, suchen sie die Beziehung zu anderen und lernen dabei, daß diese Bindungen – vor allem zu Männern – von der Annehmbarkeit ihres Körpers abhängen.

Die frühe Mutter-Kind-Beziehung ist dem Wesen nach eine sinnliche. Diese Beziehung dreht sich um Umarmungen, Schmusereien, Füttern, Windelnwechseln, Anziehen, Schaukeln und das Beheben »vermuteter« körperlicher Not. Viele Mütter genießen den körperlichen Austausch mit ihren Babys. Die einzelnen Entwicklungsschritte werden von der Mutter unterstützt und organisiert. Sie hilft dem Baby, sich zu setzen und aufzustehen, und ermutigt es, zu krabbeln und zu gehen. Das tut sie, indem sie die Arme in einer Willkommensgeste ausgestreckt hält und den Leistungen des Babys Beifall zollt. Zur gleichen Zeit, da sie auf die zunehmenden körperlichen Fertigkeiten des Babys eingeht, organisiert sie andere Stimulanzen in einer seelisch-körperlichen Einheit. Das Baby erweitert sein Repertoire an Aktivitäten: Es meldet beim Essen und Trinken Wünsche an. Wenn die Mutter auf solche Initiativen reagieren kann, wird das Baby bestimmte physiologische Signale wie Hunger als Signale der Befriedigung interpretieren. Es wird lernen, zwischen dem Wunsch zu essen und dem Wunsch zu trinken zu unterscheiden. Und wenn ihm viele verschiedene Geschmacksrichtungen und Substanzen vorgestellt werden, wird es in der Lage sein, zwischen ihnen zu unterscheiden. Wenn es schließlich sprechen lernt, ist es in der

Lage, sorgfältig unterschiedene Bedürfnisse mit der Erwartung abzustimmen, das Gewünschte auch zu bekommen.

Die Mutter geht auf andere seelisch-körperliche Signale des Babys ein. Sie versucht abzuwägen, wann das Kind wohl müde ist, und sorgt dann für die Umgebung, die Schlaf möglich macht. Sie geht auf die Körpertemperatur des Babys ein und zieht ihm Kleider an, in denen es sich am wohlsten fühlt. Sie überprüft die Windeln, weil es sich nicht zu lange unbehaglich fühlen soll. So werden die Mutter und die Mutter-Kind-Beziehung zum Mittel, mit dem das Baby die physikalisch-psychologische Welt begreift. Das Baby entwickelt dann ein Körperbewußtsein, das mit dem psychologischen Selbstbewußtsein verknüpft ist – »das imaginative Selbst« von Winnicott.

Bevor wir diese Betrachtung der Einheit von Körper und Seele beenden, sollten wir uns den sozialen Kontext der Mutter-Tochter-Beziehung ins Gedächtnis zurückrufen. Damit wir nicht vergessen, daß die Idylle der harmonischen Kooperation von Mutter und Kind oft mit der Wirklichkeit wenig zu tun hat. Das soeben vorgelegte Bild wäre unfertig ohne die Rollenklischees und geschlechtsspezifischen Beschränkungen, die ja das »freie« Ausprobieren und die Befriedigung der kindlichen Initiativen beeinträchtigen. Wir müssen uns bezüglich der zunehmenden motorischen Aktivität des Kindes erinnern, daß eine Mutter zwar nicht zögern wird, ihrer Tochter das Krabbeln und Gehen zu ermöglichen, aber ihre Begeisterung für die wachsende körperliche Unabhängigkeit der Tochter wird von irgendeinem Zeitpunkt an gedämpft sein aufgrund der sozialen Lektionen, die sie der Kleinen übermitteln muß. Nun werden viele Leser protestieren, daß eine solch grobe Stereotypisierung kaum existiert. Aber es wird wohl kaum eine Mutter geben, die die Tochter dazu ermutigt, Wälder zu erforschen. Bei Söhnen kann das ganz anders aussehen. Mädchen werden davon abgehalten, gefährlich aussehende Bäume und Leitern hochzuklettern. Wenn man ihnen solche Aktivitäten nicht offen ausredet, so wird ihnen zumindest ein Gefühl der Gefährlichkeit vermittelt. Eine Gefahr, die nicht überwunden, sondern vermieden werden soll. Mädchen wird beigebracht, anständig zu sitzen, die Beine über Kreuz. Sie sollen wie eine Dame gehen, sie sollen in körperlichen Angelegenheiten Zurückhaltung üben. Generell werden sie davon abgehalten, ihre Geschlechtsteile zu untersuchen. Die Entwicklung sekundärer Geschlechtsmerkmale während der Pubertät wird häufig von gemischten Gefühlen hinsichtlich körperlichen Funktionen begleitet, da die Eltern und insbesondere die Mütter nicht in der Lage sind, die positiven Aspekte weiblicher Sexualität unzweideutig zu vermitteln.

Eine Mutter, die ihre Tochter aufklärt, ist sich stets der massiven Veränderungen bewußt, die ein weiblicher Körper im Laufe eines Menschenlebens erlebt. Die Entwicklung der Brüste ist das Vorspiel für die physiologischen Veränderungen, die während der fruchtbaren Jahre, Schwangerschaft und Stillzeit einer Frau eintreten. Grob betrachtet, ist der Körper eines Mannes eine relativ stabile Angelegenheit. Der Körper einer Frau ändert sich sichtbar während eines Menstruationszyklus. Jede Frau erfährt solche Veränderungen, und sie gibt diese Erfahrungen an ihre Tochter weiter. Jungen Frauen wird körperliche Selbstbeherrschung und -kontrolle nahegelegt, das steht im krassen Widerspruch zum wirklichen Potential ihrer Körper.

Während Mütter in Körperdingen der Tochter Vorsicht und Selbstbeschränkung signalisieren, überwachen und prägen sie bewußt und unbewußt einen weiteren wichtigen Aspekt der Körperlichkeit ihrer Tochter: den Appetit. Wir haben gesehen, wie kritisch die Rolle der Mutter ist beim Vertrautmachen mit dem Essen und der Eßsituation allgemein. Und ich habe die These aufgestellt, daß die Eßbeziehung genau wie andere Aspekte mütterlicher Fürsorge durch das Geschlecht bestimmt ist. An dieser Stelle soll uns die Auswirkung des

Weiblichkeitsdiktates auf die Eßbeziehung zwischen Mutter und Tochter interessieren. Es ist nicht weiter verwunderlich, daß kulturelle Gebote sich dem Verhalten der Mutter gegenüber dem Appetit ihrer Tochter niederschlagen. Im allgemeinen entwöhnen Mütter einen weiblichen Säugling viel früher. Die Mahlzeiten weiblicher Babys sind erheblich kürzer als die männlicher Säuglinge. Angeblich brauchen Mädchen weniger Nahrung als Jungen, und es ist schwierig, zu sagen, ob diese Haltung ein Ergebnis gegenwärtiger Vorstellungen von der Schönheit oder physiologischer Tatsachen ist. Aber wir können über die Ängstlichkeit nachdenken, die Mütter (und zu einem geringeren Grade Väter und andere Bezugspersonen) im Zusammenhang mit Füttern zum Ausdruck bringen. Sie machen sich Sorgen, ob ihre Töchter zuviel oder zuwenig essen. Die Mutter empfängt ja täglich Botschaften, ihren Appetit zu zügeln, so daß sie dem Idealgewicht näher kommt. Eine Version dieser Sorge vermittelt sie der Tochter. Sie möchte sie gut und gesund ernähren, aber zur gleichen Zeit werden solche Wünsche unterminiert durch die Sorge, daß das Kind »gierig« wird und zuviel will. Andere Mütter, die nicht in der Lage sind, sich selbst angemessen zu ernähren, befassen sich bis zur Besessenheit mit dem Hunger der Tochter. Sie übertragen eigene Bedürfnisse auf die Tochter und identifizieren sich so mit ihr. Die Kleine wird ermutigt, alles, was sie will, zu essen. Und so gewinnt die Mutter der Situation narzißtische Befriedigung ab. Wieder andere Mütter wollen die durch das Füttern symbolisierte enge Bindung zum Kind nicht aufgeben. Und so bieten sie dem Baby die Brust oder die Flasche als Trost an, obwohl das Kind vielleicht eine ganz andere Art des Trostes nötig hätte. Wenn das Baby auf festere Nahrung umgestellt wird, empfindet die Mutter Verlustgefühle. Denn mit der Brust oder Flasche konnte sie geben, konnte sie die Beziehung formen. Nach außen hin behandelt die Mutter ein männliches Kleinkind ähnlich, aber es gibt einen wichtigen Unterschied. Wenn sie sich auf einen Jungen bezieht, muß sie nicht darum kämpfen, ein Gefühl der Identifikation zu überwinden. Er gleicht ihr nicht. Außerdem muß ein Mann in unserer Gesellschaft seinen Appetit nicht zügeln. Er bedarf von vornherein keinerlei Zurückweisung.

Nun mag es schwer sein, diese subtilen Transaktionen während der frühen Kindheit nachzuvollziehen. Aber in der Pubertät sind sie offensichtlich. Der Körper der jungen Frau verändert sich, und die ganze Familie reagiert heftig darauf. Oft reden die Mütter ihrer Tochter eine Diät ein, damit sie den »Babyspeck« oder Pickel los wird. Das Einschränken von Nahrung – zuvor von der Mutter ausgeübt oder zumindest kommentiert – wird jetzt zur Domäne zweier Frauen, die deswegen entweder zusammenarbeiten oder sich zanken.

Die Konsequenzen solcher Einflüsse innerhalb der Mutter-Tochter-Beziehung: Die Mechanismen von Hunger und Sättigung sind häufig derart gestört, daß interne Stichworte, die der Körper der Tochter gibt, mißinterpretiert werden. Und so steht die Tochter völlig verwirrt da. Sie kann vielleicht nicht unterscheiden zwischen dem körperlich-seelischen Zustand des Hungers und der Sättigung. Oder sie kann nicht unbefangen und befriedigend mit solchen Gefühlen umgehen. Unbewußt werden also die Hunger- und Sättigungsmechanismen der Tochter außer Gefecht gesetzt. Später im Leben spielt dies eine wichtige Rolle: Das Mädchen wird nämlich dazu neigen, nicht auf eigene Informationen zu bauen, sondern andere wegen Nahrung, Hunger, Sättigung und körperlichem Wohlsein zu befragen. Die körperlichen Signale werden in die falsche Richtung geschickt, das trägt sicherlich nicht zu einem positiven Körpergefühl bei. Wahrscheinlicher ist das Gegenteil: Das Mädchen wird seiner selbst und seines eigenen Körpers unsicher, und es wird zur Zielscheibe der ungeheuer gewinnträchtigen Aktivitäten der Diät-, Mode- Kosmetik- und Körperkultindustrie.

Die Mutter-Tochter-Beziehung bringt aber nicht nur in Körperdingen ein Mädchen dazu, außerhalb der eigenen Person Akzeptanz und Einsicht zu suchen. Häufig hindert man ein Mädchen offen und subtil daran, Initiativen zu ergreifen. Initiativen wohlgemerkt, bei denen die eigenen Bedürfnisse mit stereotypen Vorstellungen von Weiblichkeit konfligieren. Ein Mädchen kann mit Lob rechnen, wenn es anbietet, zu teilen, zu helfen, anderen den Weg zu glätten. Wenn ein Mädchen Interesse an Naturwissenschaften zeigt, wird in der Regel dieses Interesse umgeleitet. Das Mädchen studiert Biologie oder Medizin, oder es wird Krankenschwester (das hängt von ihrer Klassenzugehörigkeit ab). Auch in der Kindheit schlägt sich diese grobe Stereotypisierung nieder, die Interessen und Initiativen eines kleinen Mädchens werden entsprechend gelenkt. Man muß nur zu einem Spielplatz gehen, um die wilde Selbstvergessenheit der Jungen mit dem braven Ernst der Mädchen zu vergleichen. Ein Mädchen, das genauso unbändig ist wie ein Junge, gilt als »Wildfang«. So werden konventionelle Vorstellungen bestätigt, daß Herumrennen und das Folgen eigener Impulse dem Wesen nach Knabeneigenschaften sind. Weil ein Mädchen also davon abgehalten wird, den offensiven Teil ihrer Persönlichkeit zu entwickeln (was ihr ein Gefühl der Authentizität und Stärke auch im körperlichen Sinne verleihen würde), wird es ständig schikaniert von dem Bedürfnis, sich durch andere bestätigen zu lassen. Aber leider tröstet eine solche Legitimation nur eine kurze Zeit lang. Wenn man davon abgehalten wurde, den eigenen Wünschen nachzugeben, ist einem das Gefühl wirklicher Befriedigung nicht vertraut. In diesem Lichte läßt sich der Eifer der Frauen besser verstehen, sich den ständig ändernden Anforderungen der Schönheitsindustrien anzupassen.

An dieser Stelle wollen wir uns einem weiteren Aspekt jener psychosozialen Kräfte zuwenden, die bei Frauen Probleme mit dem Körper hervorrufen und gleichzeitig eine angemessene Lösung vereiteln. Wir müssen die Angst und die Faszination verstehen, die die Gesellschaft Frauen gegenüber empfindet.

Eine Haltung, die sich in dem Wunsch ausdrückt, die Körper der Frauen zu kontrollieren.

Die heutige Kindererziehung beinhaltet, daß Frauen die Mutterrolle übernehmen. Und so ist die Macht der Mutter in unserem Seelenleben tief verankert. Die Mutter ist für das Kind die erste und wichtigste Bezugsperson. Ihr Körper schenkt dem Baby Nahrung und Trost. Die körperliche Anwesenheit der Mutter gibt dem sich entwickelnden Kind ein Gefühl des Aufgehobenseins.[9] Wenn das Kleinkind psychologisch geboren wird, das heißt während des Prozesses der Loslösung und Individualisierung, »vereinnahmt« es die Psychologie der Mutter und macht sie zum Kern der eigenen Persönlichkeit.[10]

Im ersten Lebensjahr ist die Mutter in vielerlei Hinsicht eine allmächtige Figur. Sie ist das Medium des kindlichen Zugriffs auf die Welt.[11] Sie geht auf das Baby und seine Bedürfnisse ein. Manchmal kann sie sie befriedigen, manchmal gelingt es ihr nicht. Ihre ständige Gegenwart im Leben des Kindes bedeutet, daß sie ganz fundamental gute und schlechte Erfahrungen repräsentiert. Das Baby ist nicht in der Lage, die Aktivitäten der Mutter zu kontrollieren oder zu verstehen. Es ist eher ein Empfänger positiver oder negativer Erfahrungen in ihrem Machtbereich. Die Mutter, die anscheinend für solche Erfahrungen sorgt, hat es also in der Hand, das Kind hilflos oder glücklich zu machen.

Man vermutet zwar, daß das Baby im ersten Lebensjahr in einen ungeheuren Prozeß mentaler Aktivitäten verwickelt ist, aber die Arena, in der sich Mutter und Kind am offensichtlichsten begegnen, ist die körperliche Bindung – das Festhalten, Füttern, Windelnwechseln, Umarmen, Schaukeln. Die Körperlichkeit der Mutter wird ständig empfunden, zunächst ihre Gegenwart, später ihre Gegenwart *und* Abwesenheit. Der Körper der Mutter scheint Wohlsein schenken oder vorenthalten zu können. Und wie ich hervorgehoben habe, so ist das Baby in dieser Beziehung verletzlich. Es kann die Handlungen der Mutter beeinflussen, aber da das Kind hilflos und bedürftig ist, kann es sie nicht kontrollieren oder lenken. Dinnerstein[12] argumentiert, daß die Unfähigkeit des Kindes, die Mutter zu kontrollieren, zu einer Spaltung führt. Die »guten« und »schlechten« Aspekte der Verbindung zur Mutter werden sowohl verinnerlicht als auch auf alle Frauen projiziert. Daraus zieht Dinnerstein den kühnen Schluß, daß so etwas wie eine massenhaft verinnerlichte Frauenfeindlichkeit existiert. Durch die Identifikation mit der Mutter mißtrauen Mädchen der eigenen Kraft, den »guten« und »schlechten« Charaktereigenschaften. Und die Knaben versuchen, während der Loslösungsphase den eigenen weiblichen Anteil und die primäre Identifikation mit der Mutter zurückzuweisen sowie die eigenen »guten« und »schlechten« Anteile zu unterdrücken.

Später, wenn sie größer sind, haben sie Angst vor zuviel Nähe zu Frauen, weil dadurch die eigenen unterdrückten weiblichen Anteile geweckt werden. Zudem projizieren sie auf Frauen Vorstellungen von »Gut« und »Böse«, auf die Ehefrau und die Geliebte wie auf Frauen im allgemeinen. Sie versuchen jetzt, das zu kontrollieren, was sie früher nicht in den Griff bekamen. Sie weisen die Macht der Mutter zurück durch die politische und psychologische Unterwerfung der Frauen.

Obwohl ich einige kleine Einwände gegen Dinnersteins Analyse habe, meine ich, daß ihr Gedankengang im großen und ganzen brauchbar ist. Und ich möchte ihre Erkenntnisse weiterführen, um der Neigung unserer Gesellschaft auf die Spur zu kommen, die Körper von Frauen zu kontrollieren. Paradoxerweise ist es der Körper der Frau, der ihr biologische Macht schenkt, der ihr die Fähigkeit der Reproduktion verleiht. In unserem Kulturkreis wird diese Fähigkeit sowohl geringgeschätzt als auch ausgebeutet. Das Patriarchat und der Staat kontrollieren die Reproduktion und Sexualität. Hinzu kommt die Ablehnung der natürlichen Körperform der Frau. Dies alles läßt darauf schließen, daß die Angst vor dem weiblichen Körper immens ist. Man kann, um Dinnersteins

These zu erweitern, behaupten, daß die gegenwärtige Regelung der Kindererziehung bei Knaben und Mädchen sowie Männern und Frauen Angst vor, aber auch Sehnsucht nach Kontakt zu Frauen schafft. Der Körper der Mutter, einst Symbol von Wohlsein und Beistand, wird aus Verzweiflung zurückgewiesen. Denn er trotzt der Kontrolle, die der omnipotente kindliche Anteil der Persönlichkeit so stark begehrt. Im Gegenzug wird der kollektive Versuch, die weibliche Form zu kontrollieren, durch die verdinglichte Beziehung beider Geschlechter zum Frauenkörper zum Ausdruck gebracht. Der Wunsch, die Mutter zu beherrschen, wird ein wenig befriedigt durch die tatsächliche Kontrolle, die über die weibliche Reproduktion, Sexualität und Ästhetik ausgeübt wird.

An dieser Stelle müssen wir der Frage nachgehen, wie Frauen die weibliche Sexualität erleben. Wie die zuvor behandelten Sachverhalte, so ist auch die weibliche Sexualität Gegenstand zahlreicher normativer Umwälzungen in der Periode nach dem Zweiten Weltkrieg gewesen. Die Verhaltensvorschriften in den westlichen Gesellschaften sind in einem Zustand des Fließens. Während des Krieges verbreitete sich eine Art sexueller Freizügigkeit. Es drohte ja die Gefahr, daß die Männer auf lange Zeit oder sogar ewig verschwanden. Es verschwanden auch einige Tabus und Stereotypen der Vorkriegszeit: die gute (jungfräuliche) Frau gegen die schlechte (sexuell aktive) Frau. Aber als Ende der vierziger und Anfang der fünfziger Jahre die Familie wieder den Siegeszug antrat, wurde Treue (der Ehefrau) zur vorherrschenden Ideologie, ja zur Alltagspraxis. Jungfräulichkeit bis zur Eheschließung war ein moralischer Wert. Die weibliche Homosexualität gab es angeblich nicht. Das Ehebett war nur ein weiterer Platz, an dem Frauen ihre Männer erfreuen und befriedigen sollten. Die eigene Zufriedenheit wurde nur erreicht, wenn sich die Frau mit dem Vergnügen des Mannes identifizierte. Auch die Männer sollten für die Befriedigung ihrer Frauen sorgen. Aber was das genau hieß, war niemals sonderlich klar. Und so lernten Millionen Frauen, einen Orgasmus vorzutäuschen. Um ihren Mann nicht zu enttäuschen, um sein Selbstvertrauen nicht zu untergraben.

Ehefrauen sollten nicht zu sexy oder verführerisch aussehen. Dafür gab es andere Frauen. Die weibliche Sexualität sollte in der Paarbeziehung aufgefangen werden, und selten galt die Ehe als Stätte der Sinnlichkeit. Man denke nur an die Filme der fünfziger und sogar Anfang der sechziger Jahre, in denen Einzelbetten im ehelichen Schlafzimmer vorherrschten. Sexualität, der rote Faden der seelisch-körperlichen Gestalt einer Persönlichkeit, wurde als eine Sache gesehen, die Frauen an die Leine nehmen sollten, damit sie nicht die etablierte Ordnung bedrohe. Paradoxerweise galt die weibliche Sexualität als potentiell so mächtig, daß man ihr nur mit Angst begegnen konnte. Die Frau, die sexuell begehrte (= aktiv war), wirkte unheimlich und bedrohlich, für sich selbst und andere. In den sechziger Jahren waren es zunächst Bohemekreise und später die Hippies, die diese angstbesetzte Vorstellung von der weiblichen Sexualität zutiefst in Frage stellten (im Kontrast zum Ethos des Playboys). Die Untersuchungen von Kinsey, Masters und Johnson, Hite, Sherfey, Koedt und den Feministinnen[13] halfen, die sexuellen Optionen für Frauen ein wenig zu erweitern. Aber diese Aufklärungswelle fiel mit einer anderen gesellschaftlichen Entwicklung zusammen, nämlich der endgültigen Verdinglichung der Sexualität (vgl. Kapitel 1) Die Errungenschaften der Aufklärungswelle wirkten sich weniger stark aus, als es zunächst den Anschein hatte. So lernten die Frauen der Nachkriegszeit Sexualität, eine der fundamentalen Seinskonstanten des Menschen, als Hochseilakt kennen.

Wenn wir uns jetzt dem Körperkult und der Anorexie zuwenden, sehen wir, daß das Schlankheitsideal seit zwei Jahrzehnten unzählige Frauen quält und daß es der dramatische Charakter der Befolgung dieser Schönheitsnorm ist, die die Magersüchtige von anderen Frauen hervorhebt. Schlankheit ist das vorherrschende Motiv aller Magersüchtigen, mit denen ich gearbeitet habe.

Schlankheit, das gilt als ultrafeminin und gleichzeitig als Zurückweisung von Weiblichkeit. Mit anderen Worten, hier wirken zwei übertriebene und sich widersprechende Reaktionen zusammen, die jede für sich den Versuch darstellt, sich eine Identität zu verschaffen.

Zum Beispiel Audrey. Ihre Magersucht verschaffte ihr das Gefühl, ein »niedliches kleines Ding« in den Augen anderer zu sein. Gutgelaunt, schnell und effizient verrichtete sie ihren Job als Krankenschwester. Sie flitzte von Zimmer zu Zimmer, eine emsige kleine Arbeitsbiene. Perfekt und eifrig sorgte sie für andere und brachte jenen, die nur noch wenig Hoffnung hatten, ein wenig Freude und Vergnügen. Sie war, wenn man so will, eine Spitzenkraft der weiblichen Gefühlsarbeit – sie sorgte für andere und machte ihnen das Leben auch unter den schwierigsten Umständen so angenehm wie möglich. Ihre Fürsorge den Patienten gegenüber wurde ergänzt durch ihre aggressive Haltung gegenüber der Krankenhausleitung, die oft bürokratisch und gedankenlos war. Ihre Opposition war vollkommen entwaffnend. Niemand vermochte sich vorzustellen, daß dieses zierliche Persönchen knallharte Forderungen aufstellen würde. Niemals tat man sie als »Emanze« ab (das heißt als kraftvolle Frau, die Männer das Fürchten lehrt!). Für sie gab es innerhalb der üblichen Frauenklischees keine passende Schublade. Sie sah elfengleich aus, fast kindlich – aber sie war stark. Audrey selbst erkannte, daß ihr niedliches Äußeres, gepaart mit dem knallharten Auftreten, ein von ihr gewolltes Image darstellte, weil sie das Gefühl hatte, daß ihr dieses Image viel Bewegungsfreiheit verschaffte. Sie konnte gleichzeitig ein bestimmtes Aussehen haben und ganz anders sein. Man konnte sie auf nichts festlegen. Sie war voller Überraschungen.

Natürlich gab es auch Probleme. Audrey war weit davon entfernt, mit diesen verschiedenen Aspekten ihrer Persönlichkeit fertig zu werden. Außerhalb der Arbeitsstelle war sie nachgiebig und teilnahmslos. Sie war in der Lage, innerhalb der Arbeitssituation Kontrolle auszuüben. Diese Fähigkeit ging ihr jedoch in anderen Lebensbereichen ab. Im Privatleben hatte sie die größten Probleme, herauszufinden, was sie eigentlich wollte, und für sich selbst einzustehen. Wie so viele Frauen konnte Audrey erkennen, was andere brauchten, und sie konnte ganz entschieden für andere kämpfen. Sie konnte ganz großartig die Rechte anderer durchfechten, aber wenn es um ihre eigenen Bedürfnisse ging, war sie absolut hoffnungslos.

Lisa wollte mit ihrem Dünnsein ihre soziale Herkunft verleugnen. Sie wollte unbedingt vermeiden, den gemütlichen, übergewichtigen häuslichen Frauen zu gleichen, mit denen sie groß geworden war. Statt dessen versuchte sie, eine mysteriöse Aura um sich zu verbreiten. Indem sie so dünn wie ein »Vogue-Mannequin« wurde, machte sie sich vom Image ihrer Klasse frei (Beruf und Selbsteinordnung machten sie zum Mitglied der unteren Mittelschicht). Dennoch gelang es ihr nicht, ein weniger klischeehaftes Bild der Weiblichkeit entstehen zu lassen. Ihr Selbstbild war letztendlich die auf die Spitze getriebene Weiblichkeit. Das dünne Mannequin repräsentierte für Lisa Schönheit und Unnahbarkeit. So wollte sie auch werden. Eine Frau, die so perfekt, so schön war, daß niemand wagen würde, sie ans Haus zu ketten. Sie wollte das Leben einer angebeteten Gefährtin führen. Sie wollte aufsteigen aus dem tristen Alltag der Mehrheit der Frauen und dabei ihren Körper einsetzen, um Macht und Schutz zu erlangen. Sie malte sich aus, daß sie reich genug werden würde, um alles zu tun, was sie wollte. Lisa konnte sich ihre Unkonventionalität genau deswegen erlauben, weil ihre »Weiblichkeit« ihr soviel Erfolg verschaffte. Ihre Schlankheit repräsentierte auch einen Bruch mit dem Aussehen der Eltern. In ihren Augen war die Mutter überschwenglich, schlecht organisiert und undiszipliniert. Ihren Vater erfuhr sie als einen arroganten und groben

Menschen. Tatsächlich waren beide Eltern nicht sonderlich dick, sie brachten vielleicht neun Kilo Übergewicht auf die Waage. Nichtsdestotrotz symbolisierte Lisas Schlankheit einen echten Bruch mit den Werten, die die Eltern anscheinend verkörperten.

Solche Bedeutungszusammenhänge decken weitere Widersprüche auf, wenn man sie genauer untersucht. Die Frau, die ihre äußeren Umrisse kontrollieren will, versucht, einen natürlichen »Prozeß« zu unterminieren. Sie strebt eine grundsätzliche Veränderung der weiblichen Form an. Obwohl Mode und gängige Schönheitsideale auf alle Frauen einen gewissen Druck ausüben, wird erst im Schlankheitswahn der Magersüchtigen diese Tendenz, die weibliche Form gründlich umzukehren, sichtlich zum Ausdruck gebracht. Beim Dünnerwerden verliert die Magersüchtige die Festlegung als Frau, die fleischige Hüften oder Brüste leisten. Von weitem wird sie vielleicht noch nicht einmal für eine Frau gehalten. Aus der Nähe betrachtet, ist sie Gegenstand einer genauen Prüfung. Weil sie so formlos ist, läßt sie sich nur schwer in die gängigen Kategorien von Weiblichkeit einordnen. Sie ist merkwürdig entsexualisiert und geschlechtslos. Sie verlangt, daß man sich auf sie als Person bezieht. Die Magersüchtige bringt die Reflexe ihrer Umwelt durcheinander. Männern wird das automatische Flirten und Bevormunden schwergemacht, Frauen das automatische Abschätzen der vermeintlichen Konkurrentin. Die Magersüchtige widerlegt die leichten, bequemen Definitionen.

Viele Magersüchtige berichten davon, wie sie anfangs schlank sein wollten, um akzeptiert zu werden. Dabei hieß Akzeptanz für die Betroffenen zunächst: sich anpassen, gut aussehen und sich Bewunderer verschaffen. Letztendlich als sexuell attraktive Wesen wahrgenommen zu werden. Man sollte meinen, daß eine Frau sich zu einem bestimmten Zeitpunkt »schlank genug« fühlt. Aber das Akzeptiertwerden, das mit dem Dünnsein steht und fällt, hat natürlich wenig zu tun mit dem inneren Gefühl des Akzeptiertwerdens. Ein Seelenzustand, der das Individuum Anerkennung suchen läßt durch eine extreme körperliche Veränderung. Der Versuch, Akzeptanz durch eine Anpassung an ein bestimmtes Körperideal zu finden, ist trügerisch und zur Erfolglosigkeit verdammt. Und während die Magersüchtige ihrem Ziel noch eifriger und selbstzerstörerischer nachgeht, reagiert die Umwelt mit Überraschung, ja sogar mit Entsetzen. Die Schlankheit der Magersüchtigen ist nicht attraktiv und akzeptabel, sondern im Gegenteil ziemlich abstoßend. Natürlich zieht sie Aufmerksamkeit auf sich, aber nicht diejenige Aufmerksamkeit, die sie eigentlich wollte.

Ein anderes Beispiel für die Verkehrung des Wunsches nach Akzeptanz sind Frauen, die schüchtern und zurückhaltend waren, als sie noch ein normales Gewicht hatten, und dann abnahmen, um mehr Selbstsicherheit zu bekommen. Eine solche Frau wird durch Magersucht keineswegs attraktiver, sondern sie bleibt im Hintergrund, aber auf eine Art, die die Umwelt magnetisiert. Sicherlich, man starrt sie an. Aber nicht, weil sie ein angenehmer Anblick wäre, sondern weil man die Augen nicht von ihr abwenden kann. Die Aufmerksamkeit, die man der Magersüchtigen schenkt, hat einen etwas morbiden Charakter. Ihre Magerkeit ist unangenehm faszinierend. So erlangt die Magersüchtige eine Aufmerksamkeit, die von ganz anderer Natur ist, als sie ursprünglich erhofft hat. Nun macht ihre Unsichtbarkeit sie bemerkenswert. Nun ist ihre Präsenz größer als ihr Gewicht. Eine Präsenz, die eher nach einer Reaktion als nach einem natürlichen Reflex verlangt.

»Die unaufhörliche Jagd nach der Magerkeit«,[14] so nennt Bruch den Schlankheitswahn, der ein erklärtes Ziel der anorexischen Frau ist. Aber der Magersüchtigen wird die Befriedigung vorenthalten, dieses Ziel jemals zu erreichen. Denn sie ist niemals in der Lage, zu erkennen, daß sie tatsächlich dünn ist. Die Magerkeit, die sie erreicht hat, genügt ihr nicht. Niemals wird sie sich mit dem Wissen ausruhen können, daß sie wirklich dünn genug ist. Nach wie vor empfindet sie sich als dick oder als potentiell dick. Magerkeit kann innerlich nicht anerkannt werden. Der Schlankheitswahn geht unvermindert weiter. Obwohl Magersucht eine extreme Reaktion darstellt, hat sie doch vieles gemeinsam mit der Erfahrungswelt jeder Frau. Frauen sind sich ihres Körpers unsicher und machen sich häufig große Sorgen darum. Aber um das tiefe Mißtrauen der Magersüchtigen nachzuvollziehen und ihren Wunsch, sich von ihrem Körper loszulassen und ein nichtkörperliches Wesen zu werden, zu begreifen, müssen wir uns den Werdegang einer weiblichen Psyche ins Gedächtnis zurückrufen und uns an die Kräfte erinnern, die den Erwerb eines Körpergefühls prägen.

Wir haben gesehen, wie in der frühen Kindheit die Erfahrung, daß Bedürfnisse befriedigt werden, zur Entwicklung eines positiven Selbstbildes beiträgt. Das Kind entwickelt eine Art Urvertrauen, daß Gefühle und Bedürfnisse ausgelebt werden können mit der Aussicht auf Befriedigung. Wir haben gesehen, wie die Entwicklung eines Körpergefühls mit der Herausbildung einer Subjektivität zusammenfällt, mit dem Erkennen des Selbst als psychosomatische Einheit, die mit anderen psychosomatischen Wesen in Beziehung steht. Darüber hinaus haben wir gesehen, daß die Mutter-Tochter-Beziehung – die Achse, um die sich die Seele eines Mädchens formiert – durch kulturelle (externe) Kräfte und psychische (interne) Gesetze geprägt wird. Kräfte, die häufig ausschließen, daß die Mutter konsistent und unzweideutig auf die Bedürfnisse eines weiblichen Säuglings eingeht.

Die neuere Psychoanalyse (vor allem die Arbeit von Fairbairn, Guntrip und Winnicott,[15] die sogenannte britische Schule der Objektbeziehungen) hat folgende These aufgestellt: Wenn die Bezugsperson (= das Objekt), auf das der Säugling existentiell angewiesen ist, nicht in der Lage ist, konsistent auf die Bedürfnisse des Kindes einzugehen, konstruiert es sich ein Geflecht interner Beziehungen, um mit

Enttäuschung und problematischer Wirklichkeit fertig zu werden. Das Kind vermag nicht die Bezugsperson, die ja weiterhin gebraucht wird, zu verurteilen. Und so verinnerlicht es die Idee, daß die Unangemessenheit nicht bei den Reaktionen der Bezugsperson zu suchen ist, sondern die eigenen Bedürfnisse das Problem verursachen. So tadelt sich das Kind für die eigenen Bedürfnisse und versucht, sie zu verdrängen. Es schafft eine Phantasiewelt, in der negativ erfahrene Aspekte der Bezugsperson, des bösen Objektes, rekonstruiert werden. Das böse Objekt wird in zwei Bilder gespalten. Beide spielen eine entscheidende Rolle beim Entwickeln von Hemmungen. Um mit den Begriffen von Fairbairn, dem Schöpfer dieser nützlichen Theorie, zu sprechen: Ein Teil des Objektes ist »verführerisch, aufregend, begehrt«, das andere ist »zurückweisend«. Diese verinnerlichten Bilder der enttäuschenden Merkmale der Mutter wirken sich auf die allgemeine Ichentwicklung aus. Immer wenn reale Erfahrungen zu Enttäuschungen geführt haben, wird es einen entsprechenden Rückzug aus der Welt potentiell befriedigender Beziehungen in die Welt interner Beziehungen (Objektbeziehungen) geben. Alle Menschen werden bis zu einem gewissen Grad von den Forderungen ihrer internen Welt und der Macht ihrer schlechten Objektbeziehungen angetrieben. Was aber die Menschen unterscheidet, ist das Ausmaß, in welchem sie von jener Kraft ergriffen werden. Je mehr ein Mensch in früher Kindheit unter der Vorenthaltung von (emotionaler) Nahrung gelitten hat, um so isolierter lebt er als Erwachsener, und die internen Beziehungen beschäftigen und verstricken ihn stärker als die real existierenden. Und wenn diese Person neue Beziehungen eingeht, so nehmen diese schnell den Charakter der ursprünglichen Objektbeziehungen an. So fühlt sich eine deprimierte Person häufig von Begegnungen mit neuen Leuten enttäuscht. Die gesuchte Befriedigung läßt sich selten aufrechterhalten.

Eine Begleiterscheinung dieses überwältigenden Phantasielebens ist die zwangsläufige Herausbildung eines »falschen

Selbst«, um den Begriff Winnicotts hier zu benutzen. Das Selbst, das sich in der Formulierung eines Bedürfnisses ausdrückt, wird implizit von der Bezugsperson abgelehnt. Sie hat es ja nicht geschafft, angemessen auf dieses Bedürfnis einzugehen. Und so entwickelt die Psyche Selbstschutzmechanismen in Form eines annehmbaren »falschen Selbst«. Dem »falschen Selbst« fehlen die Bedürfnisse und Initiativen, die scheinbar die so dringend benötigte Bezugsperson wegscheuchen. Das »falsche Selbst« ist der Versuch, die Projektionen der Umwelt aufzugreifen und zu erfüllen. So sind wir zum Beispiel schon alle Menschen begegnet, die sich selbst als sorgenfrei und zufrieden darstellen. Sie bemühen sich, anderen zu gefallen und hilfreich zu sein. Sie haben ein Auftreten entwickelt, das ihr inneres Unglücklichsein Lügen straft. Wenn wir hinter die Fassade schauen, können wir entdecken, daß die Mutter einer solchen Person extrem deprimiert war und nicht damit zurechtkam, wenn andere Menschen traurige Gefühle zum Ausdruck brachten. Die angeblich rundum zufriedene Person konnte also beim Heranwachsen kaum damit rechnen, daß auf ihre Traurigkeit angemessen eingegangen wurde. Sie lernte, solche Gefühle zu verdrängen und statt dessen eine Fassade der Fröhlichkeit vor sich her zu tragen. Zwangsläufig ist das »falsche Selbst« eine Entfremdung. Aber es ist gleichzeitig das einzige Selbst, mit dem die Person in Berührung kommt. Denn das ungenährte, »wahre Selbst« wurde abgetrennt und unterdrückt.

Ich glaube, daß wir Winnicotts Begriff vom »falschen Selbst« auf den Körper übertragen können. Mit anderen Worten: Wenn das heranwachsende Kind keine Chance hatte, die eigene Körperlichkeit als gut, gesund und zufriedenstellend wahrzunehmen, hat es auch kaum Aussicht, den eigenen Körper authentisch zu leben. So wird dann ein »falscher Körper« konstruiert, der Unwohlsein und Unsicherheit hinsichtlich des versteckten oder unentwickelten »inneren Körpers« versteckt. Wie das »falsche Selbst«, so steht auch der

»falsche Körper« auf wackligem Boden. Er arbeitet als Schutzvorrichtung gegen den unakzeptierten, embryonalen echten Körper. Und wie das falsche Selbst ist er formbar. Beim Versuch, externe Akzeptanz zu erringen, ist der »falsche Körper« flexibel und manipulierbar. Die Frau im »falschen Körper« gewöhnt sich daran, ihn innerhalb eines anerkannten Rasters umzugestalten. Der »falsche Körper« verleiht der Betroffenen keinen stabilen Kern, sondern eine körperliche Plastizität, die ein komplexes Geflecht von Gefühlen zum Ausdruck bringt.

Selvini Palazzoli[16] stellt die These auf, daß die Magersüchtige ihren Körper als eine schlechte Objektbeziehung erfährt. Der Körper ist der gefürchtete, Fleisch gewordene Ausdruck des nach wie vor gebrauchten, aber gleichzeitig zurückzuweisenden Objektes. Der Körper stellt die negativen Aspekte der Mutter dar, die die Bedürfnisse des Kindes nicht befriedigen konnte. So ist der Wunsch der Magersüchtigen, zu einem Nichts zusammenzuschrumpfen, zu verstehen als ein verzweifelter, aber vergeblicher Versuch, das böse Objekt zu zerstören. Das »Nichtbesitzen« des Körpers ist der Versuch, eine Bresche zwischen dem bösen Objekt und dem wirklichen Selbst zu schlagen. Die Betroffene wird von inneren Spannungen aufgerieben. Die Loslösung von ihrem embryonalen Selbst ist ein Versuch, es gleichzeitig zu schützen und zu vernichten. Der letztere Impuls entstammt der Überzeugung, daß das »wahre Selbst« schlecht, gefährlich und giftig ist. Das »wahre Selbst« hat nämlich Bedürfnisse. Daß die Mutter damals versagt hat, diese Bedürfnisse zu befriedigen, ist Beweis genug für die »Unzulässigkeit« und »Schlechtigkeit« ebendieser Bedürfnisse.

Die Bedürfnisse schrecken andere Menschen ab. Und sie sind daran schuld, daß sich andere nicht ausreichend auf die Betroffene beziehen. Aber da sie tatsächlich in ihrem Körper lebt, greift das schlechte Objekt ein, sie kann nicht davon befreit werden. Sie kann sich nicht deutlich von einer höchst problematischen Beziehung trennen. Sie möchte zwar die Fesseln abstreifen, aber sie wird dauernd behindert oder gequält. Der Körper gehört der Magersüchtigen nicht wirklich. So wie das Entwickeln eines »falschen Selbst« auch nicht völlig ihre Sache ist. Aber obwohl das »falsche Selbst« und die negative Objektbeziehung, die der Körper für die Magersüchtige repräsentiert, nicht völlig ihr zu eigen sind, stellen sie gleichzeitig die Summe dessen dar, was sie besitzt. Sie werden als wirklichster Teil der Persönlichkeit erlebt: das »falsche Selbst« als Darstellungsmodus der Welt gegenüber, die negative Objektbeziehung als Repräsentant der absorbierenden und kritischen Gefühlswelt, mit der ständig gekämpft werden muß.

Ein dramatisches Beispiel dafür war die sechsundzwanzigjährige Audrey, die nach zweijähriger Therapie das Aufgeben der Schutzmechanismen, die die Magersucht ihr lieferte, so kommentierte:

> »Es wäre ein Verlust, sie aufzugeben . . . (lange Pause). Sie war einmal meine ganze Identität. Es ist zwar nicht meine wirkliche Persönlichkeit, aber dennoch ist es ein Verlust und der Verlust von etwas, was noch nicht einmal gut ist . . . (lange Pause). Wie eine schlechte Mutter, die man nicht mehr braucht, wie ein Teddybär, eine schützende Decke . . . (lange Pause). Die Magersucht war eine gute Ausrede, war der Grund, den ich fand, für alles, was nicht in Ordnung war. Jetzt muß ich sie aufgeben, weil ich lerne, mich mit mir selbst zu konfrontieren.«

Als Audrey begreifen konnte, daß ihre Magersucht ein notwendiger Schutz vor dem Exponieren ihres sehr verletzlichen, entstehenden Ichs war, erkannte sie, wie negativ besetzt ihre ursprüngliche Objektbeziehung war (und Ersatzobjekte wie der Teddy und die Decke, die an die Stelle der Mutter traten). Audrey verstand allmählich, daß diese Objekte, aus denen sie Sicherheit bezog, nur Enttäuschungen bieten konnten. Und so stellte sie Kraft und Überlebenswillen unter Beweis.

Als Audrey schließlich die Hoffnung aufgab, daß die negativen Objektbeziehungen auf magische Art ihr zur so heftig ersehnten Versorgung und Akzeptanz verhelfen würden, konnte sie endlich ein seelisch-körperliches Ichgefühl entwickeln. Ein wahres Selbst, das Bedürfnisse nach Kontakt, Hunger und andere Formen körperlichen Appetits zuließ. Solche Bedürfnisse hinterließen nicht mehr ein rundum negatives Echo. Audrey bestrafte sich nicht mehr für ihre Wünsche.

Selvini Palazzoli zufolge symbolisiert der Körper also das unkontrollierbare Liebesobjekt, das die Magersüchtige noch immer braucht. Der Körper hat noch eine weitere symbolische Bedeutung: Auf anderer Ebene repräsentiert er unkontrolliertes Brauchen und Ekel. Der Körper hat Grundbedürfnisse, die sich quasi unabhängig melden. Wie zum Beispiel Schlafen, Essen, Ausscheiden, Urinieren. Diese Bedürfnisse bestimmen den Tagesablauf eines Menschen weitgehend. Und wenn dem Kind in frühester Jugend ein vernünftiger Umgang damit vermittelt wird, so kann der Erwachsene ohne übertriebene Schwierigkeiten mit ihnen fertig werden. Aber offensichtlich bereiten diese grundsätzlichen Angelegenheiten des Körpers im allgemeinen doch Probleme. Menschen jeden Alters benutzen Schlafmittel, sie sorgen sich um regelmäßigen Stuhlgang, und sie leiden unter Eßstörungen aller Art. Man kann sicherlich mutmaßen, daß bei einer Person, die an Magersucht erkrankt, körperliche Bedürfnisse mißinterpretiert wurden und daher zu Unsicherheit oder Ängsten geführt haben. Bei Jean sahen wir, wie das körperliche Ereignis des Menstruierens einen Alarmzustand hervorrief und wie sie Angst vor den »autonomen« Handlungen ihres Körpers entwickelte. Ihre Reaktion war der Versuch, so gut wie möglich diesen Körper zu formen und zu kontrollieren. Jegliche physischen Bedürfnisse behandelte sie mit äußerster Strenge. Jean und auch alle anderen Magersüchtigen, denen ich begegnet bin, reagieren anomal auf Hunger, Sättigung, sexuelles Verlangen oder Müdigkeit. Eine Magersüchtige kann auch nicht beurteilen, wie dick oder dünn sie wirklich ist. Bis zu einem gewissen Grad sind diese unangemessenen Reaktionen das Ergebnis bewußten Handelns. Aber die Antriebskraft dazu ist der Mangel an Vertrauen in die eigene Körperlichkeit. Wir können daraus schließen, daß das Körperbewußtsein der Betroffenen nicht fest genug verankert war. Zweifellos wurden nahrungsbezogene Initiativen dieser Personen in ihrer Vergangenheit mißinterpretiert.

Der Fall Laura: Bei ihr zu Hause stellte sich niemals die Frage nach Hunger, wenn die Familie am Eßtisch saß. Jeden Abend wurde zur gleichen Zeit gegessen, und Lauras Mutter verteilte die Portionen, die ihrer Meinung nach angemessen waren. Es wurde nicht gern gesehen, wenn jemand einen Nachschlag verlangte. Der Vater war die Ausnahme. Die Familie übte sich in Selbstbeschränkung, was Nahrung betraf. Jeden Abend gab es herabsetzende Kommentare zu Vaters Völlerei und Genußsucht. Doch nicht nur bei den Mahlzeiten ging es geregelt und verhalten zu.

Dieselbe Zurückhaltung machte sich auch bei anderen Arten von Verlangen und Initiativen bemerkbar. Die Mutter war vor der Ehe Näherin gewesen, und ihr Traum war es, eines Tages Modeschöpferin zu werden. Aber für eine Frau ihrer Klasse, Generation und ethnischen Zugehörigkeit lag ein solcher Beruf außerhalb der realen Möglichkeiten. Also widmete sie sich der Aufgabe, ihren fünf Töchtern eine gute Mutter zu werden. Lauras Mutter mußte eigene Ambitionen ziemlich brutal unterdrücken. Sie versuchte, ihren Töchtern dieses Los zu ersparen. Die Mädchen sollten keinerlei Ehrgeiz, keinerlei Berufswünsche entwickeln, sondern lernen, die Rolle der Mutter auszufüllen. Lauras Mutter wollte ihren Töchtern die bittere Enttäuschung ersparen, mit der sie so lange gelebt hatte. Von vornherein wurden die Mädchen nie ermutigt, eigene Wünsche anzumelden.

Aber die Zeiten änderten sich, die Berufschancen für Mädchen nahmen zu. Als Laura, die älteste Tochter, Ende Zwanzig war, verspürte sie den starken Wunsch, Designerin zu werden. Sie ging wieder aufs College, nachdem sie hier und da als Köchin gearbeitet hatte. Laura empfand ungeheure Schuldgefühle wegen ihres Berufswunsches. Da sie überhaupt keine Übung darin hatte, auf eigene Wünsche einzugehen, war sie ganz unsicher, ob dies nun ihre wirkliche Ambition wäre. Ihre Magersucht trat auf als ein Mittel, jegliches Verlangen vollkommen zu mäßigen, Bedürfnisse wegzustecken. So wie die Mutter es gelehrt hatte. Und mit mehr Erfolg. Lauras Wunsch, körperlich immer kleiner bzw. leichter zu werden, spiegelt zahlreiche paradoxe Elemente wider. Die Magerkeit drückte aus, daß Laura büßen mußte, wenn sie etwas tat, wozu sie Lust hatte. Wenn sie sich in einem Bereich zurückhalten könnte, so würde sie in einem anderen Bereich ungestraft davonkommen. Der Preis, den sie zahlen mußte, war enorm: die Unterdrückung einer ganzen Reihe von Bedürfnissen, um für andere Bedürfnisse Raum zu schaffen. Zudem stellte das Abnehmen den Versuch dar, ihre Mutter in Sachen Nahrungsverweigerung noch zu übertreffen. So schützte sich Laura vor den Bemerkungen, die ihrem Vater dauernd zuteil wurden. Wenn es ihr gelänge, nicht wegen ihres Appetits kritisiert zu werden, würde sie auch Kritik in anderen Bereichen vermeiden können. Das war Lauras Logik. Eine Art seelischer Kontoführung. Rechnungen mußten bezahlt werden, und nur eine bestimmte Geldmenge stand zur Verfügung. Ständig mußte sie aufs Konto einzahlen, so daß sie genug zum Ausgeben hatte. Das, was sie tun wollte, kostete seinen Preis. In Lauras Fall haben wir eine Frau vor uns, die sehr genau wußte, was sie wollte. Das unterscheidet sie von vielen anderen Magersüchtigen, die ein ganzes Spektrum an Bedürfnissen durch Hungern unterdrücken. Mit der Magersucht zügelte Laura diese Bedürfnisse, oder sie machte sich zumindest den Weg sehr schwer. Lauras Magerkeit drückte zweierlei aus: eine Brüchigkeit in der Umsetzung ihrer Ziele, da sie die ganze Zeit sehr hungrig und schwach war, sowie beträchtliche Stärke und Trotz, daß sie um jeden Preis ihren Weg gehen würde.

In der Therapie mußten wir vor allem Lauras Schuldgefühle aufarbeiten. Denn Laura war fest davon überzeugt, daß ihre Lebensführung letztendlich ein Verlassen und Verdammen der

Mutter bedeutete. Bei Beginn der Therapie war sie sehr stark auf die Unterstützung einer anderen Frau, der Therapeutin, angewiesen. Diese Person sollte Lauras Karrierewünsche gleichzeitig respektieren, aber die dadurch hervorgerufenen Schwierigkeiten nicht unterschätzen. Laura fürchtete, wenn sie ihren Hunger nicht ausschalten würde, zöge dies eine endlose Kette von Bedürfnissen nach sich. Nicht nur Nahrung und berufliche Wünsche, sondern enge Freundschaften, Reisen, eine anständige Wohnung und einen Liebhaber. Wo sollte das nur enden? Laura war nicht in der Lage, diese Dinge als berechtigte und verständliche Wünsche zu begreifen. Für sie drückten sie eine Gier aus, die um jeden Preis unterdrückt werden mußte. Das Befriedigen eines einzelnen Bedürfnisses war völlig ausreichend. Die Therapie führte allmählich dazu, daß Laura ihre massive Verweigerungshaltung mit der Zeit aufgab, begleitet von der Erkenntnis, daß ihr Körper tatsächlich skelettartig und unattraktiv war. Sie war entsetzt, als sie das Ausmaß dieses Selbstvernichtungsversuches erkannte. Langsam und sachlich lockerte sie die Selbstkontrolle, sie fing an, täglich mehrere kleine Mahlzeiten zu sich zu nehmen. Und so freundete sie sich mit der Vorstellung an, daß solche Bedürfnisse sich möglicherweise täglich melden würden. Wie die Sprache wurden auch sie jedesmal neu produziert, wenn der Körper es verlangte. Jetzt, als erwachsene Person, konnte sie auch einen Zusammenhang erkennen, der ihr als verletzliches, von der Mutter völlig abhängiges Kind undurchsichtig geblieben war: Die Nichtbefriedigung eines Bedürfnisses bedeutet nicht, daß sie oder das Bedürfnis selbst schlecht seien. Es handelte sich einfach um ein nicht befriedigtes Bedürfnis. Nicht mehr und nicht weniger. Und so etwas war Resultat von Umständen, nicht Beweis für Unersättlichkeit oder Gier.

Audrey und Laura waren während der Pubertät zeitweise ein wenig rundlich gewesen. Beide hatten solche Phasen als äußerst erniedrigend in Erinnerung, das hatte mit der Verwirrung und Scham zu tun, die sie ohnehin wegen ihrer sich entwickelnden Brüste, Schamhaare und Geschlechtsreife verspürten. Die scheinbare Autonomie des Körpers ging einher mit Gefühlsausbrüchen, die die Betroffenen selbst nicht verstanden und die die Familien kritisierten. Dieses typisch pubertäre Verhalten mündete dann in eine Experimentierphase. Sex und Drogen wie Marihuana und Haschisch wurden ausprobiert. Mit sechzehn wurde Laura schwanger, und Audrey weigerte sich, pünktlich nach Hause zu kommen oder ihrer Mutter zu sagen, wo sie sich gerade aufhielt. Durch diese kleinen Rebellionen versuchten beide Mädchen, eine Identität aufzubauen, die nicht so lächerlich war wie die Vorstellungen der Eltern von einer braven Tochter. Jede Entwicklungsphase eines Menschen bedarf oft der angemessenen Grenzziehung seitens der Eltern. Audrey und Laura wollten gewissermaßen testen, wie weit sie gehen konnten. Beiden Frauen fiel im nachhinein auf, wie sehr sie sich in dieser Phase nach Hilfe gesehnt hatten, wie blind sich die Eltern ihren kindlichen Bedürfnissen gegenüber anscheinend verhalten hatten. Bedürfnisse, die weiterhin in ihnen rumorten, die nach Befriedigung schrien, die gleichzeitig abgelehnt wurden. In ihren Augen war der »Babyspeck« ein explosiver Ausdruck dieser Bedürfnisse. Fettleibigkeit wurde mit der Offenbarung von Bedürfnissen gleichgesetzt, Magerkeit mit der Unterdrückung. Da sie frustriert wurden, begruben Audrey und Laura diese aufwühlenden, chaotischen Gefühle. Rigides Kontrollieren der Nahrung hieß für sie: das Chaos endlich in den Griff zu kriegen.

In ihrer Beziehung zu einem Körper, der ihr gleichzeitig gehört und nicht gehört, leistet die Magersüchtige Enormes. Das drückt sich auch auf anderer Ebene aus: Häufig ist die Magersüchtige gefangen in einem Geflecht außerordentlicher Bestrafungsrituale. Es ist nicht selten, daß eine Magersüchtige zwei oder drei anstrengende Gymnastikkurse hintereinander besucht. Oder sie plagt sich vierzig Minuten lang an einer Bodybuildingmaschine ab, nachdem sie zwölf Kilometer gejoggt ist. Nur selten benutzt eine Magersüchtige ein öffentliches Verkehrsmittel. Nicht weil sie Autobusfahren unangenehm findet, sondern weil sie nicht verweichlichen will. Zunehmende körperliche

Anstrengungen sind häufig genauso wichtig für die Aufrechterhaltung eines seelischen Gleichgewichts wie die Verweigerung von Nahrung. Man kann diese Übungen so verstehen, wie sie die Magersüchtige zunächst beschreibt: als Versuch, etwaige Kalorien loszuwerden, die sie zu sich genommen hat, als Möglichkeit zur Verheimlichung ihrer angeblichen Völlerei. Aber hinter dem hektischen Training scheint mehr zu stecken. Mir ist öfter besonders aufgefallen, wie die Durchführung solcher Rituale der magersüchtigen Frau ein wahres Erfolgserlebnis beschert. Eine Zeitlang werden die Minderwertigkeitsgefühle außer Kraft gesetzt, mit denen sie dauernd leben muß. Wenn sie trotz ihrer Minimahlzeiten und trotz ihres Minigewichtes solche außerordentlichen Leistungen vollbringen kann, dann ist sie vielleicht doch zu etwas nutze. Leider muß die Magersüchtige diese Mühen täglich auf sich nehmen, sonst verflüchtigt sich das gute Gefühl. Nichtsdestotrotz stellen ihre Leibesübungen den Versuch dar, sich etwas Gutes anzutun. Wichtig dabei ist, daß sie diese Art der Zuwendung unter Kontrolle hat. Das zerbrechliche, ausgezehrte Image, das sie in den Augen der anderen hat, wird so verkehrt. Sie trotzt den Klischees, die mit Magerkeit und Weiblichkeit einhergehen.

Anmerkungen:

1 In diesem Kontext ist der Hinweis interessant, daß Frauen den Menstruationszyklus abschaffen können und gleichzeitig eine Schwangerschaft vortäuschen. Ihr Körper wächst täglich, obwohl sie nicht wirklich schwanger sind (Scheinschwangerschaft).

2 BANNER, L., *American Beauty,* New York 1983

3 Das kühle, knochige Äußere der Mitglieder des Jet-sets drückte eine Art Desinteresse an der Welt aus. Dagegen wirkte Twiggys zarte Gestalt niedlich und anbetungswürdig. Heißt das, daß die Klassenzugehörigkeit auf die Magerkeit einen Einfluß hat? Twiggy konnte man sich anscheinend nähern, wohingegen die mageren »höheren Töchter« den Eindruck vermitteln, daß sie unerreichbar sind.

4 vgl. *New York Times,* Untersuchung vom 4. Dezember 1983, sowie *Observer,* Untersuchung vom 16. September 1984

5 Mahler, M., Pine, F., und Bergmann, A., *Die psychische Geburt des Menschen,* Frankfurt/M. 1984; Spitz, R. A., *Die Entstehung der ersten Objektbeziehungen,* Stuttgart 1973; Winnicott, D. W., *Reifungsprozesse und fördernde Umwelt,* Frankfurt/M. 1984

6 Winnicott, D. W., a.a.O.

7 Spitz, R. A., a.a.O.

8 Mahler, M., a.a.O.

9 Winnicott, D. W., a.a.O.

10 Fairbairn, W.R.D., *Psychoanalytic Studies of the Personality,* London 1952; Guntrip, H., *Schizoid Phenomena and Object Relations Theory,* New York 1969

11 Spitz, R. A., a.a.O.; Mahler, M., a.a.O.

12 Dinnerstein, D., *Das Arrangement der Geschlechter,* Stuttgart 1979

13 Kinsey, A. C., Pomeroy, W. B., Martin, C. E., und Gebhard, P. H., *Sexual Behaviour in the Human Female,* Philadelphia 1949; Masters, W. H., und Johnson, V. F., *Die sexuelle Reaktion,* Reinbek 1984; Hite, S., *Hite Report,* München 1982; Koedt, A., *Der Mythos vom vaginalen Orgasmus;* Sherfey, M. J., *The Nature and Evolution of Female Sexuality,* New York 1972

14 Bruch, H., *Der goldene Käfig. Das Rätsel der Magersucht,* Frankfurt/M. 1982

15 Fairbairn, W.R.D., *Psychoanalytic Studies of the Personality,* London 1952; Guntrip, H., *Schizoid Phenomena and Object Relations Theory,* New York 1969; Winnicott, D. W., *Primary Maternal Preoccupation, Collected Papers,* London 1958; Winnicott, D. W., *Reifungsprozesse und fördernde Umwelt,* Frankfurt/M. 1984

16 Selvini palazzoli, M., *Magersucht. Von der Behandlung einzelner zur Familientherapie,* Stuttgart 1984

5. Hungerstreik

Die Magersucht ist eine spektakuläre und dramatische Krankheit. Die Begegnungen mit Magersüchtigen sind aufwühlend und verwirrend. Sie können so beunruhigend sein, daß man dazu neigt, sich auf unterschiedliche Art solchen Konfrontationen zu entziehen. Unbewußt übernimmt man die Rolle eines Beobachters. Die anfängliche Verwirrung, die einhergeht mit dem Wunsch, zu verstehen, wandelt sich schnell in Unwohlsein. Man fängt an, der Magersüchtigen mit Unverständnis zu begegnen. Mitleid wird zur Angst und zur Abgrenzung. Man hat das Bedürfnis, sich von diesem schmerzlichen Anblick loszulösen. Kaum jemand geht wirklich auf eine Magersüchtige ein, vor allem nicht auf ihre Erfahrungen mit der Krankheit. So wird die Anorexie zu einem exotischen Leiden erklärt. Die Umwelt stempelt ab und fällt Urteile, das ist ihr Ersatz für wirkliches Engagement. Und so schafft man Distanz zur Magersüchtigen.

Diese Distanz wird deswegen gesucht, weil es in der Wirklichkeit eine schmerzliche Kontinuität zwischen den Alltagserfahrungen der meisten Frauen und der Erfahrungswelt der Magersüchtigen gibt. Fast alle Frauen spüren den Druck, ihren Appetit zu zügeln und abzunehmen. Das anfängliche Mitleid, das uns beim Anblick einer Magersüchtigen befällt, wurzelt in der Kontinuität dieser Erfahrung von Weiblichkeit. Aber gleichzeitig existiert ein wesentlicher, qualitativer Unterschied. Obwohl beide Erfahrungszusammenhänge einen Versuch der Mäßigung darstellen, verselbständigt sich das Verhältnis der Magersüchtigen zur Nahrungsaufnahme bzw. Nahrungsverweigerung. Manch eine Frau wird möglicherweise eine Magersüchtige um ihre asketische Willensstärke beneiden, ja, sie wünscht sich sogar, selbst »ein bißchen magersüchtig« zu sein. Aber sie wird kaum nachvollziehen können, wie zwanghaft diese Nahrungsverweigerung werden kann. In einem gewissen Sinne können wir also das Abstempeln der Erfahrungswelt der Magersüchtigen als ein Eingeständnis zur real existierenden Distanz betrachten.

Dieser zweifache Prozeß des Identifizierens und Abgrenzens führt zu einer entsprechend gespaltenen Haltung einer Magersüchtigen gegenüber. Zudem ist die Abneigung, die die Gegenwart einer Magersüchtigen häufig auslöst, umgekehrt proportional zur mächtigen, aber gleichzeitig entfremdeten Gefühlswelt der Magersüchtigen.

Es ist ihr nicht möglich, ein ganzes Bündel von Gefühlen für sich zu behalten. Ohne es zu merken, wirft sie sie der Welt »zum Fraße« vor. Und diese Gefühle werden auch sofort von ihrer Umwelt aufgegriffen. Die Magersüchtige reicht ihre Gefühle an andere weiter, zwingt sie ihnen geradezu auf – wie das Essen, das sie anderen geben würde. Je weniger die Magersüchtige die eigenen Gefühle ausleben kann, um so stärker projiziert sie sie auf ihre Umwelt. Als ob sie zu einem Paket zusammengeschnürt wären, um weggeschickt zu werden. Und sobald sie sich von diesem Paket getrennt hat, wird sie innerlich ganz leer. Aber der Empfänger dieser projizierten Gefühle verspürt den Wunsch, sich zurückzuziehen. Der Wunsch, ja der Zwang, ihnen auszuweichen, spiegelt wider, wie stark sich die Magersüchtige selbst von ihren eigenen innersten Gefühlen abgrenzt. So wird eine solche Begegnung äußerst intensiv.

Eine magersüchtige Frau treffen heißt: sich dem Anblick einer verhungernden Frau auszusetzen. Ihr Körper scheint auf ein Mindestmaß geschrumpft zu sein, ihre mageren Gliedmaßen hängen schlaff von einem skelettartigen Äußeren herab. Irgend etwas stimmt an ihren Proportionen nicht, sie erinnert an Fotos von hungernden Kindern aus Äthiopien. Ihre Augen wirken riesengroß, ihr Haar hängt häufig strähnig herab. Qual und

Trotz haben sich hier auf das merkwürdigste vereint, um den Betrachter passiv und bewegungslos zu machen. Man will sich gleichzeitig zurückziehen und doch näher gehen. Der Konflikt läßt einen erstarren.

Indem wir unsere Reaktionen auf die Magersucht und auf die magersüchtige Frau detailliert hinterfragen, verschaffen wir uns eine Alternative zu unbewußtem Rückzug und Unverständnis. Wir entwickeln damit die Vorbedingungen und somit die Gelegenheit, die Magersüchtige zu verstehen und ihr entgegenzukommen. Wenn wir unsere eigenen Gefühle überprüfen, machen wir uns den Weg frei, die Magersüchtige besser zu verstehen. Das Geheimnis der Anorexia Nervosa wird weniger undurchsichtig. Eine Fülle von Gefühlen wird in uns wach. Um unser scheinbares Unverständnis aufzudecken, wollen wir das Fundament dieser Gefühle in Augenschein nehmen. Wir wollen der einfachen, wenn auch unendlich schmerzhaften Wahrheit ins Gesicht sehen: *Die Begegnung mit einer magersüchtigen Frau ist die Begegnung mit einer Frau, die dabei ist, bewußt zu verhungern.* Bevor wir anfangen, zu urteilen, uns zu distanzieren, oder gar kluge Analysen erstellen, sollten wir uns diesen nackten Tatsachen stellen.

Wir lassen diese Erkenntnis in uns dringen und sind starr vor Entsetzen. Unser Körper ist ein einziges »Nein«. Es drängt uns, diese Vorstellung zurückzuweisen, das Hungern anders zu interpretieren, zu verharmlosen. Wir wollen das, was wir sehen, leugnen. Wir wollen unsere Reaktionen zum Schweigen bringen. Das Verhalten der Frau soll sich gefälligst ändern. Entsetzen packt uns, wenn wir ernsthaft über die Wirklichkeit des Verhungerns nachdenken. Aber wir müssen uns mit diesem Aspekt der Anorexie auseinandersetzen und ihn akzeptieren, wenn wir die Bedeutung begreifen wollen.

Wir wünschen nicht nur, diesen Anblick zu verdrängen, wir wollen ihn auch ändern. Wir möchten auf der Stelle handeln und die Person füttern. Wir möchten sie voll Nahrung stopfen, ihr Verhalten kontrollieren, weil sie uns so viel Streß bereitet. Wir kommen nur mit dem Anblick zurecht, wenn wir eingreifen können. Aber wir müssen der Tatsache ins Angesicht sehen, daß Hunderte, ja Tausende von Frauen in den Vereinigten Staaten, Großbritannien und Westeuropa in einen Prozeß des Verhungerns verstrickt sind. Sie verweigern ihrem Körper die benötigte Nahrung. Nicht weil sie sich Lebensmittel nicht leisten könnten, sondern weil sie glauben, *daß sie nicht das Recht haben, zu essen.* Essen stellt für sie eine Gefahr dar. Essen – der Stoff des Lebens. Essen – der Ausdruck unseres Fortschritts und unserer Beziehungen. Das Essen steht im Mittelpunkt unseres Seins und drückt präzise aus, wer wir sind. Und dieses Gut ist zur verbotenen Frucht verwandelt worden. In der Nahrungsverweigerung manifestiert sich der Glauben, daß Essen an sich unrechtmäßig ist.

Von außen her wirkt diese Verweigerung stur und bestimmt. Dieses Nein kostet aber ungeheure Mühe, die Magersüchtige muß ja die Bedeutung des Essens innerlich völlig umkrempeln. Normalerweise wird Essen als etwas Positives begriffen. Jetzt aber muß es negativ besetzt werden. Die Magersüchtige hat diesen Bedeutungswandel vollzogen: Für sie ist Essen eine Gefährdung ihres Wohlseins und ihres Überlebens. So, wie die meisten Menschen das Essen als lebensnotwendig begreifen, so setzt die Magersüchtige das Hungern mit dem Überleben gleich.

Für Nichtbetroffene bereitet es größte Probleme, mit der Wirklichkeit der Nahrungsverweigerung zurechtzukommen. Aber indem wir unserer eigenen Gefühlslage Rechnung tragen und uns in die Situation der Magersüchtigen hineinversetzen, spüren wir den Nachhall der Rebellion, die die Magersüchtige zum Ausdruck bringt. Der Nahrungsverweigerung liegt eine ungeheure Kraft zugrunde. Diese Kraft möchte man am liebsten überwältigen, dieser Spannung möchte man eine ähnlich kämpferische Reaktion entgegenschleudern. Der Beobachter will kontrollieren. Und das Ausmaß seines Wunsches, zu intervenieren und der Magersüchtigen Nahrung aufzuzwingen, reflektiert die Stärke ihrer Verweigerung.

Als nächstes fühlen wir eine Art Kälte, die von der Magersüchtigen auszugehen scheint. Ein eisiges Schild, das eine fast spürbare Grenze um sie zieht. Den Vorstoß wagen wir nicht oder vermögen wir nicht. Da ist ein imaginärer Hinweis: Betreten strengstens verboten. So werden wir abgeschreckt, und wir ahnen eine fundamentale Brüchigkeit. Als ob alle zwischenmenschlichen Bindungen ständig zusammenbrechen oder gefährdet sind. Das Schutzschild der Magersüchtigen manifestiert sich auf vielerlei Art. Perfektionsdrang, Verachtung, Gleichgültigkeit, übertriebene Besorgnis – das alles sind Präsentationsformen des Selbst der Magersüchtigen. Sie haben den Effekt, daß sie den anderen Menschen abstoßen und von weiteren Kontaktversuchen abhalten. Wir können, wenn wir einfühlsam sind, dahinter einen großen Hunger und tiefe Verzweiflung merken. Der Schutzschild, die Unnahbarkeit sind nichts anderes als Hoffnungslosigkeit und Qual wegen der eigenen Beziehungsunfähigkeit. Als ob die Magersüchtige kaum wüßte, wie sie die Verbindung zu einem anderen Menschen herstellen soll. Angesichts dieser tiefsten Verzweiflung schaudert es oft ihrem Gegenüber. Er bekommt Angst, weil er dahinter unersättliche Bedürfnisse vermutet. Die Beziehungsunfähigkeit hat bei der Magersüchtigen emotionalen Hunger zur Folge. Sie erlebt nicht das Geben und Nehmen, das in den meisten Beziehungen angelegt ist. Und so wird sie immer hungriger und einsamer. Sie hungert nach diesen so nötigen Kontakten. Die Unfähigkeit, sich mit anderen zu binden und offen zu sein für Geselligkeit, läuft parallel zu ihrer Beziehung zum Essen.

Die Magersüchtige hat sowohl ein aktives als auch ein passives Verhältnis zum Essen. Das ist eine komplexe Vorstellung: Der ursprünglich aktive Wunsch oder Entschluß, zu hungern oder weniger zu essen, vermischt sich bald mit der Unfähigkeit zu essen. Am Anfang des Krankheitsverlaufs muß die Frau einen ungeheuren Aufwand betreiben, um ihre Nahrungseinnahme zu reduzieren. Sie muß aufpasssen, daß sie nicht von spontanen Hungergefühlen überwältigt wird. Immerhin hat sie ja noch wirklich Hunger auf diese Nahrung, die sie jetzt zurückweist. Nahrung, die ihr noch vor kurzem Genuß bereitet hat. Die Anorexie hat nichts mit Appetitverlust zu tun (auch wenn das die wörtliche Übersetzung des Begriffes ist). Anorexie ist vielmehr die gewaltige Leistung, sich über den Wunsch nach Essen hinwegzusetzen. Man muß begreifen, daß sich die Magersüchtige aktiv Nahrung vorenthält. Was das heißt, können wir ahnen, wenn wir uns eine konventionelle Diät vorstellen. Da wird ein, zwei Wochen lang auf den heißbegehrten Schokoladenkuchen verzichtet. Aber die Magersüchtige belohnt sich nicht für ihre Selbstzucht, indem sie etwa den verbotenen Schokoladenkuchen durch eine erlaubte Frucht ersetzt. Nein, sie widersteht allem Verlangen nach dem verführerischen Essen. Sie unterdrückt jeglichen Impuls. Stündlich, täglich. Die Nahrungsverweigerung einer Magersüchtigen ist eine so starke Übertreibung des konventionellen Abnehmens, daß die Diät in einen ganz anderen Diskussionszusammenhang gehört.

Zwar fürchtet die Magersüchtige, Nahrung einzunehmen, aber sie muß sich doch immer in der Nähe von Nahrung aufhalten. Das Hungern schützt nicht davor, ständig ans Essen denken zu müssen. Es ist eine Dauerbeschäftigung. Ständig zählt und wägt sie ab, was sie einnehmen darf. Dann überprüft sie die Mengen und verringert sie abermals. Die Besessenheit mit dem Essen kanalisiert die Magersüchtige zum Teil, indem sie für andere kocht. Mit besonderer Sorgfalt bereitet sie Desserts zu. Aufmerksam achtet sie auf die Bedürfnisse der Menschen, die ihr nahestehen. Für sie kocht die Magersüchtige und geht einkaufen, mit ihnen diskutiert sie über Rezepte, Menüs für Gäste und die neuesten Restaurants. Sie entwickelt eine Art, öffentlich über Essen zu sprechen, während ihr persönlicher Umgang mit dem Essen verheimlicht wird. So bleibt ihr Engagement fürs Essen intakt. Ihr eigener Hunger wird teilweise durch das Projizieren auf andere gestillt. Sie gibt anderen, was sie selbst so stark ersehnt. Indem sie die Bedürfnisse ihrer Umwelt befriedigt, wird ihr eigenes Bedürfnis verwandelt.

Wenn die Magersüchtige anfangs weniger zu sich nimmt und bestimmte Eßrituale befolgt, so geht sie nach ernährungswissenschaftlichen Konventionen vor: Sie beginnt, Fetthaltiges oder Kohlenhydrate zu meiden. Erst später beschließt sie, jetzt auch Proteinen aus dem Weg zu gehen. Alles, was sie über Nahrung und vor allem über »Dickmacher« hört, sickert in ihr Eßverhalten ein. Sie liest vielleicht, daß Essen *langsamer* verdaut wird, wenn man gleichzeitig etwas trinkt. Also achtet sie darauf, gesondert zu trinken. Sie glaubt vielleicht auch, daß eine Mahlzeit am Morgen schneller »verbrannt« wird. So ißt sie die erlaubte Tagesration Brot als allererstes am Tag. Sie ist sehr empfänglich für alle möglichen, oft unhaltbaren »Weisheiten« über die »dick machenden« Eigenschaften von Essen. Und so fügt sie den verschiedenen Moralpredigten noch zahlreiche eigene Rituale hinzu: Vor oder zwischen jedem Happen, den sie sich erlaubt, setzt sie eine zu erledigende Aufgabe. Die Rituale und Reglements, die ihr Essen begleiten, nehmen an Umfang zu und verselbständigen sich derart, daß sich die Magersüchtige kaum noch spontanes Essen vorstellen kann. Der bewußte Entschluß, weniger zu essen, wird nicht zu sehr zur spontanen Verweigerungshaltung, sondern er ist das Ergebnis eines Labyrinths an restriktiven Praktiken, die tatsächlich vom Essen abhalten.

In diesem Sinne ist meine Behauptung zu verstehen, daß die Magersüchtige sowohl eine aktive als auch eine passive Beziehung zur Nahrungsverweigerung schafft. Eine Frau, die sich über den Hunger hinwegsetzt und systematisch die Nahrung verweigert, befindet sich im Hungerstreik. Wie der Hungerstreikende, so ist auch die Magersüchtige dabei, zu verhungern. Sie sehnt sich verzweifelt nach Nahrung. Wie der Hungerstreikende protestiert sie gegen ihre Lebensbedingungen. Wie dem Hungerstreikenden, so wird ihr das Hungern zur Waffe. Sie verkündet ihren Protest mit großer Dringlichkeit wie die Suffragetten um die Jahrhundertwende in Großbritannien oder wie die politischen Gefangenen heutzutage. Mit dem Hungerstreik weist sie auf die Unrechtmäßigkeit des Gefängniswärters hin, auf die moralische Gerechtigkeit ihrer Sache, auf die Notwendigkeit, etwas zu tun. Es treibt sie geradezu, auf dramatische und scheinbar selbstzerstörerische Weise zu handeln. Denn wie der politische Gefangene, so ist auch die Magersüchtige überzeugt, daß sie ihre Sache gefährdet, wenn sie etwas ißt. Sie ist jedoch wahrscheinlich nicht in der Lage, die Ursache ihres Hungerns zu artikulieren. Der Hungerstreik ist die einzige Protestform, die ihr übrigbleibt. Wenn wir das Nichtessen als einen politischen Akt begreifen, werfen wir ein neues Licht auf das Tun und auf die Misere der magersüchtigen Frau. Wir erkennen die Anorexie als den Versuch, sich zu etwas zu befähigen. Und die Nahrungsverweigerung begreifen wir als die Aktion eines Menschen, dessen gute Sache verhöhnt, abgetan oder verleugnet wurde. Im Nein zum Essen existiert eine ungeheure Dringlichkeit und Stärke. Es handelt sich hier nicht um eine vorübergehende Laune, sondern um die Handlung eines Menschen, der entweder verzweifelt oder furchtlos oder beides ist.

Den eigenen Körper den Qualen des Verhungerns zu unterwerfen und ihm nur das absolute Minimum zum Überleben zukommen zu lassen – das ist Ausdruck einer außerordentlichen Verzweiflung und Courage.

Wenn wir die Nahrungsverweigerung einer Magersüchtigen als Hungerstreik auffassen, so verleihen wir ihrer Handlungsweise menschliche Qualitäten. Selbst wenn wir ihre Sache noch nicht vollkommen verstehen, öffnen wir uns doch der Möglichkeit, daß es diese Sache gibt, worum sie kämpft. Wir können jetzt das Schaudern, den Neid oder die Verachtung hinter uns lassen und statt dessen uns um ein ganz neues Verstehen ihrer Handlungen bemühen. Vielleicht kann sie nicht direkt über ihre Ziele sprechen. Wir aber können anfangen, ihre Sprache zu entziffern. Als Text dienen uns ihr verwandelter Körper und ihre Nahrungsverweigerung. Ihre scheinbar unzusammenhängenden Aktivitäten gewinnen plötzlich sinnvolle Konturen. Mit ihrem Körper drückt sie das aus, was sie mit Worten nicht sagen kann.

Während wir die Magersucht in ihrem soziologischen Zusammenhang bestimmen, müssen wir bei unseren vorigen Gedankengängen anknüpfen und bestimmte psychologischen Fragen stellen, um den emotionalen Unterbau zu erklären, der eine Frau zur Magersucht bewegt. Wir müssen in die Erfahrungswelt der Magersüchtigen eindringen, um die Bedeutung ihrer Nahrungsverweigerung zu übersetzen und zu entziffern. Wir müssen durchschauen, was die Strukturen des freiwilligen Verhungerns, in denen so viele Mädchen und Frauen verstrickt sind, implizieren. Und wir müssen die Funktion der anstrengenden körperlichen Aktivität verstehen, die so oft die Begleiterscheinung der Anorexie ist. Also müssen wir den Bereich des Offensichtlichen oder scheinbar Logischen verlassen und uns dem Unterbewußtsein zuwenden. Wir müssen seine Sprache, seine Arbeitsweise und seinen Einfluß auf unsere Handlungen verstehen. Wenn wir dies tun, müssen wir stets das Unterbewußte in seinem sozialen Kontext sehen und uns daran erinnern, daß seine Gesetze denen der Gesellschaft unterworfen sind, der es seine Existenz verdankt. Das Unterbewußtsein vermittelt die Erfahrung des Individuums in seiner sozialen Welt, so kann die Welt in einer verständlichen Form erfaßt werden. Das Unterbewußtsein wird zum Mechanismus, mit dessen Hilfe das Individuum unakzeptierbare, unangreifbare Aspekte der Welt, wie sie sich ihm darstellt, akzeptiert.

Das Unterbewußtsein sorgt für Unterdrückung, für Aufspaltungsmechanismen, für die Schaffung von Abwehrstrukturen und die Entwicklung von Symptomen – so wird das Individuum für das Leben gerüstet. Paradoxerweise trennen genau diese Mechanismen häufig das Individuum von der Welt, mit der es sich austauschen möchte. Aber wir täten gut daran, uns ins Gedächtnis zu rufen, daß das Auftreten von Symptomen stets einen Versuch darstellt, Teil der Welt zu sein. Bei einer Magersucht sind also die Unfähigkeit, Speisen zu sich zu nehmen, und das Engagieren in immer anstrengendere, zeitraubende körperliche Aktivitäten nicht Ausdruck eines simplen Wunsches, sich von der Welt zwischenmenschlicher Beziehungen zurückzuziehen, sondern sie sind ausgedachte Lösungen für die Betroffene. Sie sind Daseinsformen, um in jener Welt zu bestehen.

Was meine ich mit dieser Theorie? Die Anorexie ist der Versuch, einer Welt anzugehören, von der die Betroffene sich fundamental ausgeschlossen fühlt und die zu betreten sie sich nicht berechtigt glaubt. Der Versuch, gut genug, rein genug, heilig genug, unberührt genug zu sein, um teilhaben zu dürfen. Der Versuch, die Werte jener Welt vorzuführen und zu verkörpern und durch die eigene Konformität Akzeptanz und Sicherheit zu erwerben. Gleichzeitig versucht die Magersüchtige, sich über die gängigen Wertvorstellungen ebenjener Welt zu erheben und sie gewissermaßen aus der Position der Überlegenheit heraus zurückzuweisen. So ist die Magersucht ein psychologischer Überbrückungsmechanismus, der eine bestimmte Art von Verbindung mit der Welt leisten soll. Nachdem wir dieses festgehalten haben, müssen wir der Frage nachgehen, warum die magersüchtige Frau sich als eine so unberechtigte, abgelehnte, unzureichende, schlechte, unreine Persönlichkeit einstuft.

Die Frauen der Nachkriegsgeneration sind in eine Welt hineingeboren worden, in der der Konsum zum Beziehungsmodus der Menschen geworden ist. Wie ich an früherer Stelle erwähnt habe, werden die Werte der Konsumgesellschaft durch die ideologischen Organe und die Medien uns allen verkündet. Aber obwohl diese Werte von außen her entwickelt werden, bekommen wir Individuen sie nicht einfach auferlegt. Sondern wir erfahren sie als für uns persönlich wesentlich und wichtig. Mit anderen Worten: Sie werden zum Objekt unserer Begierde, zu einem wesentlichen Modus der Selbstdarstellung. Konsum und Frauen beziehungsweise Frauenkörper – das ist eine komplizierte Beziehung. Nicht nur wird weiblicher Tatendrang häufig auf den Konsum hin orientiert, sondern es existiert eine komplizierte Beziehung zwischen dem weiblichen Körper und der Tatsache, daß der Körper der Frau im hohen Maße gleichzeitig Ware und Objekt in der Welt ist. Die Welt erlaubt den Frauen nur begrenzten Zutritt, nur einen bestimmten Raum. Der Zutritt zur Welt hat etwas mit Akzeptanz zu tun. Und Akzeptanz, so heißt es trügerisch, erreicht eine Frau dadurch, daß sie dauernd ihren Körper perfektioniert. Hinweise, wie wir uns annehmbar machen, gibt es genug: Kolumnisten, Tips und Tricks in Zeitschriften, Hörfunkprogramme und Fernsehsendungen, die uns das »wahre Leben« vorführen. Aber die gleichzeitig veröffentlichte Reklame, die doch angeblich das »wahre Leben« widerspiegelt, untergräbt die Fähigkeit des Individuums, sich ohne Produkt X oder Y wohl in seiner Haut zu fühlen. Produkte für Frauen haben überwiegend mit Verbesserungen zu tun, die sie einzelnen Körperteilen angedeihen lassen sollen. Der Körper wird von den verschiedenen Herstellern in Einzelteile zerlegt. Weil die Natur unzulänglich ist, so ist ihre Logik, ist ihr Produkt für die Verbesserung ebendieses Körpers unumgänglich. Das Ergebnis: Fast alle Frauen haben eine komplizierte Haltung ihrem Körper gegenüber, sind sich seines unsicher, fühlen sich nicht ganz wohl in ihrer Haut. Die Magersüchtige oder vielmehr die Frau, die mit Magersucht reagiert, reflektiert gewissermaßen in extremer Form die Handlungen, Ängste, Sorgen, Sehnsüchte, Hoffnungen und Wünsche aller Frauen. Ihre Versuche, den eigenen Körper zu verändern, sind dem Wesen nach eine Überspitzung der Aktivitäten aller Frauen, deren Rolle nicht nur von der Gesellschaft ganz spezifisch vorgegeben wird, sondern denen gesagt wird, daß die erfolgreiche Ausfüllung jener Rolle zu einem großen Teil von dem körperlichen Bild abhängt, das sie von sich entwerfen und ausstrahlen können.

Die Tatsache, daß Frauen auf den Ruf der Industrie sowie der gegen sie aufmarschierenden Allianz der Ratgeber, Moderedakteure, Gymnastiklehrerinnen, Bekleidungsindustrie usw. eingehen, wirft eine grundsätzliche Frage zur Psychologie von Frauen auf. Damit die Frauen nämlich empfänglich für die Zerstückelung ihres Körpers sind, muß es zuvor eine grundsätzliche Unbehaglichkeit hinsichtlich ihres Körpers geben, eine zutiefst empfundene Entfremdung. Im letzten Kapitel habe ich dargelegt, wie ein körperliches Bewußtsein des Selbst Hand in Hand mit der Entwicklung des seelischen Selbst erreicht wird. Keine unproblematische Leistung, so meine These, wenn wir an die gegenwärtige Praxis der Kindererziehung und an die Psychologie der Weiblichkeit denken, die Mütter an ihre Töchter weiterzugeben verpflichtet sind. Bei vielen Frauen herrscht dort Leere, wo man ansonsten die psychosomatische Einheit vermuten könnte, die die Voraussetzung dafür ist, daß man sich als eine Person wahrnimmt. Ich habe dargelegt, wie die Mutter-Tochter-Beziehung ein komplexes Vermächtnis fortsetzt, das fast alle Frauen, Mütter und Töchter dazu verurteilt, die eigenen Bedürfnisse, Wünsche, ja, das eigene Selbst als grundsätzlich falsch wahrzunehmen. Das Gefühl, daß man verkehrt und unberechtigt existiert und zur gleichen Zeit doch voller Bedürfnisse steckt, bewirkt ein Geflecht von Empfindungen, mit denen alle Frauen im unterschiedlichen Ausmaße fertig werden. Einige Frauen nehmen diese schmerzlichen Gefühle nur sehr schwach wahr. Während diese Gefühle dem Selbstdarstellungskampf der Frau ihren Stempel aufdrücken, werden sie nicht als Hindernisse bei der Entwicklung des Selbst empfunden. Bei anderen Frauen dagegen rufen diese unterschwelligen Gefühle eine bohrende Unsicherheit und qualvolle Selbstzweifel hervor. Sie verhindern die Entwicklung von Selbstvertrauen. Sie bremsen die Selbstdarstellung. Sie sind die Grundlage, aus denen Abwehrstrukturen geschaffen werden, und um sie in Ordnung zu bringen, unterzieht sich die Frau den verschiedenen Arten der Selbstvervollkommnung, die ich bereits beschrieben habe. Im Falle der Magersüchtigen löscht dieses emotionale Geflecht (fast) alle positiven Gefühle aus. Die Selbstachtung fehlt chronisch. Bei vielen Frauen fehlt sogar die Erfahrung, daß sie ein Subjekt sind mit Gefühlen, Rechten, Wünschen und der Fähigkeit zu handeln. In die Lücke, die die nicht vorhandene Selbstachtung hinterlassen hat, drängt sich eine Heerschar von Verurteilungen und Kritiken, um so etwas wie eine existentielle Sinnstiftung zu leisten, selbst wenn sie aufs brutalste negativ ist. Weil der Psyche

Solidität oder Kontinuität fehlt, hat sie sich einen Weg geschaffen (im wesentlichen eine Abwehrstruktur), um durchzuhalten. Was die embryonische Person zusammenhält, ist ein Geflecht von Bestrafung und Selbstkritik. Da die Frau nicht über genügend innere Pluspunkte verfügt, auf die sie sich verlassen kann, setzt sie sich mosaikartig eine innere Welt zusammen. Ihre Bausteine sind Vorurteile und strafende Zurückweisung. So flüchtet sie vor dem Gefühl der Leere, während sie sich gleichzeitig die Ursache dieser Leere erklärt. Sie ist nicht gut genug, etwas zu bekommen. Sie ist es nicht wert, etwas zu bekommen.

Die gleichen Kräfte, die in ihr vereint das Gefühl der Leere, Wertlosigkeit und Bedürftigkeit schaffen, hindern sie ebenfalls daran, so etwas wie Daseinsberechtigung zu entwickeln, eine aktive und motivierte Persönlichkeit zu werden. Initiativen, die sie zu ergreifen wünschte, wurden oft genug von ihrer Umwelt mit sehr unterschiedlichen Reaktionen quittiert. Die Reichweite der Antworten geht von Unterstützung bis zur Ablehnung. Diese Inkonsistenz ist unverständlich und kann darum nur auf eine einzige Art entschlüsselt werden: als Negation des Ergreifens von Initiativen an sich. Spontanes Handeln, von Bedürfnissen getriebenes Handeln, Handeln für sich selbst – alles wird mit Unrecht assoziiert.

Jetzt können wir allmählich verstehen, worum es bei der Anorexie eigentlich geht. Es zeichnen sich die Konturen der Ziele dieses Hungerstreiks ab. Wir sehen die Notwendigkeit, ein geschätztes und aktives Selbst zu schaffen. Verleugnung und Verneinung sind die Instrumente der Schaffung eines scheinbar bedürfnislosen Selbst – ein Selbst, das die Aussicht hat, akzeptiert zu werden. Die Person, die man selber ist, erweist sich als nicht akzeptabel. Die Alternativen? Der totale Zusammenbruch oder eben die Änderung jenes Selbst. Um zu überleben, wird in Begriffen der Selbstveränderung gedacht, und das Überleben hängt davon ab, daß man die Schaffung eines akzeptablen Selbst auf die Tagesordnung setzt. Das alte, bedürftige Selbst ist ja abgelehnt worden. Also muß ein Selbst ohne solche problematische, konfliktreiche Bedürfnisse geschaffen werden. Und so kämpft die Frau darum, aus sich selbst eine neue Person zu machen. Ein neues Selbst, das – befreit von Bedürfnissen und Wünschen – mehr Zustimmung in der Welt finden wird. Ein Selbst, das weder sie noch andere verachten werden. Systematisch und rücksichtslos setzt sie ihren Bedürfnissen die Deprivation entgegen. Sie macht die erfolgreiche Unterdrückung und Kontrolle der freien Bedürfnisäußerung zum Gesetz. Als Belohnung winkt ein positives Selbstwertgefühl. Und das ist die Motivation, die Antriebskraft für dauernde Verleugnung, der sie sich unterwirft.

Zunächst gelingt es ihr, ein wenig Selbstachtung durch die Schaffung dieses neuen Selbst (das »falsche Selbst« von Winnicott) zu erreichen. Ein bißchen darf sie aufatmen, weil sie sich über die eigenen Bedürfnisse hinwegsetzt. Sie darf die eigene Fähigkeit bewundern, anscheinend so frei von Bedürfnissen zu sein. Sie beginnt, in einigen Bereichen den Kampf um die Kontrolle über ihr Selbst zu gewinnen. Das gibt ihr vorübergehend Auftrieb. Indem sie sich Nahrung vorenthält, erhebt sie sich über das wichtigste aller Bedürfnisse: das Bedürfnis nach Nährstoffen, um die Zellen zu reparieren, um durchzuhalten, um sich Gesundheit, Vitalität und Energie zu verschaffen. Rigoros schränkt sie die Nahrungsaufnahme ein, dabei versorgt sie sich mit Vitalität (buchstäblich lebenspendender Energie) auf einer viel kleineren Grundlage, als sie je für möglich gehalten hat. Sie entdeckt, daß sie eine wachsende Anzahl anstrengendster körperlicher Aufgaben auf sich nehmen kann, ohne zusammenzubrechen. Sie setzt sich über ihr Bedürfnis nach Schlaf hinweg. Sie zwingt ihren Körper dazu, täglich viele Meilen zu rennen oder stundenlang Sport zu treiben. Heimlich ist sie stolz darauf, all dieses und noch mehr zu leisten, und zwar auf der Grundlage einer immer kleineren Nahrungsmenge. Bedürfnisse und Wünsche werden ihr zunehmend zuwider. Sie beginnt, emotionalen und körperlichen Hunger als häßlich, sogar ekelhaft zu empfinden. Es bereitet ihr allmählich ein gewisses Vergnügen, Körpergefühlen, die Hunger signalisieren, zu widerstehen und sie zu überwinden. Sie fühlt sich sicher, wenn sie den Hunger spürt, denn das ist Maßstab ihrer Leistung. Sie kann die anschließenden Kopfschmerzen ertragen. Sie wird mit den Schlafstörungen fertig, die ihr ausgezehrter Körper hervorruft. Ihr Leben hat wieder beim Punkt Null angefangen. Die Gesetze sind alle verändert worden. Jetzt wird sie einen Platz in der Welt gewinnen, jetzt wird sie selbst Akzeptanz erreichen, da sie Selbstverleugnung praktiziert und das Leben eines Menschen ohne Bedürfnisse auslebt.

Wir sehen jetzt, daß der Kampf der Magersüchtigen ein kostbarer ist: die Schaffung eines sicheren Platzes in der Welt. Sie versucht, die eigene Person zu legitimieren, sich Raum zu verschaffen, Würde dorthin zu bringen, wo zuvor Ablehnung und Unwürde herrschten. Ihre Sache ist um keinen Deut weniger dringend als die des politischen Hungerstreikenden. Entschlossenheit und Überzeugung sind bei der Magersüchtigen von gleicher Intensität. Der politische Gefangene, der einen Hungerstreik beginnt, will damit die Aufmerksamkeit auf die Ungerechtigkeit seiner Inhaftierung lenken und auf die Gerechtigkeit seiner Sache. Die Magersüchtige im Hungerstreik spiegelt diesen Sachverhalt wider. Ihre Selbstverleugnung ist letztendlich ein Protest gegen die Gesetze, die das Leben einer Frau begrenzen. Eine Forderung nach dem uneingeschränkten Recht, zu leben.

Die Magersüchtige nimmt es also auf sich, eine neue Person und ein neues Leben zu schaffen, aber die so heiß ersehnte Selbstachtung stellt sich nur flüchtig ein. Denn Verweigerung an sich bietet nichts Substantielles an. Als zuverlässige Quelle neuer seelischer Versorgung versagt die Verweigerung. Statt dessen wird der Kampf immer härter, auftauchende Bedürfnisse zu verhindern. Wenn ein Bedürfnis unterdrückt wird, so verschafft es sich um so beharrlicher in anderer Form Ausdruck. Eine noch strengere Verweigerung wird also nötig. Und die Verweigerung kann nichts mehr als eine kurzlebige Lösung sein.

Die so begehrte Selbstachtung ist unerreichbar. Es ist fast unmöglich, daß sie feste Gestalt annimmt. Wie zum Spott scheint sie zum Greifen nah zu sein. Die Magersüchtige ist erst dann zufrieden, wenn sie noch mehr Verweigerung an den Tag legt. Eine unendliche Spirale von Verboten und Verweigerungen. Eine lange Liste von täglich und stündlich zu verrichtenden Aufgaben gehört zum verzweifelten Versuch, diese neue Person zurechtzubiegen. Die Magersüchtige meint, daß sie akzeptiert werden wird, daß sie einen Platz in der Welt haben wird, wenn sie genug tut bzw. unterläßt.

Der reflexiv gehandhabte Verzicht und die Liste von Aufgaben und Verpflichtungen fressen geradezu das Leben der Magersüchtigen auf. Paradoxerweise werden die Rituale zu Fesseln und Stricken. Die Freiheit, der erhoffte Lohn des Verzichts, ist unerreichbar. Die Folge: In wilder Verzweiflung versucht die Magersüchtige, auf noch mehr zu verzichten. Die innere Gesetzmäßigkeit dieser Mechanismen führt zu noch mehr Verweigerung und noch mehr Ritualen. Die Magersüchtige ist in einem anscheinend undurchschaubaren Labyrinth gefangen, das sie selbst geschaffen hat. Sie kennt den Ausweg nicht, sie fürchtet um das bißchen Kontrolle, das sie ausübt. Und so unterwirft sie sich sklavisch den Forderungen, die sie selbst aufgestellt hat. Immer verzweifelter sucht sie nach einem sicheren Hafen, und immer härter und intensiver wird die Suche. Sinn und Zweck ihrer Bemühungen geraten ihr aus den Augen beim erbarmungslosen Kampf, den selbstauferlegten Verpflichtungen nachzukommen.

Der Verzicht und das Befolgen von Ritualen sind harte Arbeit, und sie wirken wie ein Panzer zwischen der Frau und ihrem Selbst, zwischen der Frau und ihrer Außenwelt. Dem Blick verborgen bleibt ihr qualvolles Erleben von Leere, Verzweiflung, Selbstekel und Anspruchslosigkeit. Sie trennt sich vom ursprünglichen Kummer und von dessen Quelle ab. So nimmt sie sich die Möglichkeit, die Ursachen ihrer Qual mit anderen Augen zu sehen. Sie ist davon überzeugt, daß ihre Bedürfnisse nicht richtig sind. Unterbewußt kämpft sie darum, akzeptiert zu werden. Ihre Magersucht ist dem Wesen nach eine Verteidigung gegen das Eingeständnis der eigenen Leere, ein Versuch, ihre Existenz zu verleugnen und statt dessen mit der Welt auf andere Art in Verbindung zu treten. In diesem Fall durch Leistung und durch die daraus folgende Selbstachtung.

Die innere Leere hat sie mit einer Heerschar von Richtern bevölkert, die zu neuen »guten Müttern« werden würden, wenn die Magersüchtige ihnen nur alles recht macht. Sie hat in der Tat eine Welt geschaffen, die ihre inneren schlechten Objektbeziehungen genau widerspiegelt. Mit anderen Worten: Was sie tut und wer sie ist, stellt stets den Versuch dar, Unakzeptierbarkeit in Akzeptierbarkeit zu verwandeln. Sie sucht nach der richtigen Mischung, um ihre internen Richter zu besänftigen.

Dieses Gefühl innerer Leere hat sich entwickelt, weil letztendlich ein integriertes Ich fehlt. Die psychologische Entwicklung der Betroffenen hat nicht zum Aufbau eines Mindestmaßes an subjektivem Wohlbefinden geführt, was ja die Grundlage der Differenzierung zwischen Selbst und Objekt (die Erfahrung, als Subjekt inmitten einer Welt anderer Subjekte zu existieren) ermöglicht. Mit einem Geflecht von Abwehrstrukturen versteckt sich statt dessen ein embryonisches Selbst, das unfähig ist, die Ressourcen der Umwelt auszunutzen. Wir haben gesehen, wie das Selbst sich als eigenständige psychologische Einheit beim seelischen Entwicklungsprozeß formiert, in dem die Psyche sowohl ausreichend von der Bezugsperson versorgt wird (und darum gefestigt ist) als auch genügend Unterstützung bei Manifestationen eigener »Unabhängigkeit« erlebt, wenn sie sich auf den Weg zur Differenzierung und Loslösung begibt.

Am Lebensanfang ist der Säugling mit seiner Bezugsperson zu einer undifferenzierten Einheit verschmolzen. In dieser Zeit arbeit das Ego der Bezugsperson (in unserem Zusammenhang die Mutter) für beide. Die versorgende Person schafft einen psychologischen Bereich, innerhalb dessen das Kind wachsen und sich entwickeln kann. Die Nahrung für das seelische Wachstum ist die Beziehung – der Austausch zwischen Mutter und Tochter. Die Qualität dieser Beziehung ist geprägt von der Psychologie der Mutter und von ihrer Fähigkeit, auf ihr Kleinkind einzugehen. Viele Faktoren beeinflussen den Verlauf dieser Kontakte. Ein Beispiel: Ein Baby, das viel schreit, kann selbst der geduldigsten Bezugsperson sehr viel abverlangen. Aber gleichzeitig kann das Weinen dazu führen, daß es zu sehr viel Körperkontakt zwischen beiden kommt, da die Mutter versucht, das Kind zu trösten. Ein Baby, das für Kontakte sehr empfänglich ist, schenkt der Bezugsperson viel Befriedigung. Aber es kann auch als Belastung empfunden werden. Ein zufriedenes Baby kann also die Mutter entweder zu noch mehr Interaktion anregen oder sie davon abhalten. Beim zweiten Kind kann sich der Sachverhalt völlig anders darstellen, und beim dritten sieht es wiederum anders aus. Das sind die Faktoren, die das Aufeinandereingehen zwischen Müttern und Kindern prägen.

Unzählige Faktoren beeinflussen die Erziehung, die eine Mutter ihrem Kind angedeihen läßt. Wie sahen die eigenen Erfahrungen mit dem Bemuttertwerden aus? Wieviel emotionale und materielle Unterstützung erfährt sie während der ersten Lebensjahre des Kindes? Wie sieht ihre bewußte und unterbewußte Identifikation mit den Bedürfnissen des Säuglings aus? Welche Einstellung hat sie dem Geschlecht ihres Kindes gegenüber? Welche Erwartungen hat sie an die Mutterrolle? Ist sie in der Lage, sich auf die verändernden Bedürfnisse des Babys einzustellen? Solche Faktoren sowie die vielen sozialen Kräfte, die bestimmte Voraussetzungen und Einstellungen bei der Kindererziehung schaffen, fließen in die Situation der Mutter ein und sind wichtige Bausteine für die Bindung zwischen ihr und dem Kind. Durch ihre psychologische Präsenz kann sie den Rahmen für die Entwicklung des noch unintegrierten kindlichen Egos liefern, damit es Autonomie erlangt. Indem sie auf die sich entfaltenden Bedürfnisses des Babys eingeht, erlaubt sie ihm, die notwendige (emotionale) Versorgung aufzunehmen. Und dieser Vorgang schenkt dem Kind Wohlbefinden, Substanz und innere

Sicherheit. Dann wird das Kind immer aktiver, und die Mutter ist in der Lage, diese Initiativen zu unterstützen und dadurch dem Kind zu vermitteln, daß seine Wünsche und Aktivitäten berechtigt sind. Wenn die Mutter jedoch außerstande ist, ein angemessen positives Klima zu schaffen oder unzweideutig auf die kindlichen Initiativen zu reagieren, wird das keimende Ego (das heißt das Selbstbewußtsein) des Kindes auf die eine oder andere Weise beschnitten. Die Lücke, die das mangelnde Selbstwertgefühl hinterläßt, füllt sich mit Abwehrmechanismen. Wenn eine Frau sich innerlich leer fühlt, empfindungslos ist, Angst vor Initiativen hat und keine innere Kontinuität und Sicherheit spürt, so ist ihr Selbst noch nicht vollkommen ausgebildet, es muß sich noch entfalten. Es ist noch nicht ausreichend gefördert worden, um wesentliche Aufgaben bei der Persönlichkeitsentwicklung abzuschließen. Demzufolge ist die Sache der Hungerstreikenden dann die Festschreibung und Bewahrung dieses unentfalteten Selbst. Der extreme Entzug dient dazu, dieses unintegrierte Selbst zu leugnen, da es offensichtlich in der Vergangenheit bereits unterdrückt worden ist. Gleichzeitig stellt der Entzug den unbewußten Versuch dar, das Selbst auf die einzige Art zu schützen, die die Frau kennt. Der Logik der Betroffenen zufolge ist die Ablehnung ihres Selbst durch die Entblößung ihrer Wünsche und Bedürfnisse zustande gekommen. Warum sonst hatte es damals nicht mit der Versorgung geklappt? Entblößung, so die Schlußfolgerung, ist also gefährlich, und so muß dieser Bereich der eigenen Person weiterhin dem Blick verborgen bleiben.

Allmählich ahnen wir, was bei der Magersucht geschieht. Wir sehen, daß in einem fundamentalen Sinne die Anorexie nur am Rande etwas mit Schlankheit zu tun hat. Wir dürfen die Tatsache nicht aus den Augen verlieren, daß Schlanksein in der Regel das Resultat einer Form von *Ablehnung* ist, die von unserer Gesellschaft hochgeschätzt wird. Gewiß, die Magersüchtige wird behaupten, daß ihr Interesse der Schlankheit gilt. Und wenn Außenstehende am Anfang ihrer Reise ins Untergewicht ihr gegenüber bemerken, daß sie immer dünner wird, kontert die Magersüchtige sicherlich mit der Antwort, daß sie zu dick sei, daß man nicht gesehen habe, wir unförmig Schenkel, Beine, Pobacken und Hüften seien. Zweifellos wird sie während ihrer Wiedergenesungsphase mit den Schwierigkeiten fertig werden müssen, in der Tat körperlich zuzunehmen.[1] Aber obwohl diese Sorgen durchaus echt sind und uns viel über ihre Denkweise sagen, sind sie nur ein Teil der Geschichte. Sie sind, wenn man so will, das Verbindungsglied zu den Sorgen, die sich die Gesellschaft im allgemeinen macht. In diesem Sinne stellen solche Gedanken ein Aufbrechen der Isolation dar, die die Magersüchtige erlebt. Sie merkt, daß sie die gleichen Sorgen wie alle anderen Frauen hat – wenn auch intensiver erlebt.

Demzufolge beinhaltet die erbarmungslose Jagd nach Schlankheit[2] in diesem Zusammenhang das Bedürfnis nach Verweigerung. Hier geht es um den Lohn der Verweigerung *an sich* und *nicht* um den der Schlankheit. Schlank zu sein ist wichtig. Schlankheit ist der sichtbare Beweis für den Erfolg der Frau. Psychologisch wichtig ist aber die Leistung, nicht das Ergebnis. Die Magersüchtige ist so daran gewöhnt, sich als Versagerin zu empfinden, daß ihre offenkundige Fähigkeit, den eigenen Körper zu beherrschen, eine phantastische Leistung darstellt. Ihr ist etwas gelungen, was andere offensichtlich nicht geschafft haben: den eigenen Körper fast bis zum Skelett abzumagern. In einem gewissen Sinne hat sie die Diätmanie ausgetrickst. Bei ihr geht es nicht um kleine Fische wie fünf oder zehn Kilo Gewichtsverlust: Sie stellt sich Größerem. Ihr Erfolg kann nicht bestritten werden, sie selbst und alle anderen können ihn sehen. Für die Magersüchtige ist das Erringen von Schlankheit wichtig. Endlich kann sie vorführen, daß sie etwas beherrscht. Zudem ist diese Leistung das Ergebnis einer in ihren Augen psychologischen Notwendigkeit: Verleugnung.

Das Erringen von Schlankheit hat noch eine zweite Bedeutung. Dazu müssen wir uns fragen, was Dicksein und Dünnsein für die Magersüchtige symbolisiert. Fett steht in ihren Augen für

Bedürfnisse, Gier, Verhätschelung, Lüsternheit, Zügellosigkeit, Unbeherrschtheit, die Unfähigkeit, sich zu disziplinieren. Fettheit repräsentiert ein Gestrüpp unkontrollierbarer Bedürfnisse und die Schuldgefühle, die mit der Befriedigung jener Bedürfnisse assoziiert werden. Fett repräsentiert die *Entblößung* von Bedürftigkeit. Die Fähigkeit, sich dünner und dünner zu machen, ist der direkte Ausdruck für den Erfolg der Magersüchtigen, solche Bedürfnisse und Bedürftigkeit zu kontrollieren. Im positiven Sinne repräsentiert die Schlankheit diese Leistung in den Augen der Magersüchtigen. Die Schlankheit reflektiert ein asketisches Streben, eine lobenswert puritanische Moral, ein Selbst ohne Bedürfnisse. Diese Frau braucht keine Extras, keine Schutzpölsterchen. Sie ist eine magere, unabhängige Erscheinung, die sich auf der Welt zurechtfindet. Unberührbar, unverletzlich, unkritisierbar. Eine Frau ohne Bedürfnisse. Weil sie nichts will, riskiert sie keinerlei Enttäuschung. Und dieses Wissen macht sie sicher.

Fett repräsentiert auch den Überfluß um die Magersüchtige herum, auf den sie keinen Anspruch zu haben glaubt. Für sie hat der Reichtum in der Warenwelt etwas mit Zügellosigkeit zu tun. Die ausgestellten Kleider, die gehobenen Konsumgüter, die Platten, die Nahrungsmittel, kulturelle Angebote wie Filme, Theatervorstellungen, Konzerte und Opern sind ihr seelisch nicht zugänglich. Sie findet, daß sie sich ihrer nicht bedienen darf. Gewiß, sie möchte an dieser Welt teilnehmen und hat auch Appetit darauf (auf die gleiche Art, wie sie Appetit auf Essen hat), aber genauso, wie sie sich nur winzigste Häppchen zu essen gestattet, genausowenig erlaubt sie sich andere Konsumgüter und Aktivitäten. Ihre Zurückhaltung bremst mögliche Wünsche scharf ab. Sie unterdrückt ihre Begierde, sie wandelt den Wunsch, zu besitzen, zu erfahren, zu konsumieren, in Verachtung um. So verschafft sie sich moralische Stärkung, um auch weiterhin etwaigen Bedürfnissen zu widerstehen. Der Wunsch, an den Angeboten der Umwelt teilzuhaben, kann nicht mit einem einzigen, heroischen Nein aus der Welt geschafft werden.

Denn sobald ein Mensch mit der Welt in Beziehung tritt, tauchen Wünsche auf – täglich, sogar stündlich. So sind Schlanksein und Schlankbleiben die sich von Augenblick zu Augenblick vollziehende Manifestation der Fähigkeit, der Versuchung zu widerstehen sowie der Welt der Genußsucht den Rücken zu kehren. Als ob die Magersüchtige endgültig beweisen will, daß sie solche Exzesse nicht braucht.

Aber der Erfolg, nach dem sie so verzweifelt gestrebt und den sie jetzt sichtbar erreicht hat, ist flüchtig. Sie ist kaum in der Lage, aufzufassen, was sie da eigentlich geleistet hat. Unsicher und gefährdet fühlt sich diese neue, scheinbar bedürfnislose Person, die sie aus sich selbst geschaffen hat. Es droht die Gefahr, daß sie sich einfach auflöst und dann genau das Gegenteil sichtbar wird: die verzweifelte, gequälte Person voller Bedürfnisse, die tief in der Innenwelt der Magersüchtigen begraben liegt. Während einerseits die Routinehandlungen und der Verzicht fast automatisch ausgeübt werden, wirkt sich die Auszehrung andererseits dermaßen belastend aus, daß die Magersüchtige stets kurz vor dem Zusammenbruch steht. Die neue Person aufrechtzuerhalten wird zur Vollzeitbeschäftigung. Das Selbst droht hervorzubrechen. Es muß noch wachsamer gebunden werden, und das schafft die Magersüchtige, indem sie ihre Rituale und obsessiven Routinen vermehrt. Immer zeitraubender werden die Aktivitäten. Das ist ihr selbst peinlich und ihrer Umwelt zunehmend unverständlich. Und so wird sie immer einsamer, verstrickt in den Forderungen ihrer neugeschaffenen Welt. Die beharrlichen Gesetze des anorexischen Syndroms (und damit meine ich die Nahrungsverweigerung, die Routinen und Rituale, die Leibesübungen und Gedankenschablonen) verbinden sich, um diese Isolation zu verschlimmern. Die verzweifelte Suche nach einer Antwort auf die Trostlosigkeit ihrer Innenwelt läßt die Magersüchtige psychologisch Schiffbruch erleiden.

Allzu zerbrechlich sind die Fundamente dieses »falschen« Selbst. Und so ist die Betroffene gezwungen, ihre Absichten zu verstecken, weil sie fürchtet, daß Fragen, genaues Hinsehen oder Kritisieren dieses Selbst zum Zusammenbruch führen werden. Zum Teil rührt die Heimlichtuerei auch daher, daß die Magersüchtige sich schämt, fast dauernd damit beschäftigt zu sein, ein annehmbarer Mensch zu werden bzw. sich von innen her umzukrempeln. Was aber wichtiger ist: Gerade weil das Projekt dem Wesen nach gefährdet ist, muß es unbedingt verborgen bleiben. Wenn ihre Absicht enthüllt wird, ist ihr Projekt bedroht. Sie wird Verachtung und Lächerlichkeit auf sich ziehen. Man wird die Waffen, mit denen sie sich Stärke und Bewunderung verschaffen will, in Frage stellen, und sie wird dies als Schwächung erleben. Das Terrain, das sie mit der Magersucht betreten hat, ist so wacklig, daß sie sich keine Infragestellung erlauben kann. So ist die Heimlichkeit, die wir so häufig bei einer Magersüchtigen beobachten, nicht ein bewußtes Verschweigen, sondern schlicht ein Überlebensmechanismus. Sie versucht, »etwas für sich zu behalten«. Etwas Eigenes, Gutes, zu Bewahrendes. Um jeden Preis muß sie an diesem neuen Selbstbild festhalten.

Diese Verstohlenheit drückt sich besonders stark in ihrer Beziehung zum Essen aus. Zu Beginn der Magersucht versteckt die Betroffene nicht sonderlich, daß sie so wenig zu sich nimmt. Weil sie noch nicht sehr dünn ist, sind die Mitmenschen nicht besonders alarmiert wegen ihrer Miniportionen. Es gelingt ihr, ziemlich wenig zu essen, ohne allzuviel Interesse auf sich zu lenken. (Mit Ausnahme der üblichen Lobhudeleien und neidischen Bemerkungen, die ein Mensch hört, der sich auf einer Diät befindet.) Aber dann wird sie immer dünner, die Mahlzeiten schrumpfen. Jetzt muß sie besonders aufpassen, die Mitmenschen nicht auf sich aufmerksam zu machen, damit sie ihr keine Nahrung aufzwingen. Sie beginnt, die kargen Happen, die sie sich zugesteht, allein zu essen. Sie entwickelt Rituale der Nahrungsaufnahme. Sie hat festgelegte Zeiten, in denen sie essen kann. Sie entscheidet, daß sie nur Speisen zu sich nehmen will, die sie persönlich zubereitet hat. Erinnern wir uns an Audrey, von der im dritten Kapitel berichtet wurde. Ihre Tagesration bestand aus einer Rolle Minzbonbons ohne Zucker, 100 Gramm Hüttenkäse oder Joghurt, zwei Portionen Eisbergsalat, 500 Gramm Karotten, drei Teelöffeln Kleie, dem halben Weiß eines kleinen Eis, Unmengen von Diätcola und schwarzem Kaffee und einem Viertel oder einem halben Milchbrötchen.

Gemeinsame Mahlzeiten mit anderen werden zur Qual. Die Magersüchtige lernt, wie man sich an einen Tisch setzt und die Mahlzeit vor sich zum Verschwinden bringt. Sie versteckt das Essen auf ihrem Teller unter den Salatblättern, sie läßt es auf den Boden fallen. Manchmal verschwindet es schnell in einer nützlichen Handtasche oder einem anderen Behälter, der sich auf ihrem Schoß befindet. Sie entwickelt eine ungeheure Geschicklichkeit darin, Essen hierhin und dorthin zu schieben, ohne allzuviel Aufmerksamkeit auf sich zu lenken. Der Rest auf dem Teller wird gewissenhaft in winzige Stücke geschnitten, und so hat es den Anschein, daß sie sich mit den gleichen Vorgängen beschäftigt wie alle anderen. Wenn sie tatsächlich ißt, zieht das häufig eine Völlerei nach sich, eine unbeherrschte Freßphase, bei der ihre Zurückhaltung ins andere Extrem ausschlägt. Sie ißt alles, was sie bekommen kann, und mehr. Plötzlich befindet sie sich auf einer Wanderung zwischen Cafés, Imbißstuben und Delikatessenläden. Sie stopft sich ganz unterschiedliche Sachen in den Mund. Es sind Nahrungsmittel, die sie sich im Alltag vorenthält. Sie ißt mehr als eine durchschnittliche Mahlzeit. Es kann mit einem Schinkenbrot und Kartoffelchips losgehen, als nächstes kommen Hamburger und Fritten, Eier und Speck, Käsetorte, Apfelkuchen, Eis, noch ein Stück Käsetorte, ein Stück Sellerie, eine Banane, ein Apfel, gebratene Zwiebelringe usw. Und wenn sie vorhat, das Essen zu erbrechen, markiert sie den Anfang der Völlerei mit Orangen- oder Tomatensaft, so daß sie beim Untersuchen ihres Erbrochenen an der roten Flüssigkeit erkennen kann, daß sie sich entleert hat. Von Panik gehetzt, gibt sie ihrem Wunsch nach Essen nach, aber das versetzt sie danach in solche Angstzustände, daß sie das Essen nicht in ihrem Magen behalten kann.

Verheimlichte Nahrungsverweigerung, verheimlichte Nahrungsaufnahme – dies sind die zwei Seiten ihrer Erfahrung mit Nahrung. Die Faktoren, die in der Magersüchtigen das seelische Gefüge geschaffen haben, keinen Anspruch auf Essen zu haben, reizen sie wiederum zur Rebellion gegen diese Verweigerung. Das führt zur Völlerei. Im Schlepptau der Rebellion erfolgt die Abscheu vor dem Geschehenen. Die Rebellion bringt das Chaos, die schreiende Agonie, die verzweifelte Bedürftigkeit ihrer Seele zum Ausdruck. Weil sie sich so vollgestopft hat, meint sie, in unzählige schmutzige kleine Stücke auseinanderzufallen. Sie fühlt sich völlig verstört. Sie hat von der verbotenen Frucht gekostet. Sie kann sich nur wieder festigen, wenn sie alles los wird, was sie eingenommen hat. Sie muß ihren Körper innerlich reinigen, das ist die symbolische Buße für ihre Nachgiebigkeit. Diese Säuberung führt zur Erleichterung: Sie ist wieder leer, sie hat wieder alles unter Kontrolle, sie ist wieder ein Ganzes.

Die besonders komplizierte, kontrollierte Beziehung der Magersüchtigen zur Nahrung ist mit dem Bedürfnis verbunden, etwas ganz Eigenes zu haben. Etwas, dem sie Gestalt verleihen kann. Etwas, das sie beherrscht. Zeitlebens hat sie das Gefühl gehabt, sich auf einem Weg zu befinden, den andere vorgeschrieben haben. Wer *sie* ist – danach hat keiner gefragt. Sie hat nicht die Gelegenheit gehabt, sich zu entwickeln. Sie ist auf die Wünsche anderer eingegangen und hat versucht, sich den Projektionen ihrer Umwelt anzupassen. Das gelingt ihr nicht mehr, jetzt muß sie um jeden Preis ihre eigene Sache durchziehen. Sie hat ihren Körper zum Schauplatz des Kampfes erklärt. Sie behandelt ihn wie ein Feind: Sie kämpft mit ihm, sie versucht, seine Bedürfnisse zu besiegen. Ihre ganze Energie geht darauf, den Körper zu erobern, ihm ihren Willen aufzudrücken. Ein paradoxer und tragischer Kampf. Die Magersüchtige zementiert genau das, wogegen sie sich auflehnt: die Verweigerung von Autonomie, von Selbstheit. Aber wie wir gesehen haben, erringt sie ein gewisses Maß an Selbstachtung und Frieden, denn sie hat sich selbst bewiesen, daß sie mehr Kontrolle über ihr eigenes

Leben hat als alle anderen. Obwohl sie extrem zerbrechlich aussieht, empfindet sie sich als stark. Sie hat den Körper, seine Bedürfnisse, seine Grenzen überwunden. Mit 32 Kilo Gewicht kann sie 12 Kilometer täglich rennen und die Bodybuildingmaschinen bewältigen. Sie braucht nicht auf die unangebrachten Wünsche des durchschnittlichen weiblichen Körpers einzugehen. Andere mögen denken, daß sie bemitleidenswert ist, daß sie Hilfe braucht. Sie ist stolz auf ihr Selbstbild, sie fühlt Stärke, denn sie hat keine Bedürfnisse und keinen Hunger.

Die Magersüchtige hat die gleiche Botschaft verinnerlicht, die alle Mädchen auf der Welt in die Weiblichkeit vernehmen. Bei ihr ist jedoch die Botschaft überlaut und überdeutlich angekommen. Sie hat verstanden, daß sie ihr Leben nach dem Bild anderer formen muß. Ihre Aufgabe ist es, sich um die Bedürfnisse anderer zu kümmern und darauf einzugehen. Sie wächst heran und soll ihre Bedürfnisse, Wünsche, Impulse in einer Umgebung kundtun, die voller Sperrbezirke und Tretminen ist. Irgendwo auf diesem Weg hat sie verstanden, wie gefährlich und unmöglich es ist, eine eigenständige Person zu sein. Bedürfnisse zu haben, Initiativen zu starten – ein Verbrechen. Audrey erzählte mir, daß sie in ihrer Jugend mit einem Lächeln aufwachen sollte. Es war absolut notwendig, daß sie die Projektionen der Eltern erfüllte. Kummer oder Schmerz durften nicht ausgedrückt werden, so etwas ängstigte die Familie. Audrey entwikkelte nicht die Fähigkeit, mit Verzweiflung, Konflikten oder sogar normaler Traurigkeit fertig zu werden. Solche Gefühle mußten versteckt werden. Sie wurden als obszön, vulgär und überwältigend *empfunden.* Sie durften nicht bloßgelegt werden. Indem Audrey sich Nahrung vorenthält und immer mehr Pflichten auf sich nimmt, die täglich verrichtet werden müssen, versucht sie, den unglücklichen, trauernden Teil ihres Innenlebens zu unterdrücken. Sie versucht, die Schamgefühle zu beschwichtigen, die die Offenlegung solcher Persönlichkeitsmerkmale produziert. Sie unterzieht ihr Gefühlsleben einer strengen Überwachung. Aufs brutalste verzichtet sie und verleugnet sie, und die erfolgreiche Verheimlichung ihres inneren Zustandes schenkt ihr eine Zeitlang Sicherheit und Trost.

Aber diese Sozialisation hat ihren Preis. Für Audrey sind alle Gefühle außer Glück negativ besetzt. Gefühle sind schlecht. Bedürfnisse sind schlecht, und sicherlich ist sie selbst auch schlecht. Stets versucht sie, etwas wiedergutzumachen. Die häßlichen und verwerflichen Gefühle will sie loswerden. Eine innere Reinigung soll sie von ihrem Appetit und ihren Wünschen befreien.

Audrey und ihre magersüchtigen Schwestern sind in einem Kampf verstrickt, sich körperlich und emotional umzuformen. Audrey hat inzwischen geringes Vertrauen in ihre Umwelt, deshalb schottet sie sich ab. Stunden und Stunden beschäftigt sie sich mit ihrer Obsession. Sie rekonstruiert nicht nur ihren Körper, sondern schafft eine vollkommen neue Innenwelt, was eine normale gesellschaftliche Interaktion erschwert. Jede Angst, ja *jedes Gefühl, das sich bemerkbar macht,* wird sofort auf das Terrain ihrer Besessenheit abgeschoben.

Sie denkt darüber nach, wieviel sie gegessen hat, wie sie in den nächsten Tagen das Essen vermeiden wird und wieviel besser es ihr gehen wird, wenn sie ihren Plan errichtet hat. Mit anderen Worten: Ihre Besessenheit lenkt sie ab, hier klappt alles. Sie kennt das Auf und Ab solcher Gedanken sehr genau. Sie wird mit der Angst vor dem Essen fertig, indem sie beschließt, es nicht zu tun. Das erleichtert, das schenkt neue Kraft. Aber tragischerweise entfernt sie sich immer mehr von dem ursprünglichen Kummer, der die Besessenheit zum Ausbruch gebracht hat. Dieser Kummer wird nicht direkt erlebt, wird nicht direkt verarbeitet. Das ist die Quelle für den Wahn, daß sie nicht mit Gefühlen umgehen kann. Die Kluft zwischen den spontanen Bedürfnissen und ihrer Fähigkeit, auf sie einzugehen, wird immer größer.

Die knochige und dürre Frau mit den großen hervortretenden Augen, der wir eigentlich aus dem Weg gehen wollten, wird jetzt ein verständliches, ansprechbares menschliches Wesen. Je mehr wir uns einer wirklichen Beschäftigung mit den Aktivitäten der Magersüchtigen öffnen, um so durchsichtiger werden ihr Überlebenskampf, ihr Hungerstreik, die Sache, die sie auf sich genommen hat. Sie lebt in dem gleichen Universum, das allen Frauen gegeben wurde. Ihre Antwort ist ein unausgeformter politischer Protest. Ihre *Gestalt* ist eine Anschuldigung gegen eine Welt, die die reichste aller Ressourcen verschwendet: die Fähigkeiten, Passionen und hohen Ideale beider Geschlechter.

Anmerkungen:

1 Im Teil II des Buches wird vertieft auf diesen Sachverhalt eingegangen.
2 Bruch, H., *Der goldene Käfig. Das Rätsel der Magersucht,* Frankfurt/M. 1982

TEIL II

6. Neue Wege zur Heilung

Eine Leserin, die akzeptiert, daß sie Magersucht hat, und die ihre Anorexie als aktive Seinsform, als einen Hungerstreik für die Selbstbestimmung begreift, ist möglicherweise abgestoßen von der Idee einer Therapie. Eine Therapie scheint die Betroffene zur Passivität, zu einem Objektstatus zu verdammen. Wer so denkt, wird vermutlich einen therapeutischen Ansatz suchen, der die Symptome der Patientin und ihren Kampf respektiert (das nächste Kapitel schildert die Grundlagen eines solchen Behandlungsmodells). An dieser Stelle geht es mir um Sachverhalte, Empfehlungen und Erwägungen für solche Frauen, die den komplexen psychologischen Unterbau ihrer Anorexie selbst entwirren wollen. Viele Mediziner werden Selbsthilfemaßnahmen bei der Behandlung von Magersucht als äußerst problematisch oder gar unrealistisch einstufen. Die Magersucht macht angst. Weil das Problem psychologischer Natur ist und weil die Magersüchtige ja körperlich abbaut, schrecken sogar sehr erfahrene Mediziner vor der Behandlung zurück. Die Betroffene ist dabei, zu verhungern, und das kann zu Geistesstörungen und oft genug zu paranoiden Zwangsvorstellungen führen. Die körperlichen Folgen wiegen genauso schwer. Und so empfehlen die meisten Ärzte die Einweisung ins Krankenhaus sowie Programme, die zur sofortigen Gewichtszunahme führen. Überdies begegnen die meisten Mediziner der Magersüchtigen, nachdem sie bereits etliche Jahre an ihrem Problem gelitten hat. Das Syndrom sitzt tief, und der behandelnde Arzt ist nur das letzte Glied einer langen Kette professioneller Mediziner, die die Magersüchtige kennengelernt hat. Offensichtlich verspürt die Kranke kaum den Drang, sich zu ändern. Sie projiziert eine seltsame Mischung von Schüchternheit, Verachtung und Gleichgültigkeit. Leider weist die klinische Behandlung der Anorexie langfristig eine nur niedrige Erfolgsrate auf. Ständig werden also psychotherapeutische Verfahren entwickelt, um die Effektivität der Therapien zu erhöhen. Die Erfolge der Mediziner, die mit Magersüchtigen arbeiten, machen wenig Hoffnung. Was kann – bei dieser pessimistischen Bilanz – die Selbsthilfe also leisten?

Die Selbsthilfe spielt bei Magersüchtigen eine bedeutende Rolle für das Aufarbeiten der Probleme und für den Heilungsprozeß. Sie ist keine Ersatztherapie, sondern ein eigenständiger Weg zur Heilung. Die Selbsthilfe nützt nicht allen Magersüchtigen, und für manche Betroffene kann sie nur ein Zwischenschritt innerhalb des Heilungsprozesses sein. Wenn eine Magersüchtige es geschafft hat, ihr Bedürfnis nach Einsamkeit und Rückzug zu überwinden, und sich jetzt mit anderen Betroffenen auseinandersetzen möchte, so kann die Selbsthilfe besonders wertvoll werden.

Wem hat die Selbsthilfe etwas zu bieten? Zum Beispiel denjenigen, die von klinischen Behandlungsmethoden enttäuscht wurden. Oder denjenigen, die Hilfe außerhalb der Schulmedizin, der konventionellen Psychiatrie und Psychotherapie suchen. Oder denjenigen, deren Mißtrauen gegen Autoritätspersonen so groß ist, daß konventionelle Hilfe nicht greifen würde. Hinzu kommen die Frauen, die vom Feminismus beeinflußt sind und dem medizinischen Establishment kritisch gegenüberstehen, weil sie dessen allgemeine Frauenfeindlichkeit ablehnen. Für solche Frauen kann die Selbsthilfe eine stimmige Alternative sein.

In diesem Kontext hat die Selbsthilfe nichts mit jenen ausgeklügelten Systemen von Handlungsanweisungen zu tun, die charakteristisch für eine konventionelle Behandlung sind. Man kann für die Magersucht tatsächlich kein solches Modell festlegen. Die Selbsthilfe besteht hier vielmehr aus gewissen Leitlinien und Empfehlungen. Vor allen Dingen bietet die Selbsthilfe –

darauf wird in diesem Kapitel besonders eingegangen – einen Rahmen an, innerhalb dessen eine Magersüchtige ihren Problemen sinnvoll auf die Spur kommen kann. Ich möchte an dieser Stelle die Einwände solcher Mediziner vorwegnehmen, die bei ihrer Arbeit mit Magersüchtigen große Not erleben und darum die Selbsthilfe als absurd, wenn nicht als schlichtweg gefährlich einstufen. Ich möchte auf die Ängste der Ärzte eingehen, die wochenlang nur damit beschäftigt sind, das Leben ihrer ausgezehrten Patientin zu retten. Ihr Haupteinwand könnte lauten: Man muß eingreifen, wenn das Leben der Patientin bedroht ist. Ich bin sicher, daß die Wirksamkeit solcher Eingriffe unbewiesen ist und zudem keine allzu hoffnungsvolle Erfolgsrate aufweist. Es ist bekannt, wie schwierig eine echte Heilung ist (im Gegensatz zum vorübergehenden Mästen der ins Krankenhaus eingewiesenen Magersüchtigen). Nur wenige Ärzte können mehr als eine Handvoll geheilter Fälle vorweisen. Weil Ärzte, die Magersüchtige behandeln, oft frustriert werden, unterstellen sie mir mißtrauisch, daß ich die mühselige Kleinarbeit des Kennenlernens und Helfens der Patientin über Bord werfen will. Das habe ich auf keinen Fall vor. Solche Prozesse sind notwendig und wünschenswert. Aber in diesem Kapitel geht es mir vor allem um die Anerkennung der Tatsache, daß die Selbsthilfe beim Heilungsprozeß einer Magersüchtigen eine wichtige Rolle spielt.

Der erste Schritt ist das Eingeständnis, daß man ein Problem hat. Diese Erkenntnis erlaubt der Betroffenen, sich eigenständig mit ihrer realen Situation auseinanderzusetzen und Möglichkeiten der Heilung zu erkunden.

Selbsthilfe ist keine sonderlich neue Idee. Noch ist sie eine neue Praxis. Seit Jahren existieren Organisationen, die für Magersüchtige und ihre Angehörigen zahlreiche Dienstleistungen anbieten: die schlichte Aufarbeitung von Informationen über die Anorexie (und zunehmend über die Bulimie), konkrete Hilfe für die Familien von Magersüchtigen, Verzeichnisse von Behandlungsmöglichkeiten, Beratungsgruppen, die von ehemaligen Magersüchtigen gegründet wurden, Ernährungsratschläge usw. Wenn die Betroffene selbst oder ihre Familienangehörigen erkennen, daß eine Magersucht vorliegt, geraten sie häufig in Panik. Wie und wo können sie eine vernünftige Behandlung bekommen? Zahlreiche Organisationen sind entstanden, die detailliert alle Möglichkeiten auflisten: von der Selbsthilfe über Verhaltensänderungen bis hin zu eher interventionistischen Modellen.

Viele Frauen versperren sich der Einsicht, daß sie wie Magersüchtige denken. Das Eingeständnis, tatsächlich ein Problem zu haben, scheint riskant zu sein: Man verliert etwas, das lebenswichtig ist. Die Einsicht glückt dann, wenn sie an andere Möglichkeiten der Existenzbewältigung anknüpfen kann. Einsichtig sein – das ist der wichtigste Schritt zur Heilung. Mit Heilung meine ich die Fähigkeit, frei vom Terror der Magersucht, vom ritualisierten Verhalten und von festgelegten Denkmustern zu leben.

Es ist nicht möglich, die eigenen Seinsformen und die Selbstwahrnehmung fundamental zu ändern, bevor man in den Spiegel geschaut und sich wirklich erkannt hat. Man muß die Praktiken, die das Überleben bisher ermöglichten, hinterfragen und Bilanz ziehen. So wird der Weg zur Veränderung frei. Die Einsicht, magersüchtig zu sein, kann im positiven Sinne Selbstmitleid wecken. Es ist wichtig, erkennen zu können, daß man sich einer entsetzlichen Verleugnung und Deprivation ausgesetzt hat, daß man an der eigenen Existenzberechtigung gezweifelt hat und darum die Umwelt als feindlich erlebt. Bei vielen Frauen führt das Eingeständnis, magersüchtig zu sein, zu Selbstvorwürfen, Selbstverurteilung, noch mehr Selbsthaß. Also zu den Gefühlen, die die Magersucht ursprünglich ausgelöst haben. Daher ist es wichtig, daß die Betroffene die Einsicht in ihre Situation als Sprungbrett der Veränderung nutzt, als Schlüssel zu einem neuen und positiven Umgang mit sich selbst. Mitleid, so möchte man meinen, stellt sich leicht beim Anblick einer Magersüchtigen ein. Man muß ja nur über die realen Folgen des Verhungerns nachdenken. Diese Gefühle des Mitleids bedürfen der Bündelung, damit die Magersüchtige den Heilungsprozeß unterstützen kann. Häufig nützt ihr die Begegnung mit anderen Frauen, die allmählich ihr eigenes Problem in den Griff bekommen. Denn eine Frau, die sich selbst gegenüber kein Mitleid verspürt, kann für andere durchaus Mitgefühl entwickeln. Und so wird sie letztendlich doch Nutznießerin dieser positiven Zuwendung.

Die Fähigkeit, mitzufühlen, ist wichtig, weil sie die robotergleichen Mechanismen des Selbsthasses durchbricht. Die Gefühle, die die Magersucht unter Verschluß zu halten suchte (also Zorn, Enttäuschung, Einsamkeit, Unsicherheit, emotionaler Hunger usw.), dürfen endlich ausgelebt werden. Zunächst sind solche Empfindungen unwillkommen, verwirrend, unangenehm und beängstigend. Sie gleichen Geistern aus der Vergangenheit – widerwärtig und aufwühlend. Wie Zeitbomben kurz vor der Detonation. Da die Magersüchtige solche Gefühle vorher zu unterdrücken pflegte, wird sie jetzt vor ihnen zurückweichen wollen. Sie wird sich nach dem vertrauten Gefühlspanzer sehnen und sich mit den alten Zwangsvorstellungen und -handlungen abschirmen wollen. Das ist völlig verständlich. Aber um die Magersucht zu überwinden, muß sie diese Reflexe bekämpfen und hinter sich lassen. Es ist wichtig, daß die Betroffene einmal tief Luft holt und eine andere Reaktion auf die aufwühlenden Vorgänge in ihrem Inneren in Betracht zieht.

Mit dem Eingeständnis, magersüchtig zu sein, einher geht die Notwendigkeit, sich mit dem Zwang zur Heimlichkeit auseinanderzusetzen. Wir haben gesehen, daß die Anorexie zur Heimlichtuerei verleitet. Dabei geht es nicht darum, daß die Betroffene ihre Ernährungsweise vor anderen Menschen versteckt. Sondern sie ist zwanghaft damit beschäftigt, die *eigenen* Augen vor der Realität ihrer Praktiken zu verschließen. Sie nimmt ihre Zwangsvorstellungen und die Wirklichkeit des selbstauferlegten Verhungerns nicht zur Kenntnis. Das Heimlichkeitsgebot trifft nur zum Teil zu. Wie ich bereits hervorgehoben habe, trägt die Magersucht zur Selbstaufwertung bei. Die Betroffene weiß von ihrer Fähigkeit, Hunger und Appetit außer acht zu lassen. Dies ist wichtig für die Magersüchtige; aber gleichzeitig verbinden sich die psychologischen Mechanismen der Spaltung und Verdrängung, um sie davon abzuhalten, ihre Lage wirklich zu durchschauen. Vielleicht hört sich das merkwürdig an, darum will ich ein eher bildliches Beispiel aus unserem Alltagsleben anführen: Man hat das Konto überzogen und kauft dennoch einen Artikel mit der Kreditkarte, und man freut sich über das neue Teil. Es setzt ein leichter Gedächtnisverlust ein. Man vergißt, wieviel man ausgegeben hat, ja sogar, daß man sich verschuldet hat, jedenfalls bis der Kontoauszug eintrifft. Das Bewußtsein ist in dieser Sache getrübt oder außer Gefecht gesetzt. Und ähnlich ergeht es der Magersüchtigen. Genau dieser Drang der Magersüchtigen, die Augen vor wichtigen Bereichen der eigenen Existenz zu verschließen, macht die Selbsthilfe zu einem effektiven Lösungsansatz. Denn die Selbsthilfe bietet Raum für die Selbsterkenntnis in einem zwangfreien Kontext. Bei vielen Magersüchtigen führt ein verfrühtes, erzwungenes Eingeständnis des Problems (zum Beispiel während der Konfrontation mit einem Arzt oder einem Schulpsychologen) nur dazu, daß sich ihre Abwehrstrukturen noch verhärten. Die Aussicht auf eine Begegnung mit einem professionellen Mediziner kann sogar solche Frauen abschrecken, die durchaus bereit sind, ihre Probleme zuzugeben. Weil ein solches Treffen an sich zu deutlich auf das Eingeständnis hinweist, Magersucht zu haben. Die Selbsthilfe dagegen, deren Fortgang die Kranke selbst bestimmen kann, ist eine nützliche Methode, die eigenen Erfahrungen zu erhellen.

Da die Magersüchtigen Tempo und Struktur selbst bestimmen müssen, kann ein Selbsthilfemodell nur gewisse Empfehlungen und nützliche Leitlinien vorschlagen. Die in den folgenden Kapiteln detailliert behandelten Themen werden nur zum Teil nützlich sein für die Gründung von Selbsthilfegruppen. In diesem Zusammenhang kann sich auch die Lektüre von *Fat is a feminist issue II (Anti-Diätbuch II)* als brauchbar erweisen, da hier genaue Leitlinien für die Gründung, Organisierung und Durchführung von Selbsthilfegruppen vorgelegt werden.

Die drei Schwerpunkte der Arbeit sind:

1. Akzeptanz der eigenen Gefühle und Bedürfnisse,
2. angstfreies Essen,
3. Entwicklung eines harmonischen Körperbewußtseins.

Die Selbsthilfe knüpft offensichtlich besonders an die Erfahrung der Betroffenen an. Demzufolge werden auch andere Gesichtspunkte ähnlich wichtig und dringlich erscheinen, wenn die Betroffenen dabei sind, ihr Eßverhalten zu durchschauen und zu ändern.

Wenn ich vorschlage, daß Betroffene mit ähnlichen Ansichten sich mehrmals treffen und sich bei jedem Treffen mit einem bestimmten Thema auseinandersetzen sollen, so habe ich keinerlei Beschränkung im Sinn, sondern ich möchte einige Themen angeben, die für die Gründung einer Gruppe brauchbar sind. Bestimmte Sachverhalte und Probleme treffen auf alle Frauen zu, insbesondere auf Frauen mit Eßstörungen. Wenn eine Frau gemeinsam mit anderen, die auf ähnliche Erfahrungen zurückblicken, ein Thema durchdenkt, so verleiht die gemeinsame Diskussion ihren Erfahrungen mehr Allgemeingültigkeit. Die Magersüchtige wird ihre Gefühle und Anpassungsleistungen ernster nehmen, sie wird sich erlauben, weniger selbstkritisch zu verfahren.

Es ist nützlich, mit der persönlichen Geschichte zu beginnen. Bei dieser Sitzung ist es wichtig, sehr ehrlich und sehr direkt über die eigenen Erfahrungen zu sprechen. Weil nichts, was hier ausgesprochen wird, die anderen Gruppenmitglieder im geringsten schockieren wird. Ja, die Offenheit stellt sich hier müheloser ein als anderswo, denn die Betroffene läuft nicht Gefahr, daß ihre Mechanismen der Lebensbewältigung die anderen Frauen entsetzen werden noch daß sie verachtet oder mißverstanden wird.

Was sind nun die Themen der *persönlichen Geschichte?*

Wann hat das »Problem« ungefähr begonnen?

Wann wurde die Frau bzw. ihre Umwelt sich der Magersucht bewußt?
Wie verhält sich der Freundeskreis bzw. die Familie zur Magersucht?
Wie sieht ein typischer Tagesablauf aus in bezug auf Essen und Nichtessen?
Wie ist die Magersucht bisher verlaufen? Gab es Versuche, sie zu überwinden?
Welche Erfahrungen hat die Betroffene mit den unterschiedlichen Behandlungsmethoden gemacht?
Welche ärztliche Eingriffe haben geholfen? Welche nicht?
Folgende Themen sollten dann im Anschluß daran diskutiert werden:

Die Rolle von Nahrung und das Eßverhalten in der Familie:
Die Betroffene kann untersuchen, wie die Einstellung der anderen Familienmitglieder zum Essen ist. Hat man zu Hause im allgemeinen die Mahlzeiten genossen? Oder ist das Essen angstbesetzt? Bei wem ist das Essen eine Hauptbeschäftigung? Haben andere Familienmitglieder Eßstörungen? Wie gehen sie damit um?

Einstellung zur Nahrung und zum Essen:
Wie geht man mit dem Essen um, allein und in Gesellschaft?
Wird die Magersucht von Völlereianfällen begleitet?
Zählte das Essen jemals zu den Freuden des Lebens? Wenn ja, wann?
Welche Schwierigkeiten existieren zur Zeit? (Dazu gehören die Angst, die Kontrolle zu verlieren, sowie körperliches Unbehagen.)

Routine und Rituale:
Welche täglichen oder stündlichen Pflichten hat sich die Magersüchtige auferlegt? Wie werden sie empfunden? Wann haben sie begonnen? Nehmen sie zu?

Wie steht es um Müdigkeit bzw. Schlaflosigkeit?
Welche allgemeinen Symptome liegen vor?

Kontrolle und Mangel an Kontrolle:

Was bedeutet Kontrolle für die Betroffene?
Wie werden Kontrolle bzw. Unkontrollierbarkeit empfunden?
Gibt es Bereiche im Leben, die frei vom Disziplinierungsgebot sind? Wenn ja, welche?
Welche Bereiche scheinen außer Kontrolle und chaotisch zu sein?

Heimlichkeit:

Welches Gefühl hinterläßt die Heimlichtuerei? Hat die Betroffene schon vor der Magersucht das Bedürfnis nach Heimlichtuerei gehabt? Geht die Neigung zur Verheimlichung über den Bereich der Nahrung und der Rituale hinaus?
Existiert das Bedürfnis, die eigenen Gefühle zu verstecken?

Freundschaften und Beziehungen:

Wie offen kann die Betroffene ihren Freunden gegenüber sein?
Hat die Magersucht zur sozialen Isolierung geführt?

Abhängigkeit und Unabhängigkeit:

Welche Rolle spielen Abhängigkeit und Autonomie im Leben?
Wie drücken sie sich in der Magersucht aus?
Sind Abhängigkeit und Autonomie mit Werturteilen verknüpft?

Gewicht und Körpergefühl:

Hat die Betroffene Angst vor dem Dicksein?
Liegt eine verzerrte Selbstwahrnehmung vor?
Sieht sich die Magersüchtige anders, als ihre Umwelt es tut?
Gibt es ein befriedigendes Idealgewicht?
Was repräsentiert Schlankheit für die Magersüchtige?
Was das Dicksein?
Wie schlank/dick sind die anderen Familienmitglieder?

Welches Gewicht hat die Betroffene im Laufe der Zeit gehabt?

Sexualität:

Welche Auswirkungen hat die Magersucht auf sexuelles Begehren/Erleben?
Was empfindet die Betroffene gegenüber sexuellen Kontakten, Menstruation, Schwangerschaft usw.?

Einbindung/Ausgrenzung:

Knüpfen diese Themenvorschläge an die eigenen Erfahrungen?
Hat die Betroffene sich ausgeschlossen gefühlt von Gleichaltrigen/Gleichgestellten? Liegt das immer noch vor?
Fühlt sie sich innerhalb ihrer Familie fremd oder mißverstanden?
Wie sähen Einbindung oder Akzeptanz zu den eigenen Bedingungen aus?

Unendlich viele relevante Themen lassen sich nennen. Wenn es der Gruppe gelingt, eine positive und ermutigende Stimmung zu schaffen, so kann sie über jedes Thema sprechen, das mit dem individuellen Erleben der Magersucht zusammenhängt. Was kann eine Selbsthilfegruppe leisten? Die Frauen schenken sich gegenseitig Unterstützung. Sie lernen, das eigene Leben anders zu betrachten. Sie öffnen sich der Möglichkeit, die Spannungen, Schwierigkeiten und Gefühle, die durch die Magersucht gebunden werden, anders auszuleben. Angst vor dem Essen und ein gestörtes Körperbewußtsein: darüber wird es in der Gruppe die größte Übereinstimmung geben. Die Magersucht ist zu einem Großteil der Versuch, Selbstrespekt zu erlangen (die Antwort auf Selbsthaß und Selbstekel). So ist die Erfahrung äußerst nützlich, mit anderen Frauen zusammenzusein, die man schlichtweg nicht verachten, hassen oder abtun kann, obwohl sie dieses alles in den eigenen Augen sind, wie ja aus der Selbstverleugnung, die alle als Lebensbewältigung praktizieren, herauszulesen ist. Dieses Zusammensein erzwingt eine

Überprüfung der Umstände, warum jemand eine derart geringe Selbstachtung hat. Und es schafft die Möglichkeit, daß die Magersüchtige Sympathie der eigenen Person gegenüber entwikkelt, anstatt sich andauernd zu bestrafen. Denn wenn sie die Selbstbestrafungsrituale der anderen Frauen beobachtet, kann sie sich mit ähnlichen eigenen Reaktionen besser auseinandersetzen.

Ich will nicht unrealistischen Optimismus verbreiten über die Erfolge, die eine Gruppe von Menschen in derselben Situation erzielen kann. Aber die Selbsthilfe zeigt die wirklichen Chancen, die durch das Überwinden der Isolierung und durch die Auseinandersetzung mit ähnlich Betroffenen geschaffen werden. Die freiwillige Begegnung mit anderen Opfern kann zum Katalysator einer neuen Selbsterfahrung werden – als ob man in den Spiegel geschaut und sich tatsächlich erkannt hat.

Bei einem solchen Unternehmen ist die Existenz einer Atmosphäre der Offenheit äußerst wichtig: Jede Frau kann soviel beitragen, wie sie will, und zwar ohne Angst, verurteilt zu werden. Sie kann darauf vertrauen, daß ihre Erfahrungen verstanden werden. Das Umgehen mit Emotionen und Bedürfnissen – die Crux für alle Magersüchtigen – ist offensichtlich von hervorragender Bedeutung. Es fällt leichter, innerhalb einer Gruppe den Schaden zu sehen, den das Unterdrücken von Emotionen und Bedürfnissen bewirkt – zumindest bei anderen Menschen, wenn schon nicht bei sich selbst. Diese Erkenntnis muß Inhalt und Praxis der Gruppe prägen. In jeder Selbsthilfearbeit ist es von allgemeiner Wichtigkeit, daß die Betroffenen lernen, die eigenen Gefühle und Bedürfnisse zu akzeptieren. Im folgenden beschreibe ich einige Möglichkeiten, wie Ärzte ihre Patientinnen in die Lage versetzen, eine ganze Bandbreite unbequemer Emotionen und Bedürfnisse zu akzeptieren und auszudrücken. Die Vorschläge auf den Seiten 220 bis 246 sind besonders nützlich für die Selbsthilfe. Die Leitlinien zum Körperbewußtsein (Seite 202 bis Seite 218) und die Auseinandersetzung mit Nahrung (Seite 181 bis Seite 201) sind ebenfalls relevant für Gruppen und Individuen, die ihre Probleme außerhalb der konventionellen Medizin angehen wollen.[1]

Anmerkung:

1 Vor drei Jahren gründete Barbara Schindler in Göttingen nach amerikanischem Vorbild die erste ANAD-Selbsthilfegruppe, wo Magersüchtige oder Eßsüchtige und ihre Angehörigen Rat und Unterstützung finden. Inzwischen hat Barbara Schindler ein Netz von 16 ANAD-Gruppen in Deutschland und Österreich aufgebaut. (ANAD ist die amerikanische Abkürzung für Magersucht und ähnliche Eßstörungen.) Kontaktadresse: ANAO, Ungererstraße 32, 8000 München 40.

7. Die Kluft überbrücken

Therapeutische Aspekte: Eine Einführung

Die Verbreitung der Magersucht geht einher mit den besonderen Lebensumständen unseres Zeitalters, wie ich in den vergangenen Kapiteln darzustellen versucht habe. Diese Verbreitung darf nicht ignoriert werden. Noch sollten wir uns mit Erklärungs- oder Behandlungsmodellen zufriedengeben, die die Magersucht nicht heilen können. Wer die Anorexia Nervosa nur auf eine physiologische Störung, auf ein rein seelisches Problem oder auf ein soziologisch erklärbares Phänomen reduziert, verschließt sich der Chance, die Magersucht als Metapher für unser Zeitalter zu begreifen. Als eine besonders augenfällige Aussage über die Erfahrungswelt der Frau im Spätkapitalismus.

Sigmund Freud, der sich im bürgerlichen Wien der Jahrhundertwende mit der Psyche der Frauen auseinandersetzte, war sich der Auswirkung gesellschaftlicher Einflüsse auf die Konstruktion der weiblichen Persönlichkeit sehr bewußt: »Die Psychoanalyse versucht nicht zu beschreiben, was eine Frau *ist,* sondern sie fragt, wie diese zur Frau *geworden ist.*«[1]

Die Psychoanalyse hat implizit erkannt, daß die Form einer Psychologie und die Psychopathologien zu jeder Zeit dem realen Leben der Frauen einzigartig angepaßt sind. In diesem Kontext ist die Arbeit von Renee Spitz[2] oder John Bowlby[3] mit Kindern in Heimen bedeutend: Beide Autoren führten ein weitverbreitetes Phänomen (nämlich Entwicklungsstörungen bei Kleinkindern) auf das Fehlen sinnvoller persönlicher Beziehungen zurück, was wiederum Ergebnis allgemeiner politischer Umstände war. Mit anderen Worten: Die politische Situation spiegelte sich in der Psychologie von »Kriegskindern« wider, die in Heimen heranwuchsen. Die neuerlich weitverbreitete Anerkennung der Theorie von der narzißtischen Persönlichkeit[4] ist nicht einfach Beweis für die Vorherrschaft einer bestimmten Schule innerhalb der Psychoanalyse, sondern nur das jüngste Beispiel dafür, daß Analytiker und Psychotherapeuten in ihren Patienten deutliche Konstellationen bestimmter seelischer Symptome in bestimmten Perioden ausmachen können. Ähnlich ist das sich verbreitende Syndrom der Anorexie nicht einfach Ergebnis einer bestimmten Psychopathologie. Die Magersucht ist offenkundig der Versuch einer psychologischen Konfliktlösung. Die erstrebte Lösung und die zugrundeliegende Psychologie, die eine solche Reaktion ermöglicht, werden durch ihren Bezug zu einem bestimmten Geflecht sozialer Beziehungen geprägt: Beziehungen, die die Gedanken, Werte, Konflikte und Widersprüche unserer Kultur geerbt haben und weitervermitteln. Und so muß eine Behandlung, die mit den wachsenden Fällen von Magersucht fertig werden soll, genau diesen gesellschaftlichen Bedingungen Rechnung tragen sowie die Mechanismen verstehen, mit denen ein Individuum kulturelle Werte psychisch verinnerlicht und interpretiert.

In ihrem Selbstverständnis geht die Psychotherapie davon aus, daß die Analytikerin/der Analytiker die Psychologie ihrer/seiner Patienten unbeeinflußt von eigenen Vorurteilen begreifen kann. Der therapeutische Prozeß beinhaltet unter anderem die in ihrer Dauer nicht festgelegte Untersuchung der Gegebenheiten, die während der Analyse freigelegt werden. Man geht davon aus, daß die Analytikerin/der Analytiker keineswegs eigene Vorstellungen über den Ablauf einbringt, sondern lediglich dem folgt, was für die Patienten vital und bedeutsam ist. Sicherlich ist das ein ehrenwertes Unterfangen, aber leider nicht ganz realistisch. Die Fragen, die die Therapeutin/der Therapeut stellt, der Klang ihrer/seiner Stimme, die Augenblicke, die ihr/ihm für eine Intervention passend erscheinen, und die Bereiche, die sie/er stärker erhellen will – all diese Momente sind gewissermaßen geformt von der Richtung, in der Interpretation oder Verstehen stattfinden sollen. Sie sind ein Mittel, um Kontakt herzustellen. Sie sind Vorspiel für die Abreaktion usw., und letztendlich spiegeln sie die Vorurteile, die bewußten und unbewußten Interessen der Therapeutin/des Therapeuten wider.

Indem ich auf Selbstverständliches hinweise, hoffe ich, auf Probleme aufmerksam zu machen, die im psychotherapeutischen Prozeß auftreten können und einen echten Dialog zwischen einer Magersüchtigen und ihrer Therapeutin/ihrem Therapeuten besonders erschweren können. Denn obwohl die Psychologie eindeutig im Sozialen wurzelt, übergehen viele Therapeuten diesen Bezug bei ihren Untersuchungen. Sie neigen dazu, das Symptom technisch zu begreifen – als Manifestation einer bestimmten Psychopathologie. Dieser technische Modus ist natürlich äußerst wichtig für die therapeutische Beziehung. Wenn jedoch Therapeuten die soziale Umwelt und Geschichte ihrer Patientin nicht mit berücksichtigen, wird ihnen ein nur lückenhaftes Bild von den seelischen Strukturen der Patientin zuteil. Sie verschließen sich jenem tieferen Verständnis, das aus dem Begreifen der Wechselwirkung zwischen sozialer Umwelt einschließlich ihrer Normen und psychischer Reaktion eines Menschen resultiert. Dieser Mangel kann Ergebnis von scheinbar geringfügigen Unterschieden sein. Einige Beispiele: Wenn die Therapeutin/der Therapeut einer anderen Generation als die Patientin angehört, ist sie/er vielleicht weniger sensibel den kulturellen Einflüssen gegenüber, denen ein junger Mensch ausgesetzt ist. Wenn sie/er einer anderen Schicht angehört, wird sie/er die Rolle der Umwelt positiver betrachten, als sie die Patientin tatsächlich erlebt. Diese Bemerkungen sind kein Plädoyer für mehr Soziologie während der therapeutischen Sitzung. Aber Therapeutinnen/Therapeuten sollten stets das gesellschaftliche Umfeld mit berücksichtigen, in dem sich die Psychologie der Patientin (und die eigene) entwickelte.

Die Zwänge, die alle Frauen erleben, sind, wie ich versucht habe darzulegen, dieselben Zwänge, die die Magersüchtige auf selbstzerstörerische Weise verinnerlicht. So gehört zur Arbeit der *Therapeutin* das persönliche Aufarbeiten jener Einflüsse, die sich in der Anorexie Ausdruck verschaffen. Insbesondere muß sie sich bewußt sein, wie Frauen den eigenen Körper betrachten und behandeln – ein kritischer Bereich, wie wir gesehen haben. Positives und negatives Körperbewußtsein, das Schlankheitsdiktat, die Rolle der Frau als Ernährerin anderer, das Recht der Frau auf Essen, die Frau als Konsumentin, die Frau als Objekt oder Ware – das alles sind relevante Aspekte, die die Therapeutin bei sich selbst erforschen und hinterfragen sollte. So wird sie sensibilisiert für die Nuancen der Erfahrungswelt einer Magersüchtigen. Wenn die Therapeutin darüber hinaus die Magersucht erfolgreich behandeln will (an dieser Stelle will ich nicht näher auf die Kriterien einer erfolgreichen Behandlung eingehen), muß sie sich mit diesen Fragen auseinandersetzen. Denn die Therapeutin muß ja in der Lage sein, mit jenen Spannungen fertig zu werden, die die Magersüchtige offensichtlich überfordern. Das heißt mit den Konflikten, die bei der Magersüchtigen die Magersucht hervorrufen. Da diese Konflikte alle Frauen im unterschiedlichen Maße betreffen, können sie auf keinen Fall ignoriert oder beiseite geschoben werden. Die Therapeutin muß sich ständig ihrer eigenen Kompromisse mit den gängigen Weiblichkeitsnormen bewußt bleiben und die impliziten Konflikte darin erkennen. Diese Selbsteinordnung ist wichtig. Denn es existiert die große Versuchung, wie ich bereits erwähnt habe, die Magersüchtige zu vereinnahmen, ihre Behandlung zu steuern, sie zu kontrollieren und in einen Machtkampf zu verwickeln. Häufig ist dies ein Weg, die Ängste zu verarbeiten, die die Magersüchtige auslöst. Wenn man jedoch einen wachsamen Blick auf die Ursachen eigener Ängste richtet, werden die Befindlichkeiten der Patientin weniger verwirrend und aufwühlend sein.

Wir haben gesehen, daß die Magersucht ihrem Wesen nach bei anderen Menschen starke Emotionen hervorruft. Gefühle wie Neid, Frustration, Zorn. Solche Emotionen können dazu führen, daß Ärzte ihr anfängliches Mitgefühl verlieren und statt dessen eine Art der Behandlung durchführen, die bestenfalls wirkungslos und schlimmstenfalls repressiv ist. Um derart oberflächliche Eingriffe abzuwehren, muß man sich ständig der komplexen gesellschaftlichen und psychologischen Faktoren bewußt bleiben, die in der Anorexie Ausdruck finden. Indem die Therapeutin die Welt ihrer Patientin genauer und tiefer miterlebt, kann sie sich mit Einfühlungsvermögen ihr besser mitteilen. Es wird ihr leichter fallen, weiterhin der Patientin Mitleid und Verständnis zu signalisieren. Damit eine Magersüchtige Nutzen aus der Psychotherapie ziehen kann, muß sie das Gefühl haben, daß ihre Erfahrungen zutreffend beschrieben und einfühlsam verstanden werden. Und daß das Eingeständnis, Magersucht zu haben, sie nicht dieser Art der Konfliktlösung beraubt – bis sie gesündere Formen der Problembewältigung entwickelt.

Was wäre der Ausgangspunkt für eine erfolgreiche Therapie? Nun, die Therapeutin müßte sich einer Art Anwaltschaft für die Rumpfpersönlichkeit hinter der Anorexie verpflichten. Ich meine damit kein Plädoyer *für* das »Selbst« hinter der Anorexie, sondern eher eine Anerkennung der vielschichtigen Deutung, die das Symptom für die Betroffene hat. Gewissermaßen ist das Symptom ja Sprachrohr der Frau, und die Entdeckung jener noch unterentwickelten Person ist der Schlüssel zum Verstehen und Heilen der Magersucht. Viele Faktoren machen die Therapie zu einem reichlich beladenen Unterfangen. Der ausgezehrte Zustand der Magersüchtigen kann die Therapeutin in Angst und Schrecken versetzen. Die Patientin ist selten der Therapie gegenüber positiv eingestellt. Den Vorurteilen der Fachliteratur zufolge ist es bekanntlich schwierig, die Anorexie »zu behandeln«. So mißtrauen die Therapeuten der Magersüchtigen und die Magersüchtige den Therapeuten. Und vielleicht am wichtigsten: Die Therapeutin ist sicherlich selbst, wenn auch nur milde, von jenen Konflikten berührt, die die Patientin durch die Magersucht zum Ausdruck bringt. In diesem Sinne betone ich also, daß die Therapeutin unbedingt offen für die Faktoren sein sollte, die zum Entstehen, Auftreten und Fortgang einer Magersucht beitragen.

Allgemeine Ziele

Die allgemeinen Ziele der Psychotherapie mit Magersüchtigen können wie folgt zusammengefaßt werden:

1. Verständnis für die Nahrungsverweigerung entwickeln
2. Die Konzentration auf den Körper
3. Der Neubeginn der Entwicklung des Selbst

Die drei Bereiche stehen in Bezug zum Inhalt und zum Verhalten. Ein einfühlsames Verhalten[5] ist in der Tat notwendiger Bestandteil des therapeutischen Prozesses. Aber ein solches Verhalten ist seltener bei Therapeuten anzutreffen, die mit Magersüchtigen arbeiten, als man meinen sollte.[6] Ein Beispiel aus meiner eigenen Erfahrung mag vielleicht die vorherrschende Einstellung erhellen: Meine Arbeit mit Eßsüchtigen führte dazu, daß mich auch Magersüchtige um Hilfe baten. Als ich 1974 diese Arbeit aufnahm, spürte ich Widerwillen und Abscheu. Als ich darüber nachdachte, wurde mir klar, daß ich eine Reihe von Vorurteilen Magersüchtigen gegenüber mit mir herumtrug. Ich betrachtete sie als zutiefst gestört und die Arbeit mit ihnen als schwierig. Damals vermeinte ich, daß ihre Beziehung zum Essen eine nihilistische Beziehung zum Leben symbolisierte. Ihnen zu helfen bedeutete Kampf, bedeutete Tauziehen. Als ich jedoch Workshops und Gruppen für Eßsüchtige organisierte, traf ich viele Frauen mit Magersucht, die nicht meinen stereotypen Vorstellungen entsprachen. Es kamen Frauen, die nach Wegen suchten, ihr »unkontrolliertes Essen« in den Griff zu bekommen. Für die Eßsüchtige stellte die vorgebliche »Unbeherrschtheit« der Magersüchtigen ein viel größeres Maß an Kontrolle dar, als sie selbst je zu erreichen hoffen konnten, wie ihre zahllosen Diätversuche bewiesen.

Die Gruppen diskutierten heiß darüber, was Kontrolle eigentlich bedeutet und wie eine Magersüchtige sich als »außer Kontrolle« empfindet, wenn sie die selbstauferlegten, sehr engen Grenzen überschreitet. So fing ich an zu begreifen, über die Klischees hinaus. Es handelte sich hier um Frauen, deren Tun man als Ausdruck von Energie und Lebenshunger interpretieren konnte. Gewiß, viele dieser Frauen waren gleichzeitig auch deprimiert und verschlossen. Man kann auch festhalten, daß sie besessen waren vom Abnehmen. Sie hatten ein verzerrtes Körpergefühl, und ihre Besessenheit erschwerte den Kontakt zu ihnen. Aber diese Magersüchtigen waren individuell so unterschiedlich und Persönlichkeiten wie der Rest meiner Patientinnen.

Schließlich nahm ich die erste Patientin für eine langfristige Behandlung an. Sie war anders, so meinte ich, sie war »sehr motiviert«. Die Arbeit mit ihr zwang mich, meine verbleibenden Vorurteile zu überdenken und aufzugeben. Ihre Erfahrungswelt war so viel reichhaltiger, die Zusammenarbeit letztendlich so befriedigend, daß ich diese neuen Erfahrungen nicht mit meiner früheren Meinung und mit der Haltung mancher Kollegen in Übereinstimmung bringen konnte. Diese Patientin war die erste von vielen Frauen, die mir die Innenwelt der Magersucht eröffneten.

Mitgefühl entwickelt sich innerhalb der realen Beziehung, die man mit der Magersüchtigen herstellt. Es beruht auf der Akzeptanz des Symptoms *an sich,* auf der gemeinsamen Verpflichtung, die Sache zu durchschauen auf der Suche nach einer neuen Daseinsform.

Man muß sich bemühen, das Innere der Frau kennenzulernen, sozusagen der Karikatur der Kranken Dreidimensionalität verleihen. Man muß sich bemühen, die Details ihres zwanghaften Denkens und Handelns wahrzunehmen. Man muß lernen, von innen her die verstrickenden Kämpfe dieser Frau zu respektieren. Die Vorurteile, die oft die Entwicklung eines solchen Mitgefühls behindern, sind zum Teil aus dem Schmerz geboren, den die Ärztin bei der Arbeit mit der Magersüchtigen erlebt. Schließlich stellt diese Arbeit hohe Anforderungen. Sie kostet viel Zeit, sie schenkt keine rasche »Befriedigung«. Mit einer ausgezehrten, verschlossenen Frau zusammenzusitzen kann durchaus belastend sein. Und wenn die Patientin fest daran glaubt, daß sich nichts jemals ändern wird, so strengt es reichlich an, die eigene Zuversicht zu wahren.

Es kommt noch ein Moment der Qual hinzu: Im Seelenleben jedes Mädchens und jeder Frau mit Anorexia Nervosa existiert etwas, das ich selbst (und andere Mediziner) nur als eine Art Selbsthaß bezeichnen kann. Er ist geradezu spürbar. Normalerweise spricht man in diesem Zusammenhang von geringer Selbstachtung oder geringem Selbstrespekt der Magersüchtigen. Aber meiner Meinung nach sind diese Begriffe viel zu schwach, um das Ausmaß der negativen Gefühle zu beschreiben, die mir meine Patientinnen mitgeteilt haben. Darüber hinaus sagt der Begriff »geringe Selbstachtung« bei weitem nichts über die Brutalität aus, die im Inneren der Betroffenen herrscht. Gewiß, die Magersüchtige kämpft um ein Selbstwertgefühl und um Selbstrespekt – das ist genau der Zweck der Magersucht –, aber dem steht der gewaltige Krieg entgegen, der in ihrer Seele tobt. Ihr Inneres ist chaotisch, voller Angst und Schrecken. Gräßliche Gedanken nagen stets an ihr und berauben sie jeglicher Ausgeglichenheit. Verzweifelt versucht die Magersüchtige, diesen Selbsthaß zu mindern. Und zwar auf zweifache Weise: Einerseits verschafft sie sich durch das Festlegen von Gesetzen und Regeln in Sachen Nahrung, Leibesübung und Arbeit ein Selbstbild, das der schrecklichen, wertlosen, sinnlosen Person entgegenwirkt, die sie zu sein vermeint. Andererseits ist die tatsächliche Ausübung der verschiedenen Rituale derart zeit- und energieraubend, daß die drohende seelische Explosion verdeckt und vorübergehend gebannt wird. Mitten in der emotionalen Hölle schenken die Rituale eine Art Trost und Sicherheit.

Selbsthaß macht schwach. Wer darunter leidet, wird fast alles tun, um ihn zu verbergen. Manche Menschen wandeln ihren Selbsthaß in Depressionen um, andere suchen Erleichterung durch chemische Mittel, wieder andere versuchen, sich neu zu erschaffen, wie zum Beispiel die Magersüchtige. Manchmal wird sie derart stark von diesen zerstörerischen Gefühlen überwältigt, daß sie eine Art Häßlichkeit ausstrahlt. Sie präsentiert sich der Welt so, wie sie sich selbst erlebt. Dabei geht sie manchmal mit einer derart großen Überzeugungskraft vor, daß man ihr fast glaubt: Ja doch, sie ist ein hoffnungsloser, hassenswerter Fall. Wer von solchen Gefühlen überschwemmt wird, erinnert sich vielleicht nur mit Mühe daran, daß sie Resultat einer komplexen Lebensgeschichte sind, die eine besondere Psychologie und besondere seelische Abwehrstrukturen geschaffen hat. Selbsthaß ist oft genug Ausdruck einer Heerschar anderer Empfindungen wie Verzweiflung, Kummer, Hoffnungslosigkeit und Zorn. Wenn die Ärztin/der Arzt in der Lage ist, festzuhalten, daß dieser Selbsthaß ein Kürzel ist für das nagende Gefühl der Patientin, ohnehin abgewiesen zu werden, dann wird sie/er entschieden hilfreicher sein können. Der Selbsthaß, der als solcher oberflächlich hingenommen wird, hat den Effekt, daß der andere von jenem Mitgefühl abgehalten wird, das bei dieser Arbeit so bitter nötig ist.

Anmerkungen:

1 FREUD, S., *New Introductory Lectures: On Feminity, Lecture 33,* London 1932
2 SPITZ, R. A., *Die Entstehung der ersten Objektbeziehung,* Stuttgart 1973
3 BOWLBY, J., *Attachment and Loss,* Bd. 1 und 2, New York 1969, 1973
4 JENKS, C., *The Culture of Narcissism,* New York 1979
5 Obwohl Steve Levenkrons Behandlungsmodell sich von dem in diesem Buch vorgeschlagenen unterscheidet, erkennt der Autor in seinem Buch *A Nurturant/Authoritative Approach* (New York 1981) an, wie wichtig wirkliches Mitgefühl für die Arbeit mit magersüchtigen Frauen ist.
6 In meiner Eigenschaft als Therapeutin, die andere für die Arbeit mit Magersüchtigen ausbildet, fällt mir häufig die Angst, Verachtung oder Ablehnung auf, die viele Menschen Magersüchtigen gegenüber hegen.

8. Essen: Vom Gift zum Genuß

Wie man lernen kann, Nahrungsverweigerung zu verstehen

Wir haben gesehen, daß die Nahrungsverweigerung keineswegs ein passiver Akt ist, sondern das Produkt großer Entschiedenheit auf seiten der Betroffenen. Geboren ist diese Verweigerung aus der Empfindung fehlender Berechtigung: Die Betroffene meint, Nahrung nicht fordern zu dürfen, ja insgesamt in allen Dingen des Lebens nicht zugreifen zu dürfen. Und sie hat auch kein Recht auf ein eigenes Gefühlsleben und auf den eigenen Körper. Die Nahrungsverweigerung ist eine versuchte Wiedergutmachung. Aus etwas Schlechtem (die eigene Person) soll etwas Gutes gemacht werden. Das geschieht durch die Wandlung des unakzeptierbaren Rohmaterials des Selbst in ein annehmbares menschliches Wesen. Darauf stößt man bei der Arbeit mit Magersüchtigen. Man begegnet einer Frau, deren Selbstwertgefühl und empfundene Daseinsberechtigung derart gefährdet sind, daß sie nur dann existieren zu dürfen meint, wenn sie sich selbst und ihre Bedürfnisse verkleinert. Obwohl ihr Tun Außenstehende beunruhigt, sieht sie es als Ausdruck der eigenen Schwierigkeiten mit zwischenmenschlichen Beziehungen. Sie will damit das innere Unbehagen lindern (Kommunikation in der Welt der Objektbeziehungen). Mit ihren Handlungen will sie inneren Frieden und eine gewisse Sicherheit finden: Weil sie leidet und genug bezahlt, hat sie das Recht, am Alltagsleben der anderen teilzunehmen.

Ich habe ebenfalls darauf hingewiesen, daß sich der freiwillige

Charakter der Nahrungsverweigerung jenseits eines bestimmten Punktes verkehrt. Die Folge: Viele Magersüchtige haben echte Probleme mit dem Essen, selbst wenn sie wirklich Hunger haben. Das beharrliche Verweigern von Essen führt dazu, daß Nahrung nur noch unter außerordentlichen Schwierigkeiten hinuntergeschluckt werden kann.

Dieser Hintergrund ist wichtig, damit Arzt, Eltern, Freunde, Partner oder Mitbewohner sinnvoll eingreifen können. Den meisten Menschen fällt es schwer, sich in das Dilemma hineinzuversetzen, in dem sich die Magersüchtige subjektiv befindet. Sie können sich auf Dauer kaum vorstellen, daß diese Frau willentlich die Nahrung verweigert und zugleich unfähig ist, zu essen. Oft kommt ihnen der Gedanke, daß die Betroffene letztendlich eigensinnig, manipulativ, schwierig oder schlichtweg albern ist. Sie neigen dazu, die Magersüchtige zum Essen zu ermutigen. Sie überwachen deren Eßverhalten, machen ihr Vorschriften und sind reichlich irritiert, weil sie so »unvernünftig« handelt. Eine solche Haltung ist zwar verständlich, aber meistens unproduktiv. Der aktive Eingriff eines Außenstehenden zwingt die Magersüchtige zur Heimlichkeit. Sie entwickelt Taktiken, um die Einzelheiten ihres sparsamen Konsums zu verstecken.

Ein anderer Zugang ist therapeutisch sinnvoller: Man muß bereit sein, die Kontrolle der Magersüchtigen über ihr Eßverhalten offen zu akzeptieren. Und man muß sich einverstanden erklären, daß sie weiterhin die Kontrolle behält. Das »Überlassen« der Kontrolle zeigt, wie ich in meiner klinischen Praxis erfahren habe, ermutigende Resultate. Man erkennt die Wirklichkeit an und macht den Weg frei, den Einzelheiten des Eßverhaltens der Magersüchtigen wirklich auf die Spur zu kommen. Weil sie nichts verstecken muß, offenbart sie einem anderen Menschen die Details der Nahrungsaufnahme, der Pläne, der Zwänge. Ihre Isolierung wird durchbrochen.

Das macht Mut und Angst zugleich. Denn die zuvor verspürte Einsamkeit war ja Ergebnis ihrer festen Überzeugung, daß sie niemals einen befriedigenden Kontakt mit einem anderen Menschen herstellen könnte. Indem die Therapeutin/der Therapeut »zugelassen« wird, zerbricht die schmerzliche Isolierung. Ihre Sehnsucht nach sinnvollen Beziehungen wird wieder wach. Eine Sehnsucht, die sie zuvor systematisch unterdrückt hat.

Das Aufspüren der Besonderheiten ihrer Nahrungsaufnahme, ihre Obsessionen und Vermeidungsstrategien ist für den Arzt eine Herausforderung eigener Art. Sie oder er muß einige Vorstellungen über Quantität und Qualität der Erfahrungen haben, die die Patientin mit Essen hat. Meiner Meinung nach ist es wichtig, sogleich am Anfang der Sitzungen diese Dinge anzusprechen, damit nicht eine Tabuzone zwischen Therapeutin/Therapeut und Patientin entsteht. Die Atmosphäre muß bereits zu Beginn offen sein:

Patientin: Nun, morgens esse ich ein Brötchen.
Therapeutin: Wieviel davon bekommen Sie herunter?
Patientin: Nun ... ein Brötchen ... also ...
Therapeutin: Ist es ungefähr ein Viertel, oder ist das zuviel?
Patientin: Manchmal schaffe ich das, aber meistens ist es eher ein Achtel ...
Therapeutin: Essen Sie auch den weichen Teig im Inneren?
Patientin: Das hängt davon ab, wie ich mich fühle. Ich erlaube mir täglich ein Brötchen, nun ja, ein halbes. Ich kann mir das auf verschiedene Weisen aufteilen. Wenn ich mit anderen Leuten zusammenkomme, verteile ich es lieber über den Tag ...

Die Patientin fährt fort mit der Beschreibung der Aufteilung des Brötchens, und wir diskutieren darüber, was sie dabei empfindet. Sie weiß, daß ich weiß, daß sie nur wenig herunterbekommt. Sie muß es nicht verheimlichen, und wir können auf einer realistischen Grundlage weitermachen.

Ich interessiere mich für folgende Aspekte: Wie fühlt sie sich dem Essen gegenüber? Was geht beim Einkaufen vor? Wie oft kocht sie? Wie geht sie damit um, in Gemeinschaft zu essen?

Was tut sie bei konventionellen Mahlzeiten? Natürlich erlauben die ersten Sitzungen nur eine ungefähre Ahnung. Aber mit dieser Fragerei betreibe ich verschiedene Dinge auf einmal: Ich finde heraus, ob sie ihre Gefühle in Worte kleiden kann, und impliziere dabei, daß es möglich ist, Gefühle zu haben. Ich entdecke, wie sie ihr Essen und ihre Beziehung zum Essen variiert. Ich mache den Weg frei für die Vorstellung, daß man ohne Risiko über das Essen reden kann.

Wir unterhalten uns darüber, wie ihre Freunde, Geschwister, Eltern oder Partner auf ihr Eßverhalten reagieren. Ob sie ohne zu essen mit ihnen zusammensitzen kann. Ob sie raffinierte Pläne ersinnen muß, um das Essen zu vermeiden bzw. die Speisen auf dem Teller loszuwerden. Wir reden darüber, wie sie das Eßverhalten anderer erlebt. In diesem Zusammenhang frage ich nach den Eßgewohnheiten der Familie bzw. der Mitmenschen. Diese Themen haben eine ungeheure Bedeutung für die Betroffene, und die Diskussionen können sich über eine lange Periode, Monate und Jahre, erstrecken. Natürlich sind sie der Kern der Therapie. Mit geht es aber darum, sie zu einem sehr frühen Zeitpunkt anzusprechen. Dadurch wird die Bandbreite der Aspekte kundgetan, über die die Patientin frei sprechen kann. Diese Themen sind Anknüpfungspunkte für das Diskutieren sehr schmerzlicher Belange. Es ist unvermeidlich, daß wir über die Umstände reden, die das Auftreten der Magersucht begleiteten, über das Wissen, daß mit ihrem Essen »etwas Merkwürdiges los war«, über die Ideen, die sie damals in Sachen Nahrungsverweigerung, Diät, Schlankwerden usw. hatte.

Bei diesem Prozeß respektiert man einerseits die realen Praktiken der Frau, andererseits spricht man einen anderen Teil ihrer Persönlichkeit an. Mit anderen Worten: Man erkennt die überwältigende Präsenz des Nichtessens an und beginnt gleichzeitig den Dialog über die Bedeutung von Essen – in ihrem Leben und im Leben anderer Menschen.

Wie ich bereits hervorgehoben habe, ist die Eigenverantwortlichkeit der Patientin ein wesentliches Merkmal unserer Zusammenarbeit. Ärzte, die sich mit Diätplänen befassen, werden diesen Vorschlag vielleicht erschreckend finden. Aber wir können nicht außer acht lassen, daß die Patientin tatsächlich die Essensmenge selbst bestimmt und daß sie seit Jahren die Eingriffe anderer abwehrt. Eltern, Erzieher und Freunde haben besorgt zugeschaut und ihr gute Ratschläge erteilt. Solche freundlichen Vorschläge werden von der Magersüchtigen als Druck erlebt, mit dem sie nicht umgehen kann. Sie ist wegen des Essens verzweifelt. Aber die Interventionen der Mitmenschen, die sich fast ausschließlich um die Frage der Nährwerte drehen, machen sie immer hilfloser. Sie reagiert darauf mit einer Verschärfung der Kontrolle. »Es« macht ihr immer mehr Angst, sie wehrt ab. Wenn man anerkennt, daß sie die Kontrolle tatsächlich innehat, vermeidet man vergebliche Machtkämpfe, die sonst auftreten würden. Allzu häufig führt der Versuch eines Außenstehenden, die Sache mit dem Essen in die Hand zu nehmen, nur dazu, daß plötzlich in Schubladen, auf Fensterbänken oder in Blumentöpfen weggeworfenes Essen auftaucht . . .

Wir erkennen also an, daß die Magersüchtige die Kontrolle hat. Mit Ausnahme einer medizinischen Krisensituation (meiner Meinung nach fällt ein stabiles Untergewicht nicht in diese Kategorie) treffe ich folgende Vereinbarung mit der Frau: Ich verpflichte mich, nicht bei ihrer Nahrungsaufnahme zu intervenieren. Und sie stimmt zu, nicht unter das Gewicht zu gehen, das sie am Anfang der Therapie gehabt hat. Der gemeinsame Ausgangspunkt: Auf Dauer suchen wir ein gesünderes Gewicht für die Frau. In diesem Augenblick muß die therapeutische Arbeit beginnen. Die Frau muß als Ganzes respektiert werden einschließlich ihrer Magersucht. (An dieser Stelle muß ich darauf hinweisen, daß die Patientin dies alles anfangs nicht ohne weiteres glaubt.) Mir geht es nicht darum, mich wie eine Chirurgin zu verhalten und das Störende einfach abzuschneiden. (Meiner Meinung nach wäre dies unmöglich.) Vielmehr möchte ich das Symptom abschwächen, bis daß es sich nicht mehr so stark und beharrlich auswirkt. Weil es nicht mehr gebraucht wird.

Es geht aber nicht nur darum, den beiden unglücklichen Betroffenen entsetzliche Erniedrigungen zu ersparen. Sondern das Anerkennen, daß die Magersüchtige das Sagen hat in Sachen Nahrungskontrolle, hat gewaltige Auswirkungen: Wer einen therapeutischen Kontakt auf realistischer Grundlage herstellt, gleicht einer Reisenden, die ein Visum für ein bis dato unbekanntes Land erhält. Zuvor hat sie nur darüber gelesen, jetzt kann sie es mit Neugier und Offenheit besuchen. Die Tür in das Land der Magersüchtigen ist offen. Die Patientin fühlt sich nicht den groben, aggressiven Attitüden einer Touristin ausgeliefert, die nur eigene Vorurteile bestätigen will. Das Territorium der Magersüchtigen (ihr Körper und ihr Eßverhalten) muß nicht andauernd verteidigt werden. Nun zeigt sie der Reisenden allmählich (anfangs langsam) die Bodenbeschaffenheit, die klimatischen Besonderheiten und die emotionalen Ruhezonen ihres Reiches. Sie öffnet sich und spricht, sie teilt ihre Welt mit einem anderen Menschen. Die Reisende lernt sie kennen und verleiht dieser Welt eine gewisse Gültigkeit und Würde. Symptom und Person werden geehrt. Das Verhalten der Reisenden läßt darauf schließen, daß sie die Gebräuche dieser Welt verstehen und deuten will.

Für viele magersüchtige Frauen, die bereits eine »Behandlung« hinter sich haben, ist eine völlig neue Erfahrung, das eigene Essen kontrollieren zu können, ohne dabei auf Kriegsfuß mit Außenstehenden zu sein. Möglicherweise ist die Magersüchtige so daran gewöhnt, ihre Konflikte mit dem Essen auf andere (Arzt, Krankenschwestern, Psychotherapeut, Eltern) zu projizieren, daß sie inzwischen die Augen verschlossen hat vor der in ihrem Inneren tobenden Schlacht und dem Essen. Sie muß lernen, sich mit ihren Konflikten direkt auseinanderzusetzen und verständnisvoll mit ihnen zu leben, bis sie eine angemessene Lösung findet. Daher macht es Sinn, sorgfältig auf die zögerliche Stimme zu hören, die da von Zeit zu Zeit den Arzt fragt, was man wohl essen darf. Es wäre ein therapeutischer Fehler, solche Bitten um Rat vordergründig zu interpretieren. Denn die Frage beinhaltet eher eine verzweifelte Unsicherheit in Sachen Nahrung, ein Eingeständnis, daß man nicht weiß, was Essen, Hunger, Sättigung eigentlich ist – ein Hilferuf. Die Betroffene will keineswegs die Kontrolle einem anderen Menschen überantworten. Natürlich kommt es vor, daß eine Magersüchtige so durcheinander ist wegen des Essens, daß sie am liebsten den Kampf aufgeben und einem anderen Menschen die Verantwortung überlassen möchte. Viele Frauen sagen ja auch tatsächlich, daß sie nach der Einweisung ins Krankenhaus eine vorübergehende Erleichterung verspürten. Ich möchte jedoch Ärzten raten, solche Hilferufe als Zeichen der Unzufriedenheit seitens der Patientin zu deuten. Unzufriedenheit mit ihrem Verhältnis zum Essen. Sie ist jetzt bereit, eine andere Person an sich heranzulassen und mit ihr zu diskutieren, wie sie wohl anders mit dem Essen umgehen könnte. Das ist der Lohn für den Arzt, der der Versuchung widerstanden hat, die Ernährung der Magersüchtigen selbst in die Hand zu nehmen. Die Fragen, die die Magersüchtige stellt, sind also nicht *wirkliche* Fragen, sondern Mittel der Kommunikation. Eine Art Eintrittskarte in die Welt der Magersüchtigen, ein Hinweis, daß sie nicht mehr in der emotionalen Eiswüste erstarrt ist, ein Hilferuf.

Wenn eine Magersüchtige bei der therapeutischen Sitzung zugibt, Konflikte mit dem Essen zu haben, so ist das für sie in vielfacher Hinsicht sehr wertvoll. Die Therapie schafft die Umgebung für die Untersuchung, Aufarbeitung und langfristige Lösung des Gefühlsgeflechts, das die Betroffene so quält: entsetzliche Verzweiflung, Ekel, Kummer, Traurigkeit darüber, was man sich angetan hat. Die Gegenwart eines wirklich mitfühlenden Therapeuten macht es der Frau möglich, ihre Erfahrungen in einem neuen Licht zu sehen. Die Therapeutin kann eine solche Haltung nicht durch einen Willensakt künstlich schaffen, vielmehr entwickelt sich Mitgefühl organisch aus den Maßnahmen, die ich vorgeschlagen habe. Vieles hängt von der Bindung ab, die die Therapeutin zu der wirklichen Person, die in einer Magersucht verstrickt ist, herstellen kann. Die Therapeutin kann ihren

Respekt für die Patientin authentisch vermitteln, und so wird sich die Magersüchtige mit den Augen ihrer Therapeutin betrachten können. Jetzt ist sie in der Lage, sich mit der eigenen Realität und den eigenen Handlungen auseinanderzusetzen. Das ist ihr möglich, weil sie den Respekt der Therapeutin spürt. Sie hat eine Partnerin, die sie *nicht zurückweist,* und das schenkt ihr einen neuen Blick.

Beide stimmen also darin überein, daß die Magersüchtige ihre Ernährungsweise selbst kontrolliert. Die Magersüchtige muß aber noch einiges in Sachen Essen lernen, erkennen, daß sie diesen Lernprozeß *von innen her* und *für sich selbst* leisten kann. Jahrelang hat sie nach irgendeinem selbstauferlegten Plan gelebt. Ernährung hat nichts mit Sättigung bzw. Genuß zu tun, sondern mit dem Verdrängen des Hungers zusammen mit anderen aufwühlenden Gefühlen. Jetzt bekommt sie die Chance, das Essen als Teil ihres Lebens zu begreifen, und zwar als stärkendes und vergnügliches Merkmal. Aber wir wollen an dieser Stelle nicht vorauseilen. Bevor das Essen zur positiven Erfahrung werden kann, müssen noch viele schmerzliche Kämpfe ausgestanden werden. Hier wollen wir uns mit dem Hinweis begnügen, daß bereits zu Anfang der therapeutischen Beziehung ein authentisches Verstehen der Nahrungsverweigerung angestrebt werden sollte. Verstehen heißt hier: die Realität akzeptieren, nicht abstreiten oder verneinen.

Außerdem macht eine solche Akzeptanz auch theoretischen Sinn. Wer an einer Magersucht leidet, ist zum Teil von dem Bedürfnis getrieben, Stabilität und Kontrolle einem chaotischen, unintegrierten Seelenleben überzustülpen. Die Kontrolle über das Essen ist ein Versuch, emotionale Einbrüche endlich in den Griff zu kriegen, ihnen beizukommen. Die Betroffene versucht, ihre körperlichen Wünsche und Bedürfnisse (ihren Appetit) zu kontrollieren, und indem sie das tut, erlangt sie Selbstachtung. Ähnlich sind die Zügel zu verstehen, die sie sich in ihrem Gefühlsleben auferlegt.

Emotionales Verlangen ist, wie ich bereits dargelegt habe, für

Frauen ein extrem belastendes und komplexes Gebiet. Es ist paradox: Obwohl unsere Gesellschaft den Frauen die Verantwortung für das Gefühlsleben und die Bedürfnisbefriedigung anderer zugeschoben hat, wird die Fähigkeit der Frauen, auf ihre eigenen Bedürfnisse einzugehen, von zahlreichen entwicklungsbedingten Geboten und auch Verboten verstümmelt, die weiten Bereichen der Selbstdarstellung von Frauen Tabus auferlegen. Die Magersüchtige hat beim Heranwachsen nicht erfahren, wie man entspannt und selbstverständlich emotionale Bedürfnisse erkennt und mit ihnen umgeht. Bei unzähligen Patientinnen habe ich das gleiche Muster erkennen können: Bedürfnisse und Initiativen werden ignoriert, herabgesetzt oder auf irgendeine Art vereitelt. Das hat enorme Implikationen für den Inhalt der Therapie. Der erste Schritt freilich, um die fixe Idee auszuräumen, daß eigene Bedürfnisse schlecht oder falsch sind, ist die Übereinkunft, der Patientin die Kontrolle über das Essen zu lassen. Wenn die Betroffene sichergehen kann, daß sie, was das Essen betrifft, nach eigenem Gutdünken verfahren darf (wie verzerrt oder verkrüppelt diese Wünsche auch zu diesem Zeitpunkt sein mögen), wird sie langsam, aber sicher Geschmack an dem Gedanken bekommen, daß Verlangen und Erfüllung nicht schlecht an sich sind.

Abgesehen von diesem theoretischen Pluspunkt, wirkt sich ein solches Arrangement ungeheuer positiv auf die Schaffung einer therapeutischen Arbeitsallianz aus. Über lange Strecken der Therapie hinweg wird sich die Therapeutin/der Therapeut nur auf dieses Bündnis verlassen können, um der Patientin zu helfen, sich aus den hartnäckigsten Fesseln der anorexischen Abwehrstrukturen herauszutasten. Die Patientin baut darauf, daß sie die Therapeutin/der Therapeut als einen Menschen erlebt, der aufrichtig, hilfsbereit und einsichtig ist. Die Übereinkunft hinsichtlich des Essens ist ein perfektes Beispiel für diese Haltung. Natürlich geht es hier nicht darum, die Nahrungsmenge oder das Gewicht der Betroffenen außer acht zu lassen. Die Therapeutin/der Therapeut muß sensibel und aufmerksam auf diese Sachverhalte eingehen und während der Therapie Anknüpfungspunkte schaffen, damit die Patientin offen über Essen spricht.

Offensichtlich geht aus meinen Ausführungen hervor, daß die Wiedererlangung eines Normalgewichtes zu Anfang der Behandlung nicht das Hauptziel ist. Das sage ich nicht nur der Patientin, sondern auch ihren Familienmitgliedern, die sich vorwiegend darum bemüht haben, die Kranke zum Essen und zum Zunehmen zu ermutigen. Vielleicht sind das schlechte Nachrichten für die Familie, die mich um Hilfe bittet und hofft, daß ich die Kranke »zum Essen bewegen« kann. Ich habe jedoch die Erfahrung gemacht, daß sie (wenn auch zögerlich) nachvollziehen können, wie die bloße Gewichtszunahme die langfristige Heilung verhindert. Eine falsche Zielsetzung würde nicht die Ursachen der Nahrungsverweigerung berühren und würde nicht der Betroffenen helfen, ein positives Verhältnis zum Essen zu erlangen. Das Zunehmen ist also kein brauchbares Ziel, auch wenn es dazu beiträgt, die Besorgtheit der Verwandten und Bekannten der Magersüchtigen zu mindern.

Natürlich trifft es zu, daß das Verhungern Probleme nach sich zieht, die den Heilungsprozeß verhindern. Beim Verhungern entstehen besonders gedankliche Prozesse – ich meine nicht nur die Beschäftigung mit Essen,[1] sondern auch emotionale Zustände, die von der Depression bis zur Manie reichen. Aber langfristig überwiegen doch die Vorteile, wenn man auf einer Bevormundung bei der Ernährung der Magersüchtigen verzichtet. Für meine Patientinnen ist es oft genug befriedigend gewesen, die Wechselwirkung zwischen dem Essen und Nichtessen und ihrer Energie und Denkfähigkeit zu erkennen und darüber hinaus zu entdecken, daß Nahrung (unabhängig von ihrer symbolischen Funktion für die Betroffene) tatsächlich eine Aufgabe hat als Treibstofflieferant für den Körper. So wird dem Essen eine Perspektive verliehen, die bisher von den Betroffenen übersehen wurde. Und solche Erfahrungen, die von innen her kommen, verleihen häufig eine einzigartige Kraft.

Viele Ärzte werden möglicherweise an dieser Stelle Einwände

erheben: Einer Frau, die so offensichtlich nicht in der Lage ist, richtig zu essen, sollte die Kontrolle über diesen Bereich entzogen werden. Die Kollegen betrachten das Nichtessen als ernsthafte Bedrohung der geistigen und körperlichen Gesundheit der Patientin, folgerichtig ist ihre Priorität die Wiederherstellung des Gewichtes, das die Patientin vor der Magersucht hatte.[2] Während ich durchaus nachvollziehen kann, daß man der Frau helfen will, schnell wieder kräftig zu werden, und während ich sicherlich den Druck verstehen kann, den eine Ärztin/ein Arzt beim Anblick einer ausgezehrten, verschlossenen und mürrischen Gestalt verspürt, meine ich, daß die Betonung auf die Gewichtszunahme doch wesentliche Dimensionen der Therapie außer acht läßt, die langfristig für die Heilung unabdingbar sind. Die Heilung beruht nicht auf der Umkehrung der Nahrungsverweigerung und auf dem Wiederherstellen des Ausgangsgewichtes. Unter solchen Umständen kann die Gewichtszunahme häufig nicht aufrechterhalten werden. Das führt in der Patientin dazu, daß sie noch verzweifelter wird, weil sie, abgesehen vom Abnehmen, in keinem Bereich Erfolge aufzuweisen hat. Die Heilung muß tiefer gehen: Die qualvollen Zustände, die von der Anorexie zugedeckt werden, müssen aufgearbeitet werden. Eine psychische Restrukturierung ist nötig, damit die Ursachen, die zur Magersucht führen, nicht mehr greifen.

Indem wir der Betroffenen erlauben, Subjekt der eigenen Ernährungsweise zu bleiben, können wir innerhalb der therapeutischen Partnerschaft mit der Aufgabe beginnen, die Bedeutung der Nahrungsverweigerung für die individuelle Frau nachzuvollziehen. Wie wir gesehen haben, spiegeln solche Bedeutungszusammenhänge im allgemeinen ein negatives Selbstbild der Betroffenen wider. Das Vermeiden von Essen wird bewußt an das Bedürfnis geknüpft, Gewicht zu verlieren. Die Betroffene meint, dadurch akzeptabler und attraktiver zu werden.

Gleichzeitig betreiben viele Frauen eine Art seelischer Buchhaltung; es gibt Außenstände und Rechnungen. Wenn sie eine Sache aufgeben, nämlich das Essen, können sie zumindest theoretisch das Recht auf eine andere Sache damit legitimieren. In dieser Logik wird die Nahrungsverweigerung anfangs häufig konzipiert. Schon bald sieht es jedoch anders aus: Auch die Außenstände werden niemals eingetrieben, dagegen wächst der Berg der Rechnungen. Ein Rückzug käme teuer zu stehen. Jetzt bekommt die Nahrungsverweigerung eine andere Bedeutung. Das »Nein« zum Hunger wird zum Beweis, daß sich diese Frauen mit Erfolg etwas vorenthalten und sich dafür einen psychischen Lohn sichern. Die genaue Untersuchung solcher Vorstellungen legt die unterbewußten Motive und Kompromisse bloß, die zum Nichtessen führen. Wir entdecken, daß neben dem Hunger auf Essen ein tiefempfundener Lebenshunger existiert, der durch die Nahrungsverweigerung gegängelt und gebunden wird. Die Verweigerung ist ein Kompromiß, eine Art der Problembewältigung. Wir gehen noch tiefer und stellen überrascht fest, wie stark Aspekte wie Initiation, Autonomie, Versorgung und Abhängigkeit in den erhofften Gewinn aus der Verweigerung von Nahrung eingebettet sind. Aspekte, die heutzutage eine ungeheure Rolle im Seelenleben einer Frau spielen. Wir haben gesehen, daß in der Psyche jeder Frau Selbstverwirklichung und Bedürfnisbefriedigung mehr oder minder tabuisiert sind. Das Vermitteln des Wunsches, initiativ zu werden, und des Verlangens, versorgt zu werden, sind Schlüsselmerkmale bei der Entwicklung einer weiblichen Psychologie.[3] Beim Heranwachsen lernt ein Mädchen, die eigenen Bedürfnisse umzuwandeln. Sie geht auf die Bedürfnisse anderer ein. Sie gewöhnt sich daran, nur in Bereichen initiativ zu werden, die etwas mit der Bedürfnisbefriedigung anderer zu tun haben. Das Ergebnis: Sie verliert den Kontakt zu ihren eigenen Bedürfnissen, so daß sie nicht nur unterdrückt werden, sondern unerkannt und unterentwickelt bleiben. Und was vielleicht noch schädlicher ist: Sie ist überzeugt, daß die Bedürfnisse, die sie spürt, irgendwie schlecht sind und daß sie selbst schlecht sein muß, weil sie solche Bedürfnisse hat.

Die Nahrungsverweigerung können wir als eine deutliche

Knebelung des Verlangens, als eine Sperre gegen die Erfüllung dringlicher Wünsche betrachten. Und die Nahrungsverweigerung wird zum Vorbild für Entbehrungen in anderen Bereichen. »Wenn ich mir mit Erfolg Nahrung vorenthalten kann, werde ich auch andere Bedürfnisse unterdrücken können, die in mir wach werden.« Die Entschlossenheit, die mit der Nahrungsverweigerung einhergeht, ist vielmehr der Ausdruck eines starken Willens. Sie ist ein Beispiel dafür, daß die Betroffene im allgemeinen ihre Bedürfnisse und Sehnsüchte stark abbremst. An ihr kann gemessen werden, wie die Restriktionen in anderen Bereichen der Selbstdarstellung funktionieren: »Ich darf nicht das tun, was ich möchte.«

Die Magersüchtige hat Prinzipien von unheimlicher Stärke. Ihr Sozialisationsprozeß befindet sich in eher geringer als großer Übereinstimmung mit den allgemeinen kulturellen Normen. Auch wenn sie oberflächlich betrachtet einen relativ zufriedenen Eindruck gemacht hat, ist sie in Wirklichkeit nie in der Lage gewesen, Enge und Zwänge der Frauenrolle zu akzeptieren. Innerlich scheut sie vor den Restriktionen zurück. Sie ist nicht in der Lage, ihre Gefühle erfolgreich zu unterdrücken, aber sie kann ihnen auch keine Berechtigung verleihen. Am Ende ist ihre Persönlichkeit von Entschiedenheit und Wut geprägt. Ihre Bedürfnisse verschaffen ihr ungeheure Schuldgefühle. Möglicherweise ist die Magersüchtige nicht in der Lage, ihre Wünsche voll zu artikulieren, aber sie erlebt, welche Kraft sich da aus ihrem Inneren meldet. Die Bedürfnisse scheinen unkontrollierbar zu sein. Und so empfindet sich die Betroffene als durcheinander, als aufwühlenden Emotionen ausgeliefert. Sie möchte ausbrechen, alles niederreißen, alle Waren in den Schaufensterläden haben, alle Erfahrungen, die das Leben zu bieten hat. Aber gleichzeitig möchte sie nichts davon haben. Sie beschneidet ihr Verlangen und beweist sich selbst wiederholt, daß diese unpassenden, belastenden und störenden Bedürfnisse kontrollierbar und vereinbar sind. Eins und eins ist zwei. Die Logik der parallelen Verweigerung formt ihr Denken und Handeln.

Viele Frauen können auf die Dauer solche Deprivation nur durchstehen, indem sie riesige Mengen an Essen verschlingen – der Ausdruck des Ausbruchs unkontrollierten Verlangens. Die Frau, die ihre ganze Energie in die Festigung der Selbstkontrolle investiert hat, erlebt ihre erste Völlerei als einen äußerst entmutigenden Rückschlag. Ihre ganzen Bemühungen und Erfolge, ja ihre Raison d'être sind scheinbar unterlaufen worden. Das ist erniedrigend, und die Frau ist gezwungen, sich mit dem Schwachpunkt ihrer Fähigkeit zur Selbstverleugnung auseinanderzusetzen. Sie fühlt sich genau jenem monströsen Verlangen ausgeliefert, das sie doch unter Kontrolle bringen wollte. Es reißt sie fort und jagt sie durch Berge von Nahrungsmitteln in kürzester Zeit. So wie die Verweigerung vorübergehende Erleichterung verschafft, indem bewiesen wird, daß Verlangen überwindbar ist, so entzaubert die Völlerei genau jenen Mythos und legt die Bedürftigkeit und Verzweiflung bloß, die sich nicht gängeln lassen wollen. Während die Therapeutin und die magersüchtige Frau gemeinsam die Bedeutung der Völlerei untersuchen und die Einzelheiten durchleben, wird ihnen immer klarer, welche Folgen die Deprivation nach sich zieht und welches intensive Verlangen hinter der Völlerei steckt.

Völlerei – das bedeutet Erleichterung, Loslassen, Einnehmen, der Versuch der Bedürfnisbefriedigung. Die Frau fühlt sich der Völlerei unterworfen. Das »Freßgelage« steht für die Vereinnahmung der Frau durch den ungezügelten, verzweifelten Hunger in ihrem Inneren, nämlich jenen Teil ihrer Persönlichkeit, den sie zumeist unterdrückt. Der sehnsüchtige, gierige Teil ihrer Persönlichkeit kommt hervor. Wie ein Wiesel flitzt sie herum und stopft sich eine Speise nach der anderen in den Mund. Der ungezügelte Appetit muß gezügelt werden. Sie geht von Lebensmittel zu Lebensmittel und sucht die Speise, die ihr endlich Befriedigung verschaffen und das innere Schreien besänftigen wird. Die den Hunger sättigen wird, der durch Nahrung nicht zu sättigen ist. Sie gleicht dem vor Hunger schreienden Baby, das äußerstes Unbehagen erlebt und noch kein Gefühl dafür hat, daß

Hilfe und Erleichterung jeden Augenblick eintreffen werden. Die eßgierige Frau hat nur noch Sinn für ihr verzweifeltes Bemühen und eine Art diffuses Wissen von der Unmöglichkeit, getröstet zu werden. Vorübergehend ist sie völlig von der Wirklichkeit abgeschnitten und emotional eingekapselt. Es gibt nur noch den einen fundamentalen Drang nach Trost. Sie ist abgeschnitten von ihren Mitmenschen und von ihrer Umgebung im allgemeinen. Die Magersucht riegelt sie in einer einsamen Kammer ab, die hektische Völlerei in einer anderen, gleichermaßen unzugänglichen. Ihre Suche ist dem Wesen nach autistisch. Die Umgebung hilft nicht weiter – ja, noch schlimmer, es ist ein hoffnungsloses und gefährliches Unterfangen, Bedürfnisse durch Kontakte befriedigen zu wollen. Es ist besser, die Wünsche mit dem Essen wieder hineinzustopfen und das Verlangen zu stoppen. So wird das Monster im Bauch besänftigt.

Aber leider dient diese Suche nach einem unerreichbaren Trost dazu, daß der Selbsthaß der Magersüchtigen sich steigert. Sie bricht aus ihrer Zelle heraus, und die Beschuldigungen stürzen auf sie ein. Sie geißelt sich wegen ihrer Gier, Dummheit und wegen ihres lächerlichen Verhaltens. Jetzt muß sie mit den Folgen ihrer Unbeherrschtheit fertig werden.

Bei der Therapie untersuchen wir, was dahintersteht, wenn sich eine Frau der Völlerei unterwirft. Wir identifizieren die Gefühle, die zum Ausbruch der Gier führten, sowie die Gefühle, die zu jeder Phase auftraten. Wir zeichnen die Handlung in Zeitlupe nach, Bild für Bild. Wir durchbrechen den Autismus und bemühen uns, das Wollen, das Suchen und die Verzweiflung zu entziffern. Wir versuchen, richtig und genau zu verstehen, mit dem Ziel, dem unvermeidlichen Selbstekel entgegenzuarbeiten. Indem wir dem Symptom gerecht werden, lernen wir, worin seine Bedeutung eigentlich besteht. Aber wir müssen noch mehr leisten als bloßes Verstehen, wir müssen uns positiv in den Ausbruch einfühlen. Die Völlerei ist nicht nur, vereinfacht betrachtet, das Gegenteil der Unterdrückung, sondern der Wunsch, auf die Umgebung zuzugehen. Nahrung, zuerst von der

Mutter dargereicht, ist der fundamentale Ausdruck von Beziehungsfähigkeit – das Symbol für den Eintritt in die Welt. Nahrung ist die Welt in den ersten Lebensmonaten, das Kommunikationsmittel zwischen Mutter und Kind. Nahrung bereitet den Menschen auf das Leben außerhalb dieser ursprünglichen Zweierbeziehung vor. Demzufolge drückt die Völlerei den Wunsch aus, aus dem primären Autismus in die Zweierbindung auszubrechen und von dort aus die Welt zu betreten. Gleichzeitig aber vereitelt die Völlerei die ersehnte Kontaktaufnahme.

Entziffern heißt: einem zunächst scheinbar ausschließlich selbstdestruktiven Akt Sinn zu verleihen. Wer erkennen kann, daß die Völlerei unter anderem auch einen positiven Drang zum Leben ausdrückt, schafft Raum für einen alternativen Umgang mit ebenjenem Verlangen. Damit meine ich nicht, daß eine Intervention auf rein kognitiver Ebene möglich ist. Sondern die Betroffene lebt noch einmal nach, was die Völlerei bedeutete, indem sie mit einer anderen Person die Merkmale, Begleitumstände und Gefühle noch einmal durchgeht. Sie ist nicht mehr so gut imstande, ihr Verlangen abzutrennen und zu verstecken. Jetzt hat sie die Chance, mit einem anderen Menschen die Stärke ihres Verlangens zu erkennen und sich mit der Entschiedenheit ihres Kampfes auseinanderzusetzen, dieses Verlangen zu unterdrücken. Solche Erkenntnisse stellen die Konfliktbewältigungsstrategie der Magersüchtigen notwendig in Frage. Sie werfen ein neues Licht auf die trügerische »innere Kontoführung«, auf die die Magersüchtige sich bisher so verlassen hat. Indem eine solche Erfahrung mit einem anderen Menschen nachgelebt wird, der die Rolle des strafenden Richters ablehnt, werden gehütete Vorstellungen von Bedürfnissen und Bedürfnisunterdrückung angefochten.

Nach der Völlerei kommt die Säuberungsaktion. Der Totalangriff ist vorbei, es muß aufgeräumt werden. Die Nahrung und »das Fett« sind der Beweis für Bedürftigkeit (und für erfüllte Bedürfnisse). Sie müssen vernichtet werden. Auch hier macht das gemeinsame Untersuchen innerhalb der therapeutischen

Beziehung die Details der Säuberungsaktion lebendig. Wenn es zutrifft, daß die Völlerei der Versuch ist, sich Trost zu verschaffen, dann drückt die Säuberung das Zurückweisen dieses Bedürfnisses und den konkreten Beweis aus, daß solcher Trost nicht verdaubar ist. Die Magersüchtige hat während der Völlerei fieberhaft nach Trost und Befriedigung verlangt, aber sie zu bekommen ist ihr nicht gelungen. Jetzt setzt sie die gleiche Kraft zur Ausschaltung dieses Bedürfnisses ein. Nicht das Einnehmen gibt ihr Trost, sondern das Ausstoßen. Die Reinigung verschafft Erleichterung. Man ist wieder am Ausgangspunkt. Der Aufruhr ist niedergeschlagen. Die inneren Sondereinheiten, die die Bedürfnisse kontrollieren, haben ihren Einsatz auf Stichwort geleistet. Der Kreis schließt sich. Das Nacherleben der einzelnen Schritte der Völlerei und Säuberungsaktion innerhalb der therapeutischen Beziehung enthüllt sozusagen vom Bauch her den Krieg, der in der Frau tobt.

Wir sehen, wie die Untersuchung der symbolischen und realen Bedeutungszusammenhänge der Nahrungsverweigerung uns ein großes Stück bei der Entmystifizierung des Symptoms weiterbringt. Das Verstehen, das man in einer therapeutischen Beziehung erzielen kann, stellt sich nicht leicht beziehungsweise ohne Widerstand her. Die Magersüchtige wird sich einigen notwendigen Erkenntnissen und Veränderungen widersetzen. Das ist, wenn man die Anorexie selbst ernst nimmt, die offensichtliche Folge. Denn diese Art des Daseins ist keine »gewählte«, sondern die psychologische Lösung eines Geflechts innerer Probleme. Probleme, die durch plötzliche Einsicht verblassen können, benötigen nicht eine so dramatische Lösung wie die Magersucht.

Die anorexische Haltung ist sehr hartnäckig, weil sie das zerbrechliche, falsche Selbst in Schach hält, das die verhaßten Bedürfnisse einschließt und das noch unterentwickelte wahre Selbst verteidigt. Es wäre also unrealistisch, im Bereich des Selbstbildes und des Eßverhaltens der Magersüchtigen schnelle Veränderungen zu erwarten. Auch ein gleichmäßiger Fortschritt ist äußerst unwahrscheinlich. Die Therapie wird ruckartig verlaufen, von Aufschrecken und Anfällen begleitet. Die Therapeutin/der Therapeut muß an der Kontinuität festhalten, die die Patientin noch nicht verspürt. Es wird Momente plötzlichen Verstehens geben, die sehr vielversprechend sind und die dann wenig später vergessen werden. Immer wieder wird man von vorne anfangen müssen. Jede Erfahrung mit Essen, die einen organischen und positiveren Umgang mit Nahrung einzuleiten scheint, wird immer wieder aufgehoben durch Nahrungsverweigerung oder Völlereianfälle. Geduld wird das Markenzeichen einer kompetenten Therapie sein. Fast nichts kann in einer Partnerschaft erreicht werden, in der die Therapeutin/der Therapeut die Agonie nicht tolerieren kann, die wesentlich für den Prozeß ist. Die Entmutigung, die die Therapeutin/der Therapeut bei einem Rückfall verspürt, ist unerheblich, gemessen an der Pein der Patientin. Die Betroffene muß ihrer Qual direkt Ausdruck verleihen dürfen, ohne daß der »Rückfall« als Versagen gesehen wird. Das Abblocken des Verstehens oder die Rückkehr zu ritualistischem Verhalten ist einfach Teil des Prozesses, die Anorexie aufzuarbeiten. Es wird Monate, ja Jahre dauern, bevor die magersüchtige Frau kontinuierlich Nahrung aufnehmen kann beziehungsweise bevor sie wirklich überzeugt ist, daß ihre Bedürfnisse akzeptabel sind.

Ich habe die Erfahrung gemacht, daß nur wenige Magersüchtige ihr Eßverhalten in der ersten Phase der Therapie radikal zu verändern imstande sind. Natürlich sehen jene Ärzte, die genaue Diätpläne erstellen, schon zu einem relativ frühen Zeitpunkt der Behandlung gewisse Veränderungen im Eßverhalten. Aber ich fürchte, daß die Betroffenen häufig weiterhin ein phobisches Verhältnis zum Essen behalten und unfähig sind, eine Struktur aufzubauen, die sie von innen her leiten kann. Viele Frauen, die ein solches Behandlungsprogramm hinter sich haben, drücken die Sorge aus, daß sie unfähig sind, ihr Essen zu begrenzen, wenn sie gegen die Rigidität des neuen Schemas verstoßen, das ihre selbstauferlegten Kontrollmechanismen ersetzt. Obwohl eine Gewichtszunahme und ein normaler Zyklus erreicht wurden, plagt die Frau weiterhin die Angst vor dem Essen und vor dem Dicksein. Das Ziel dieses Buches ist es, der Magersüchtigen die bestmögliche Chance zu geben, ohne Angst vor dem Essen zu leben. Ich will ihr helfen, die notwendige Fähigkeit zu entwikkeln, auf die Bedürfnisse ihres Körpers nach einer unbegrenzten Bandbreite von Nahrungsmitteln einzugehen. Sie soll eine positive Einstellung zu Hungersignalen haben, damit sie klug und angstfrei darauf reagiert und damit sie die Zuversicht hat, daß sie ohne weiteres mit dem Essen aufhören kann, wenn sie körperlich gesättigt ist.

Obwohl dies alles natürlich das Ziel der erfolgreichen therapeutischen Arbeit ist, wäre es sinnlos, zu früh irgendwelche Voraussagen über den Zeitpunkt des richtigen Umgangs mit dem Essen zu machen. Die Therapie muß schon sehr weit fortgeschritten sein, bevor solche Erfolge erreichbar sind. Von Ausnahmen abgesehen, geht es bei der Strategie darum, das Ziel anders zu gewichten. Zweierlei soll erreicht werden: die Untersuchung der Erfahrung von Essen auf alltäglicher Ebene und die Untersuchung der Sachverhalte, die das Symptom ausbrechen ließen beziehungsweise am Leben erhalten. Wenn man nicht die Konflikte, Ängste und unzähligen anderen Motive, die in die Magersucht einfließen, entwirrt und sich direkt mit ihnen auseinandersetzt, wird die Abwehrhaltung fortbestehen, oder das Symptom wird ausgetauscht.[4]

Unklug wäre auch die Erwartung, daß die Betroffene die Nahrungsaufnahme als positiv erlebt, wenn sie zum erstenmal den Panzer ihrer Eßstörungen durchbricht. Wahrscheinlich empfindet sie große Reue, weil sie ja offensichtlich die Selbstkontrolle aufgegeben hat. Das Ereignis wird also nicht rundum positiv, sondern von Qual und Sorgen begleitet sein, Es ist wichtig, die seelischen Schwierigkeiten zu antizipieren, die aus einem solchen Ereignis hervorgehen können. Was der Arzt als Fortschritt empfindet, ist in den Augen der Patientin nicht notwendigerweise ein Erfolg. Bestenfalls handelt es sich hier um eine ambivalente Erfahrung. Die Therapeutin/der Therapeut sollte ein Repertoire an Gefühlen und Worten einbringen, das den positiven und beängstigenden Aspekten dieser Erfahrung angemessen ist. Das hilft der Patientin, die noch nicht allein mit solchen Widersprüchen zurechtkommt.

Was ist noch wichtig? Besondere Vorsicht ist bei der Formulierung von Erwartungen geboten (wann wird die Patientin in der Lage sein, eine bestimmte Menge Nahrung einzunehmen, ein bestimmtes Verhalten an den Tag zu legen?). Eine Frau, die gerne anderen gefallen möchte und scheinbar entgegenkommend ist, läuft Gefahr, eine positive Erfahrung mit dem Essen (die für ein Merkmal psychologischen Wachsens gehalten wird) als Versuch zu benutzen, dem Therapeuten einen Gefallen zu tun. Die Frau macht der Therapeutin/dem Therapeuten das Essen zum »Geschenk«, um mehr handelt es sich nicht. Unter diesen Umständen ist das Essen also nicht ein Ausdruck der Problemlösung. Im Gegenteil, eine solche Haltung kann der Heilung letztendlich entgegenstehen, denn die positive Einstellung zum Essen muß aus einer inneren Zuversicht kommen, daß das Essen seine Berechtigung hat. (Paradoxerweise kann dies dazu führen, daß die geheilte Magersüchtige etwas hat, das nur wenige andere Frauen haben: ein ganzheitliches, gesundes Recht auf Essen. Ein Recht, auf das die meisten anderen Frauen auf die eine oder andere Art verzichten.) Die Aufgabe der Therapeutin/des Therapeuten ist es also, Zuversicht herzustellen, daß das Essen eines Tages zu einer positiven Aktivität werden kann. Natürlich wird die Patientin nervös sein. Sie wird nur halbherzig glauben, daß sie essen kann, daß sie die Magersucht überwinden wird. Die Therapeutin/der Therapeut sorgt für die Zuversicht, die die Magersüchtige bisher noch nicht erringen konnte. Es ist wichtig, die Vorstellung zu vermitteln, daß jede Erfahrung mit dem Essen Gelegenheit zum Experimentieren bietet und nicht so sehr ein Beweis für Erfolg oder Versagen ist. Auf diese Weise kann jede einzelne Erfahrung mit dem Essen untersucht und ihre emotionalen und körperlichen Folgen ausgewertet werden.

Anmerkungen:

1 Das passiert auch bei »normalen« Verhungernden. KEYS, A., BROZEK, J., HERSCHEL, A., MICKELSON, O., und TAYLOR, H. L., *The Biology of Human Starvation,* Bd. 1, Minneapolis, University of Minnesota Press 1950

2 CRISP, A. H., *Let Me Be,* London und New York 1980; BRUCH, H., *Eating Disorders; Obesity, Anorexia Nervosa and the Person Within,* New York 1973; PALMER, R. L., *Anorexia Nervosa,* London 1980; DALLY, P., *Anorexia Nervosa,* London 1969; MINUCHIN, S., ROSMAN, B. L., und BAKER, L., *Psychosomatische Krankheiten in der Familie,* Stuttgart 1983

3 EICHENBAUM, L., und ORBACH, S., *Ganz Frau und wirklich frei,* ECON, Düsseldorf 1984; EICHENBAUM, L., und ORBACH, S., *Feministische Psychotherapie,* München 1984

4 Leider sind meinen Kollegen und mir zahlreiche Fälle begegnet, bei denen sich die Symptome verändert hatten: von Alkoholismus zu Bulimie, von Magersucht zu Heroinsucht und von Eßstörungen zu phobischen Reaktionen.

9. Die körperliche Erfahrung des Selbst

Mit der Entwirrung der Bedeutungszusammenhänge der Nahrungsverweigerung und mit der Unterstützung der Magersüchtigen beim Entwickeln eines neuen positiven Verhältnisses zum Essen einher geht die Untersuchung der Vorstellungen, die die Frau sich von ihrem Körper macht. Die Nahrungsverweigerung war am Anfang der bewußte Versuch der Frau, mit einem körperlichen Unbehagen fertig zu werden. Die Unsicherheit hatte meistens etwas mit körperlichen Bedürfnissen, mit Abscheu vor dem Dicksein oder mit dem Beginn der Menstruation zu tun. Offensichtlich sind solche Motive sehr wichtig, und sie müssen während der Therapie aufgegriffen werden. Die Kranke widersetzt sich dem sogenannten normalen Eßverhalten, und dahinter steckt oft die doppelte Befürchtung, zuzunehmen und »die Kontrolle zu verlieren«. Diese beiden Ängste exemplifizieren die Beziehung, die die Magersüchtige zu ihrem Körper hat. Der Körper wird als ein Objekt erlebt, das beherrscht werden muß, weil es sonst die Herrschaft an sich reißen würde. Der ausgezehrte Körper demonstriert, daß die Betroffene ihren Körper kontrolliert, wohingegen der normalgewichtige Körper *sie* unter Kontrolle hat. Es gibt nur zwei Optionen.

Die Betroffene hat keine Vorstellung von ihrem Körper als einem integrierten Aspekt des Selbst. In ihren Augen verkörpert der Leib die inneren Kämpfe um die Bedürfnisbeherrschung und um unbefriedigende Objektbeziehungen. Der Körper repräsentiert den Versuch, sich ein akzeptables Image anzulegen. Der

Körper ist etwas, das man anzieht und auszieht, er ist nicht der Ort, in dem man lebt. Wir haben bereits bemerkt, daß das Körpergefühl der Magersüchtigen nur eine Überspitzung der Haltung aller Frauen in unserer Gesellschaft ist. Aber die Tatsache, daß hier eine so starke Übertreibung vorliegt, führt uns zu einem bestimmten Fragenkomplex zurück: Welche entwicklungspsychologischen Sachverhalte sind wichtig für das Erringen eines Körpergefühls, und wie können sie im therapeutischen Prozeß entfaltet werden? Die magersüchtige Frau ist scheinbar sehr empfänglich für das Weiblichkeitsgebot unserer Gesellschaft. Diese Empfänglichkeit hängt mit ihrem unsicheren Körpergefühl zusammen. Wir haben gesehen, daß ihre psychosomatische Entwicklung insgesamt zweifellos verkümmert ist. Und wir erinnern uns daran, daß die Konstruktion der Weiblichkeit im Seelenleben der Frau einiges anrichtet: ein allgemeines Unsicherheitsgefühl, Abwehrmechanismen gegen das Ausdrücken von Abhängigkeit bzw. Autonomie und eine Ahnung davon, daß Bedürfnisse nicht voll befriedigt und Initiativen nicht begrüßt werden. So enthält die Psychologie der Frau ein mehr oder minder großes Unbehagen mit dem Körper, in dem sie lebt.

Die Magersüchtige drückt ihr extremes Unbehagen ganz kraß mit ihrer körperlichen Erscheinung aus. Auf den Zuschauer wirkt sie gräßlich, aber die Magersüchtige sieht das nicht. Für sie ist der entfremdete Körper einfach eine Sache, die erledigt werden muß. Der Kampf, ihn immer leichter zu machen, ist ein Mittel, den Körper zu beherrschen. Er wird aber nie leicht genug sein können, die Kontrolle ist niemals gefestigt.

Eine für die Magersüchtige sinnvolle und nützliche Diskussion über ihr Körpergewicht muß diesem wichtigen Hintergrund Rechnung tragen, sonst schlägt der Dialog auf tragische Weise fehl. Es hat keinen Zweck, die Sichtweise der Magersüchtigen gleich zu Anfang in Frage zu stellen, denn dem Körper wurde diese Bedeutung verliehen. Wir können eine Parallele erkennen: Zuvor haben wir vermieden, uns über die Nahrungsmengen zu streiten, und so die Voraussetzung geschaffen, daß die Magersüchtige Essen wieder (oder erstmalig) als etwas Positives erlebt. Und genauso schaffen wir die Voraussetzungen für ein Umdenken in Sachen Körper, wenn wir respektieren, was der Körper subjektiv für die Magersüchtige bedeutet, und dieser Bedeutung Rechnung tragen. Ein Beispiel: Die Patientin ist eine sechsundzwanzigjährige, weiße, alleinstehende, berufstätige Frau. Sie ist 1,55 Meter groß und wiegt 40,9 Kilogramm. Seit sieben Jahren ist sie magersüchtig. Das Geringste, das sie auf die Waage gebracht hat, war 36,3 Kilo.

Patientin: Wenn ich 48 Kilo wiegen würde, hätte ich schreckliche Angst.
Therapeutin: Inwiefern hätten Sie Angstgefühle?
Patientin: Ich käme mir so häßlich, fett und bloßgestellt vor ... Ich wäre völlig unkenntlich ... Mein Körper hätte dann gewonnen.
Therapeutin: Es sieht so aus, als hätte Ihr Körper eine bestimmte Bedeutung?
Patientin: Ja, es ist so, als wäre meine Fähigkeit verschwunden, meine Bedürfnisse zu kontrollieren. Als wäre ich ihnen wieder ausgeliefert. Wenn ich dieses Gewicht habe, habe ich es gerade noch unter Kontrolle. Ich bin nicht so verletzbar und weinerlich. Ich lasse mich nicht so gehen, wie ich es damals getan habe, als ich fett war ... 48 Kilo wog ... Ich weiß, daß das nicht wirklich dick ist, aber es ist an der Grenze. Sogar mit meinem momentanen Gewicht fühle ich mich bloßgestellt und häßlich.

Wenn eine Übereinkunft zwischen Patientin und Therapeutin fest hergestellt ist, wird es möglich, die anderen Nuancen des Körpergefühls und die ihnen zugeschriebenen Bedeutungen zu untersuchen. Die Magersüchtige spürt, daß ich auf ihre private Logik verständnisvoll eingegangen bin, und so ist der Weg frei, andere Dinge zu bedenken, die sie möglicherweise durch ihren Körper ausdrücken will. In unserem Beispiel führte das Akzeptieren der Sichtweise der Magersüchtigen dazu, daß die Therapeutin dort anknüpfen konnte, wo die Patientin selber ihre Vorstellungen vom Dicksein relativierte (»Wer 48 Kilo wiegt, ist eigentlich nicht dick«). So konnte der Dialog weitergehen.

Therapeutin: Es sieht so aus, daß Sie eigentlich nicht meinen, daß 48 Kilogramm Dicksein bedeutet.
Patientin: Objektiv gesehen, stimmt das wohl auch. Aber ich glaube nicht, daß ich es ertragen könnte, wieder so dick zu sein.
Therapeutin: Ich glaube, daß wir verstehen, warum das so ist, wenn wir auch nicht alles verstehen. Aber während wir hier zusammenarbeiten, um die Sache rundherum zu begreifen, ist es ganz nützlich, daß wir darin übereinstimmen, daß 48 Kilo ja objektiv etwas anderes bedeutet.

So spricht die Therapeutin realitätsbezogen über Größe und Gewicht, ohne der Patientin Unakzeptables aufzudrängen. Sie geht ein Bündnis mit jenem Persönlichkeitsbereich der Magersüchtigen ein, das ein Interesse an der Heilung hat. Der Dialog ist nur möglich, weil die verzerrte Darstellung der Betroffenen (das heißt die positive Bedeutung, die die Frau ihrem ausgezehrten Körper verleiht) akzeptiert und nachvollzogen wird.

Der therapeutische Prozeß wird sehr viele Fragen im Zusammenhang mit dem Körper freilegen. Der Begriff »Körpergefühl« würde an dieser Stelle nicht im strengen Sinne greifen, denn die Patientin bezieht sich ja auf ihren Körper mit der Absicht, ihn loszuwerden oder ohne ihn zu existieren. Der Körper repräsentiert Vorhandensein und Beharrlichkeit von Bedürfnissen. Das Abschaffen des Körpers ist demzufolge der Versuch, mit dem unvorhersehbaren Auftauchen von Bedürfnissen fertig zu werden. Meiner Meinung nach hat der viktorianische Arzt Gull,[1] der als erster englischer Mediziner den Begriff Anorexia Nervosa prägte, in genau diesem Sinne das Symptom als Krankheit verstanden. Auf den ersten Blick wirkt der auf den Körper projizierte Selbsthaß bei Magersüchtigen krankhaft. Eine tiefergehende Auseinandersetzung deutet freilich nicht auf Krankhaftigkeit als solche hin, sondern eher auf die Wichtigkeit, den Wunsch nach Körperlosigkeit genau zu untersuchen. Indem die Magersüchtige versucht, mit ihrem Selbsthaß zurechtzukommen, macht sie sich zur Aufgabe, eine neue Person zu schaffen. Wir haben gesehen, wie sie durch Verzicht und Bedürfnisunterdrückung eine Persönlichkeit formt, die sie akzeptabel findet. Und die schwindenden Kilos sind Maßeinheiten des Erfolgs. Der ausgezehrte Körper ist der Beweis, aus dem die Frau die Zuversicht bezieht, daß sie in der Tat ihr unakzeptables Selbst losgeworden ist. Für sie ist die verkleinerte Gestalt der sichtbare Ausdruck ihrer Leistung. Fazit: In der Therapie werden sich viele Gespräche eher auf den Selbsthaß und auf die versuchte Selbstwandlung konzentrieren, anstatt den Körper zu thematisieren, der ja eingangs die treibende Kraft dieses Dialogs war.

Was nun das direkte Verhältnis zum Körper betrifft, so denkt eine Magersüchtige oft, daß der Körper und seine Funktionen während eines besonders schwierigen Lebensabschnittes »außer Kontrolle« waren. Solche Erfahrungen prädisponieren die Betroffene dazu, Probleme mit dem Essen oder dem Körpergefühl zu haben. Die daraus resultierende Magersucht und Körperfeindlichkeit drücken also in diesem Kontext eher eine Furcht vor Unkontrolliertheit als eine Unterdrückung von Bedürfnissen aus. Erinnern wir uns an den Fall Jean (Seite 83):

Ihre erste Periode trat auf, als sie elf war. Das Mädchen war völlig unvorbereitet auf dieses Ereignis, und als es seiner Mutter von den Blutungen berichtete, stieß es auf Unglauben und große Beunruhigung. Jeans Mutter war ebenfalls nicht auf ein so frühes Einsetzen der Menstruation vorbereitet. Und so war sie nicht in der Lage, angemessen und positiv auf dieses Ereignis einzugehen. Jean fühlte sich merkwürdig und schämte sich allmählich dieser undurchschaubaren, unwillkommenen Vorgänge. Sie besaß nicht das emotionale Vokabular, um mit der Sache zurechtzukommen. So stand sie allein da mit ihrer Erfahrung, und es gab nirgendwo eine Quelle der Ermutigung und Bestätigung. Verlust an Kontrolle, Angst und Kummer – alles wurde auf den »unbeherrschten« Körper projiziert. An der Schule erklärte man ihr, daß sie ihre Periode so früh bekommen hätte, weil sie ein »großes Mädchen« wäre. So beschloß sie, kleiner zu werden, und sorgte dafür, daß sie dreizehn Jahre lang nicht mehr blutete.

Ähnlich verlief der Fall Audrey: Als sie Teenager war, kannte ihre Gier nach sinnlichen Eindrücken keine Grenze. Sie rauchte sehr viel Haschisch und aß zwanghaft große Mengen. Sie meinte, ihren sexuellen Trieben derart ausgeliefert zu sein, daß sie sich mit zu vielen Menschen emotional verstricken ließ. Ihre Probleme schätzte sie so ein: »Mein Körper ging auf volle Fahrt voraus – aber ohne mich.« Sie meinte, von ihm gelenkt zu werden. Keinerlei Kontrolle mehr zu haben. Beiden Frauen verschaffte die Magersucht kurzfristige Erleichterung: Sie hatten endlich den Körper im Griff. Und demzufolge fühlten sie sich weniger verletzlich und ausgeliefert. Keine von beiden konnte sich ausmalen, daß es einen Mittelweg zwischen Beherrschtwerden und Beherrschen gibt. Beide Optionen waren unzureichend und störend. Aber letztere ließ sich immerhin handhaben.

Ein wichtiger Aspekt der therapeutischen Arbeit zielt auf die Schaffung von Bedingungen hin, innerhalb derer die psychosomatische Einheit, deren Entwicklung zuvor unterbrochen worden ist, sich endlich entfalten kann. Man wird besonders viel in dieser Richtung arbeiten, denn die Fähigkeit, den Körper als den Ort zu erfahren, in dem man lebt, ist wesentliche Voraussetzung für die Heilung. Der Körper muß umgewandelt werden: Er soll nicht mehr als entfremdetes und verachtetes Objekt erfahren werden, sondern als Ausdruck des Selbst. Es kann haarig werden, diese Idee zu vermitteln. Weil merkwürdigerweise die Magersüchtige zwar ihren Körper offensichtlich ablehnt, gleichzeitig aber darauf besteht, daß andere sich mittels ebendieses Körpers auf sie beziehen. Mit anderen Worten: Der Körper ist durchaus zu einem Ausdruck des Selbst für die Magersüchtige geworden. Aber wir haben hier eine Selbstdarstellung vor uns, die eher der Abwehr entstammt als einem von innen her gelebten Gefühl des Wohlbefindens. Die verzerrte Wahrnehmung bzw. das Problem ist also nicht unbedingt auf der Ebene der Idee anzusiedeln, sondern auf der Ebene der psychosomatischen Bezugslosigkeit.[2]

Der Prozeß zur Überwindung der Entfremdung und zur befriedigenden Korporisation[3] vollzieht sich auf unterschiedliche Art und Weise in der therapeutischen Beziehung. Zunächst wird daran gearbeitet, den Körper zum Hauptthema des Gespräches zu machen. Therapeutin/Therapeut und Patientin beginnen einen Dialog über die Bedeutung des Körpers, die Erfahrung der körperlichen Entfremdung, den Gebrauch des Körpers als Objekt, den »perfektionierten Körper« als Schlüssel zu einer neuen Persönlichkeit und die Projektionen auf den Körper. Und genau dadurch werden diese Bedeutungen untersucht, verstanden und ihrerseits gewandelt. Indem die Magersüchtige ihre Beziehung zum Körper in Augenschein nimmt, setzt sie etwas in Gang: eine neue Art, in und mit dem Körper zu sein. Die Therapeutin/der Therapeut teilt diese Erfahrung mit der Betroffenen und hilft ihr so beim Prozeß der Korporisation.

Solche Bedeutungszusammenhänge zu entwirren ist ein komplexer Prozeß, der zudem der gesellschaftlichen Fetischisierung des weiblichen Körpers Rechnung tragen muß. Jede Frau hat einen schwierigen Kampf vor sich. Zunächst muß sie daran arbeiten, ihren Körper als etwas zu erleben, mit dem sie leben muß. Gleichzeitig muß sie einen Weg finden, folgendes miteinander zu versöhnen: Sie soll selbstbestimmt in ihrem Körper leben, aber die herrschenden kulturellen Normen definieren den weiblichen Körper als Objekt. Die besondere Form der Entfremdung in unserem Kulturkreis objektiviert soziale Beziehungen durch deren Verdinglichung, während gleichzeitig mittels des weiblichen Körpers und der weiblichen Sexualität eine »Rehumanisierung« angeboten wird. Jede Frau trägt Erfahrungswerte im Zusammenhang mit kulturellen Praktiken in sich. Die Magersüchtige hat diese Praktiken überspitzt sowohl zum Ausdruck gebracht als auch abgewiesen. Ihr verkleinerter, letztendlich vorpubertärer Körper exemplifiziert den begrenzten Raum, den eine Frau einnehmen zu dürfen glaubt. Gleichzeitig entsexualisiert sie sich, indem sie ihre Hüften und Brüste dahinschrumpfen läßt und ihre Menstruation verbannt. Das bedeutet, daß sie fundamentale Aspekte der erwachsenen Weiblichkeit leugnet. Sie sieht aus wie ein Mädchen oder wie ein Knabe, und so trotzt sie einer einfachen Definition, ja der Kontrolle. Wenn sie dabei ist, die Magersucht zu überwinden und ein positiveres Verhältnis zu ihrem Körper herzustellen, betritt sie neues und möglicherweise feindliches Terrain. Denn es existieren nur wenige Bilder der erwachsenen Frau, die nicht von der herrschenden Kultur enteignet bzw. verdinglicht worden sind. Je nachdem wie stark ihre Fähigkeit ist, die Gesetze unserer Gesellschaft zurückzuweisen, wird sie sich einsam und unsicher fühlen. Sie befindet sich auf ungeprüftem Gelände. Möglicherweise empfindet sie eine neue körperliche Unsicherheit, die das Ergebnis des bewußten Bruchs mit den herrschenden Normen ist. In der Vergangenheit hat sie versucht, diesen Normen zu entsprechen. Der Weg nach vorne ist unerprobt und unbekannt, und er präsentiert seine ganz eigenen Schwierigkeiten.

Doch es geht um mehr als das Offensichtliche, das ein Körper beinhaltet. Indem in der therapeutischen Beziehung das unentwickelte Selbst angesprochen wird, bekommt das keimende psychosomatische Selbst die Chance, mit dem Wachsen fortzufahren. Die Therapeutin/der Therapeut bezieht sich auf ein unentwickeltes embryonales Selbst,[4] das zuvor hinter einer Abwehrstruktur zum Verstummen gebracht wurde. Das im normalen sozialen Austausch übliche »falsche Selbst« ist nicht Anknüpfungspunkt der therapeutischen Beziehung. Statt dessen hat die Therapeutin/der Therapeut die Aufgabe, eine Beziehung zum verletzlichen unentwickelten Selbst herzustellen, damit dieses fortfahren kann, die verschiedenen Entwicklungsstufen zu durchlaufen. Weil die Patientin sich allmählich im Einklang mit diesem sich entfaltenden Selbst befindet, ist es ihr möglich, die entwicklungsbedingten Verletzungen zu überwinden, die eine so große Kluft zwischen dem embryonalen Selbst und dem »falschen Selbst« sowie dem »falschen Körper« geschaffen haben.

Diese Überlegung bedeutet auf keinen Fall, daß Körpergewicht als solches nicht Gegenstand der Diskussion sein darf. Ich möchte einfach diejenigen, die mit Magersüchtigen arbeiten, auf zusätzliche Dimensionen aufmerksam machen. Sonst können Mißverständnisse und (vermeidbare) Stolpersteine bei Gesprächen über den Körper auftauchen. Es wird durchaus richtig und notwendig sein, im einzelnen zu untersuchen, was die unterschiedlichen Kleidergrößen und das Körpergewicht für die individuelle Frau bedeuten. Häufig hören wir, daß Fett (und dazu zählt alles, was nicht ausgesprochen dünn ist) mit Faulheit, Genußsucht, Gier und Unglück assoziiert wird. Bei so starken Bildern fühlt man sich vielleicht versucht, nicht nachzuhaken, sondern statt dessen die negativen Assoziationen vom objektiven Körpergewicht zu trennen. Aber meiner Meinung nach verbirgt sich hinter den düsteren Bildern, die die Patientin mit sich herumträgt, etwas viel Komplexeres. Wir entdecken, daß »Dicksein« nicht nur mit Unglück und Faulheit in Verbindung gebracht worden ist, sondern auch mit einer Art Zufriedenheit.

Es kommt auch vor, daß sich eine Patientin in der Erinnerung als fett erlebt. Ein Beispiel: Die Patientin hatte möglicherweise ein ganz »normales« Körpergewicht, als sie sich von ihrem Mann trennte, als sie anfing zu menstruieren, als sie eine Abtreibung hatte. Dieses Erlebnis erschütterte sie durch und durch. Um alles wieder zurechtzurücken, wollte sie sich von Grund auf ändern. Dieser Veränderungswille wurde auf den Körper umgesetzt. Die sich entfaltende Magersucht führt dazu, daß das ursprüngliche Körpergewicht unbedeutend wird. Die Patientin hat sich als dick in Erinnerung, obwohl dies den Tatsachen nicht entspricht. Und obwohl ihre Ehe sicherlich nicht wegen ihres Gewichts scheiterte, ihre Pubertätskrisen nicht vom Zunehmen oder Abnehmen gezeichnet waren, ihre Schwangerschaft nicht die Folge ihres Körpergewichts war! Für viele Frauen hat Dicksein einen durchaus positiven Beigeschmack. Vor allem für diejenigen Frauen, die magersüchtig wurden, nachdem sie tatsächlich (und nicht eingebildet) etwas übergewichtig gewesen waren. Solche guten Assoziationen liegen vielleicht tief unter dem gewöhnlich vorgetragenen Ekel vor dem Dicksein begraben. Aber es ist wichtig, sie zu entdecken. Solange sie im verborgenen bleiben, sind sie eine Bedrohung für die Magersüchtige. Sie erschweren es der Frau, ein »normales« Körpergewicht für sich selbst auszumalen. Sie werden zum Magneten, der die Betroffene aus der Magerkeit in die Fettheit zieht.

Um die Magersucht aufzuarbeiten, müssen wir uns also über die emotionalen Nuancen und Bilder einig sein, die mit den unterschiedlichen Körpergewichten assoziiert werden. Zusätzlich bietet das Reden über die tatsächliche Bedeutung von Fett und über die beschränkten Assoziationen der Magersüchtigen die Chance, daß die Patientin den Weg zu vielfältigeren Sinnzuweisungen zurückfindet. Und darauf wird sie irgendwann im Laufe des Heilprozesses bauen können. Die Erfahrung, 45 Kilo zu wiegen, wird dann nicht nur von Furcht begleitet sein. Denn die Patientin hat dann die positive Erfahrung mit diesem Gewicht wieder verinnerlicht (oder sie fixiert sich zumindest nicht ausschließlich auf die negativen Aspekte dieser Erfahrung). Wir erkennen also, wie vorteilhaft und wie notwendig es ist, das Verhältnis der individuellen Frau zu verschiedenen Körpergewichten gründlich zu untersuchen. Andernfalls kann es eintreten, daß die Therapeutin/der Therapeut sich heimlich mit der Tendenz der Patientin einverstanden erklärt, alle Erfahrungen miteinander zu verschmelzen und nur ein durch und durch negatives Bild von dick und dünn zu präsentieren, anstatt die Bedeutungen zu differenzieren. Nachdem wir dieses festgehalten haben, ist es wichtig, an etwas anderes zu erinnern: Das Zunehmen wird für die Frau bis zu einem gewissen Grad eine schwierige Erfahrung sein. Mag ein noch so großer Teil ihrer Persönlichkeit das Wachsen, ja das Wiedereinsetzen der Periode und das Herausbilden von Kurven begrüßen, so existiert da ein anderer Teil, der im Begriff ist, eine bekannte Daseinsform zu verlieren. Seelisches Wachsen enthält immer einen schmerzlichen Beigeschmack, mag dieser Vorgang so anregend sein.

In diesem Zusammenhang fällt Kleidern und dem Ausprobieren verschiedener Präsentationsformen eine große Bedeutung zu. Viele magersüchtige Frauen meinen, daß sie nicht das Recht haben, sich so anzuziehen, daß sie sich selbst gefallen. Wer bewußt auffallende Kleidung sucht, wer starke Farben oder gut sitzende Kleidungsstücke trägt oder wer überhaupt Kleidung genau aussucht, gilt in der Logik der Magersüchtigen als genußsüchtig. Kleider sind eine Aussage über Bedürfnisse. Häufig wird die Kleidung dazu benutzt, einen sehr mageren Körper vor der Welt zu verstecken. Das abgemagerte Aussehen der Betroffenen hat bereits Anlaß für viele Bemerkungen gegeben, und so fühlt sie sich unwohl und befürchtet, daß ihre Mitmenschen ihrem Körper zu nahe treten. Sie verdeckt ihre knochigen Arme und Beine, indem sie mehrere Schichten Kleidung trägt. Und so gelingt es ihr, das Wissen um ihr wahres Aussehen für sich zu behalten. Die Fähigkeit, ihre »Meisterleistung« für sich zu behalten, ist tröstlich. Aber natürlich ist die Sache mit der Kleidung in unserem Kulturkreis beziehungsweise im Kopf der Magersüchtigen nicht so einfach. Kleider vermitteln allerlei Sinnzusammenhänge, genauso wie das Auftreten der Trägerin Hinweise auf ihr Wohlbefinden gibt und Teil eines Gesamtbildes ist, das sie projiziert. Wie viele andere Aspekte der Körpersprache, so sind auch Kleider und das Anziehen für die Magersüchtige spannungs- und schmerzbesetzte Angelegenheiten.

Ihr Wunsch, durch Magerkeit attraktiv zu werden, hat nicht zum Wohlbefinden geführt, sondern lediglich das eigene Unbehagen verlagert. Es ist wahrlich schwierig, einen völlig abgemagerten Körper so zu kleiden, daß er anziehend wirkt. Es ist einfach kein ästhetisches Vergnügen, Kleider zu sehen, die von einer »Bohnenstange« herabhängen. Hinzu kommt, daß viele magersüchtige Frauen Probleme damit haben, für sich selbst Kleidungsstücke zu kaufen. Das Einkaufen, die Kommentare anderer Personen im Umkleideraum, der Mangel an passenden Sachen – all dies ist eine schwere Prüfung.

Außerdem finden viele Frauen es ausgesprochen schwer, für sich selbst Geld auszugeben. Das ist eine andere Facette des Verzichts und der Deprivation. Fast jede Summe kommt der Betroffenen gewaltig vor, und sie assoziiert dies mit übermäßiger Genußsucht. Auch an dieser Stelle tritt wieder das Tabu hervor, eigene Bedürfnisse zu erkennen und zu befriedigen. Nicht ausgegebenes Geld ist der Beweis der Fähigkeit, Bedürfnisse auszulöschen. Und wenn wir genauer hinsehen, entdecken wir häufig, daß dem Geld eine besondere symbolische Bedeutung verliehen wird. Frauen, die vor ihrer Magersucht relativ freizügig mit Geld umgingen, zögern jetzt, es auszugeben. Geld herausgeben – das ist Entzug, eine gefräßige Gier. Die Betroffene meint, nicht soviel wert zu sein. Sie verdient nicht ein Kleid, eine Tasche, Schuhe, eine Eintrittskarte fürs Theater und so weiter. Das daraus folgende Horten ist ein verzweifelter Versuch, sich irgendeine Art von Sicherheit zu verschaffen – und somit gerechtfertigt. Gespartes Geld wird mit »Bravsein« assoziiert, mit einem Schutz vor künftigen Bedürfnissen. Um die nächste Ecke lauert schon das Unheil, deswegen muß Geld für solche Gelegenheiten aufbewahrt werden. Genauso wie das Nicht-Essen eine Versicherungspolice für Eventualitäten ist, so sorgt das Nicht-Ausgeben von Geld dafür, daß die noch fehlende Sicherheit sich in der Zukunft einstellt. »Ich möchte nicht arm und elend dran sein, wenn ich älter bin« – das ist die häufige Rechtfertigung für diese Art von Sparsamkeit beziehungsweise Geiz. Lieber jetzt genügsam und elend leben. Diese Einstellung spiegelt natürlich die Idee wider, daß die Umwelt niemals gut gesinnt sein wird. Was man jetzt in den Händen hält, ist das Höchstmaß an Glück, Reichtum und so weiter, das möglich ist. Selbst wenn die Betroffene offenkundig unzufrieden ist.

Es gibt noch einen weiteren Aspekt, dem wir Aufmerksamkeit schenken sollten. Nämlich der Frage, wie die magersüchtige Frau in und mit ihrem Körper lebt, wenn sie über-, unter- und normalgewichtig ist. Auch hier gilt wieder, daß wir den Nuancen des Körpergefühls und des Selbstekels der Betroffenen auf die Spur kommen müssen. Während der Endphase der Therapie ist die Betroffene in der Lage, mehr zu essen, und so verändert sich ihr Körper allmählich. Jetzt muß die Therapeutin/der Therapeut zur Verfügung stehen, um die Gefühle aufzuarbeiten, die das »Normalsein« auslöst. Vielleicht fürchtet die Patientin, daß »normales Aussehen« mit dem Zwang zum normalen weiblichen Verhalten einhergeht. Es wird also therapeutisch wichtig sein, daß sie Wege findet, sich anders auszudrücken als durch die dramatische Umwandlung ihres Körpers. Ein Beispiel: Es geht ihr ganz schlecht, dennoch bemerkt jemand, daß sie blendend aussieht. Jetzt muß sie eine angemessene Reaktion formulieren. In etwa: »Aber ich fühl' mich überhaupt nicht besonders wohl in meiner Haut heute.« Oder: »Ja, komisch, meine Probleme mit Essen und mit dem Körper sind zum größten Teil geklärt, aber ich bin immer noch manchmal sehr traurig« und so weiter. Sie braucht, kurz gesagt, ein reicheres Vokabular der Selbstdarstellung als das bloße Abnehmen und Kleinerwerden. Sie muß lernen, ihren Gefühlen direkten Ausdruck zu geben.

Es ist auch wichtig, zu verstehen, wie jede individuelle Frau während der aktiven anorexischen Phase ihrem Körper gegenüber eingestellt ist. Ein verkleinertes Körpergewicht läßt nicht immer automatisch auf Rückzug schließen. Überraschenderweise strahlt manche Magersüchtige ein Wohlbefinden mit ihrem Körper aus, selbst wenn der Zuschauer dies beunruhigend findet. Sie hat nicht die Haltung, die traditionell mit Magersucht assoziiert wird. Sie ist keine verwelkte und sich zurückziehende Erscheinung mit hervorquellenden Augen. Vielmehr schätzt sie die körperliche Stärke, die das Ergebnis ihrer regelmäßigen Leibesübungen ist, und so zeigt sie unbekümmert ihre Armmuskeln. Viele magersüchtige Mannequins bekommen sehr viel Geld dafür, daß sie Kleider vorführen. Und manch eine magersüchtige Tänzerin tritt in der Öffentlichkeit auf. Eine solche Frau mag eine öffentliche Zurschaustellung des Körpers nur deswegen in Betracht ziehen, weil er anscheinend dünn genug ist. Das Zunehmen würde in diesem Fall gleichgesetzt werden mit dem Ende solcher Auftritte.

Selbstverständlich fühlen sich sehr viele Frauen so unbehaglich in ihrem winzigen Körper, daß sie ihn verhüllen. Dieses Unbehagen muß nicht unbedingt in Beziehung zum augenblicklichen Gewicht stehen. Möglicherweise hat die Frau auch schon zuvor ihren Körper versteckt oder sich unwohl darin gefühlt, als sie eine völlig normale Kleidergröße aufwies. Die therapeutische Beziehung bietet der Betroffenen den Rahmen, ihre unterschiedlichen Anpassungsleistungen genauer in Anspruch zu nehmen. Ein wichtiger Vorbehalt: Die Therapeutin sollte fähig sein, auszustrahlen, daß sie sich in ihrem eigenen Körper wohl fühlt. Das wird der Patientin sehr viel Sicherheit schenken und ihr ermöglichen, einem Körper gegenzuarbeiten, mit dem auch sie sich wohl fühlen kann. Wenn die Therapeutin während der Sitzungen zu- oder abnimmt, so kann sich diese Veränderung äußerst verwirrend und bestürzend auf die Patientin auswirken. Ein gewisses Maß an Wohlbefinden und Einverständlichkeit mit dem eigenen Körper sowie die Fähigkeit, dies zu projizieren – das ist die Voraussetzung für die Arbeit mit einer magersüchtigen Frau. Die Patientin hat so heftige Probleme im Bereich des Körperlichen, daß Therapeutinnen, die zu- oder abnehmen, es schwierig finden würden, die gemeinsamen Gespräche über den Körper zu ergründen (eine Ausnahme stellen die körperlichen Veränderungen dar, die mit einer Schwangerschaft zusammenhängen). Das eben Gesagte soll nicht implizieren, daß die Patientin den Körper der Therapeutin als eine Konstante wahrnimmt. Die unterschiedlichen Wahrnehmungen sind von enormer Bedeutung innerhalb der therapeutischen Beziehung, demzufolge auch für das Aufarbeiten der verdrehten Einstellung, die die Patientin dem eigenen Körper gegenüber hat.

Dieser Aspekt kam lebhaft in meiner Arbeit zum Ausdruck, als ich einmal in den Sommerferien verreisen wollte. Ich fragte meine Patientinnen, die in meiner Abwesenheit betreut werden wollten, ob sie irgendwelche Präferenzen hätten. Ihre Antworten waren äußerst interessant, da sie sich genau auf diesen Punkt bezogen: »Ich möchte niemanden sehen, die gerade eine Diät macht«, »Ich möchte jemanden sehen, die etwas von Magersucht versteht. Wenn sie eigene Erfahrungen mit diesem Problem hat, so sollen sie der Vergangenheit angehören« und so weiter. Wir diskutierten über ihre Wünsche und entdeckten, wie wichtig es ihnen war, daß ich in ihren Augen keine Probleme mit dem Essen beziehungsweise Gewicht hatte. Sie projizierten auf mich Sicherheit in Sachen Nahrung und Körper, und genau deswegen hatten sie das Vertrauen, diese äußerst problematischen Themen selbst aufzuarbeiten. In unsere Diskussionen durften die schmerzlichen Neidgefühle und das Erstaunen über soviel Sicherheit einfließen.

Manchmal gab es Phasen während der Therapie, in denen der Körper der Therapeutin anscheinend wuchs, enormen Raum einnahm, fast bedrohlich war. Die Tatsache, daß der Körper der Therapeutin sich in Wirklichkeit nicht verändert hatte, half der Patientin sehr, die eigenen Projektionen aufzuarbeiten. In diesem Fall wurden dem Körper der Therapeutin Merkmale zugesprochen, die die Patientin mit ihrem eigenen verachteten Körper assoziierte. Er schien groß, grob und voller Bedürfnisse zu sein. Als wir dieses Erlebnis genauer untersuchten, entdeckten wir die schlechten Objektbeziehungen, die der Körper symbolisierte. Der Körper der Therapeutin repräsentierte die aufreizende Mutter, die nicht die Bedürfnisse des Kindes befriedigen wollte. Das imaginierte »Fett« legte sowohl das Vorhandensein von Bedürfnissen als auch die Möglichkeit der Befriedigung frei. Diese Vision war ein quälendes Erlebnis für die Patientin, deren Lebensgeschichte voller unbefriedigter Bedürfnisse war. Diese sichtbaren Projektionen waren ihr schier unerträglich. Die gesamte Wucht dieses Konfliktes wurde innerhalb der therapeutischen Beziehung ausgelebt. Weil die Patientin allmählich begriff, daß sie den Körper der Therapeutin verzerrt wahrnahm, konnte sie diese Erfahrung nutzen, um ein neues Verhältnis zu ihrem eigenen Körper zu finden.

Für die magersüchtige Frau ist es am schwierigsten, ihre unbefriedigten Bedürfnisse aufzuarbeiten. Das Auftauchen eines Bedürfnisses wird als derart bedrohlich empfunden, daß es in der Regel unterdrückt oder in etwas Bewältigbares umgewandelt wird. Ein kritisches Thema, das während der Therapie aufgearbeitet werden muß, sind die Umstände und Folgen der fehlgeschlagenen Befriedigung historischer Bedürfnisse. Dieser Fehlschlag hat in der Betroffenen Gefühle der Unwürdigkeit hinterlassen, und so fällt es ihr schwer, mit Bedürfnissen angemessen umzugehen, die jetzt in der Gegenwart auftauchen. Wenn bereits am Lebensanfang Bedürfnisse nicht befriedigt werden oder wenn sich keine brauchbare Erklärung anbietet, warum Wünsche nicht erfüllt werden, hat dies zwei ernsthafte Sachverhalte zur Folge. Erstens verinnerlicht der heranwachsende Mensch die Vorstellung, daß Ansprüche an sich schlecht seien. Gleichzeitig ist sie oder er nicht in der Lage, anders auf momentane Bedürfnisse zu reagieren als mit Alarmgefühlen oder Unterdrückung.

Für die Magersüchtige ist die Erkenntnis bestürzend, daß sich Bedürfnisse täglich, ja stündlich aufs neue melden und daß das Leben nicht eine einzige Abfolge von Vermeidungsstrategien sein kann. Kleine Bedürfnisse und große Bedürfnisse, erfüllbare Wünsche und unerfüllbare Wünsche sind im Kopf und Wertesystem der Magersüchtigen anscheinend untrennbar. Ein Stückchen Schokolade essen wollen, sich mit jemandem anfreunden wollen, einschlafen wollen, eine Konzertpianistin werden wollen, auffällige Kleider tragen wollen – alles ist gleichermaßen tabu, Erfüllung ist unmöglich. Jegliches Bedürfnis könnte sich als nicht befriedigbar herausstellen, also sollte man alle Bedürfnisse vermeiden. Die Therapie muß sich offen und deutlich mit dieser Verwirrung in Sachen Bedürfnisse auseinandersetzen. Sie muß den erlebten Frustrationen in der Vergangenheit Legitimität verleihen, zudem muß sie ein Klima schaffen, in welchem die gegenwärtigen Empfindungen ausgedrückt werden können. Dieser Prozeß heilt die Wunden der Vergangenheit, und er ermöglicht die Erfahrung, daß die Betroffene verstanden und einfühlsam aufgefangen wird. Darüber hinaus muß die Therapie der Frau helfen, zwischen Bedürfnissen, die augenblicklich erfüllt werden können, und solchen, die niemals befriedigt werden können, zu unterscheiden. Und dann wird sich für die Frau die Frage stellen, wie sie mit den Gefühlen umgeht, die die Folge frustrierter Wünsche sind. Unterstützung ist nötig, wenn die Frau einen Weg sucht, um ihrer Trauer, Wut, Verzweiflung und so weiter wegen augenblicklicher und vergangener Bedürfnisse, die auch weiterhin nicht erfüllt werden, Ausdruck zu verleihen. Sogar eine ganz normale Enttäuschung verlangt einer Frau, die bei Bedürfnissen nur mit Verleugnung reagieren kann, einen hohen Tribut ab. Solche Enttäuschungen und ihre Folgen für die Betroffene können innerhalb der therapeutischen Beziehung aufgearbeitet werden.

Anmerkungen:

1 GULL, W. W., *Anorexia nervosa (apepsia hysterica, anorexia hysterica),* in: Transactions of the Clinical Society, 7:22, London 1874

2 Vergleiche zum Beispiel: WELLBOURNE, J., und PURGOLD, J., *The Eating Sickness: Anorexia, Bulimia and the Myth of Suicide by Slimming,* Brighton 1984. Die Autoren glauben, daß die Magersüchtige die Situation falsch konstruiert und darum der Leitung bedarf, damit sie ihre Denkweise rekonstruiert.

3 Diese etwas häßliche Formulierung wird benötigt, um den technischen Prozeß zu beschreiben, der einsetzen muß. Verinnerlichung (Inkorporation) wird in der Psychoanalyse häufig benutzt, um das psychische Aufnehmen einer Idee, eines Objektes und so weiter darzustellen. Der Begriff ist unbefriedigend, da er wörtlich meint: »einverleiben«. Wir brauchen an dieser Stelle ein Wort, das die Aufnahme des Körpers in eine psychosomatische Einheit zum Ausdruck bringt.

4 EICHENBAUM, L., und ORBACH, S., *Feministische Psychotherapie,* München 1984

10. Hinter der Abwehrstellung – Der Neubeginn der Entwicklung eines Selbst

Therapeutin/Therapeut und Patientin bemühen sich, die Nahrungsverweigerung zu verstehen und aufzuheben sowie die körperliche Erfahrung des Selbst von Grund auf zu ändern. Die Effektivität dieser Arbeit hängt davon ab, daß für lange Zeit unterbrochene Entwicklungsprozesse wiederaufleben. Anorexie – das ist ein psychologisches Symptom und ein Notstand. Sie ist die Folge eines Blocks von unterbrochenen Entwicklungsprozessen. Diese Entwicklungsprozesse sind geprägt von den besonderen Wertvorstellungen der gegenwärtigen Industriegesellschaft. Das Zusammenspiel der Kräfte, die bei der Magersüchtigen die Entwicklung bestimmt haben, muß begriffen werden, damit der Versuch eines Neubeginns auch Erfolg hat. Was will ich damit sagen?

Die moderne psychoanalytische Theorie sowie die Beiträge feministischer Theorien haben der frühkindlichen Beziehung, der Persönlichkeitsentwicklung und der geschlechtsspezifischen Problematik innerhalb der »mutterschaftlichen« Bindung besondere Aufmerksamkeit geschenkt. Sie haben das Terrain der psychologischen Analyse gewechselt: vom Ödipuskomplex zum Wandel der Objektbeziehungen und zur Rolle der Mutter für die Psychologie der sich zu entwickelnden Person. Diese Theorien haben die Schwierigkeiten und Widersprüche in der Mutter-Tochter-Beziehung illustriert, die der weiblichen Psychologie einen besonderen Stempel aufdrücken. Inzwischen ist die feministische psychoanalytische Praxis dabei, Methoden zu benennen, wie die Probleme und die ungeheuer wichtigen Folgen der Beziehung durch eine Mutter innerhalb der therapeutischen Beziehung angesprochen werden können.

Probleme mit dem Nehmen

Eine besonders auffällige Beobachtung haben diejenigen gemacht, die sich der Bedeutung der Geschlechterfrage in frühen Objektbeziehungen bewußt sind: In einer Therapie haben weibliche Patienten große Schwierigkeiten damit, daß sie innerhalb der Beziehung die Empfangenden sind. Die Konstruktion von Weiblichkeit beinhaltet Abwehrstrukturen gegen das Annehmen der Fürsorge, des Kontaktes und des Bindens, obwohl dieses alles so stark ersehnt wird. Diese Beobachtungen wurden auf beiden Ebenen der therapeutischen Beziehung gesammelt: auf der Ebene des realen Ablaufs und auf der Ebene der Übertragung. Das führte zur Theoretisierung des grundsätzlich widersprüchlichen Charakters der Mutter-Tochter-Beziehung und zum Verständnis der Auswirkung des gesellschaftlichen Weiblichkeitsdiktates (Frauen leisten für andere Gefühlsarbeit und Bedürfnisbefriedigung) auf die Entwicklung der Bindung zwischen Mutter und Tochter. Die Mutter-Tochter-Beziehung ist sowohl das Terrain der Unterrichtung in Weiblichkeit als auch das Modell für künftige Beziehungen. Mit anderen Worten: Indem die Mutter ihre Tochter psychologisch auf deren soziale Rolle vorbereitet, unterdrückt sie bewußt und unbewußt ihren Impuls, dem Kind Liebe und Wärme konstant zu geben. Gleichzeitig schärft sie der Tochter ein, genau solche Wünsche bei anderen Menschen zu befriedigen. Die Fürsorge und die gleichzeitige Zurückhaltung beim Anmelden eigener Wünsche – wesentliche Merkmale für Weiblichkeit – stammen demzufolge von diesen Quellen: Das Mädchen wird zum Geben erzogen, es entwickelt die Fähigkeit, bei anderen Menschen Bedürfnisse zu erkennen und zu befriedigen, es erwartet nicht, daß die eigenen Wünsche erfüllt werden.

Wir haben die Folgen gesehen: Frauen zögern, ihre Bedürfnisse auszudrücken. Die Übertreibung dieser Haltung spiegelt sich in der Scham wider, die bei vielen Frauen mit dem bloßen Verspüren von Bedürfnissen einhergeht. Die Bedürfnisse existieren weiter, und sie melden sich zu Wort. Aber sie sind hinter einem Dickicht von Abwehrstrukturen gefangen. Diese Abwehrstrukturen dienen dann dazu, die Frauen vom direkten Ausdrükken und Erfahren der eigenen Bedürfnisse abzuhalten, und sie schaffen einen strukturellen Widerstand gegen das Annehmen von Fürsorge.

Die Wechselfälle bei den Abwehrstrukturen

Die zuvor unterbrochenen Entwicklungsprozesse können nur dann wiederbelebt werden, wenn die für ein emotionales Weiterwachsen benötigte Nahrung in die beschnittene Psyche der Frau einfließen kann. Die Tatsache, daß ihre Abwehrstrukturen sich genau gegen diese Versorgung richten, legt der Therapeutin/dem Therapeuten bestimmte Pflichten auf. Der Schwerpunkt der psychotherapeutischen Arbeit liegt in einer bestimmten Richtung: die Kontaktaufnahme mit dem verhinderten oder embryonalen Selbst hinter der Abwehrstruktur. Damit will ich keineswegs implizieren, daß es in der therapeutischen Begegnung darum geht, eine Rückentwicklung (Regression) in Gang zu setzen, um dann mit der regressiven Person zu kommunizieren. Die Aufgabe der Therapie ist etwas anderes. Nämlich eine Beziehung zur ganzen Person, zu ihrer unentwickelten Psyche, zu ihren Abwehrstrukturen, zur Person, wie sie real in der Welt existiert. Es muß eine Beziehung hergestellt werden, die den Brüchen in der Psyche der Patientin Rechnung tragen kann, damit jene unentwickelten seelischen Bereiche mit dem Wachsen fortfahren können und sich in ein Ganzes integrieren. Der gehemmte Teil der Psyche wird also in einem Kontext angesprochen, der es möglich macht, die kognitiven Fähigkeiten der Persönlichkeit einzuspannen. Dieser letztere Punkt ist wichtig. Bei einer Magersucht ist es nur dann nützlich, das logische und kognitive Selbst anzusprechen, wenn das versteckte innere

Selbst ebenfalls angesprochen wird. Ist dies nicht der Fall, degeneriert der Dialog von einer psychotherapeutischen Begegnung zu einer Logikdiskussion. Vielleicht kann ein Beispiel am besten darlegen, was vermieden werden sollte:

Therapeutin: Nun, du weißt, daß du mehr essen mußt, weil du sonst nicht zunimmst (das Ansprechen des Logischen).
Patientin: Ja, schon, aber ich möchte nicht zunehmen (Reaktion der Abwehrstrukturen).
Therapeutin: Aber du sagst doch, daß du gesund werden willst (das Ansprechen des Logischen).
Patientin: Das stimmt vielleicht.

Zum Vergleich:

Therapeutin: Hier scheint ein Dilemma vorzuliegen. Ein Teil von dir (das Ansprechen des Logischen) weiß, daß du mehr essen mußt, damit du zunimmst, aber (das Ansprechen des Inneren) du hast Angst, und du zögerst, weil ein anderer Teil in dir fürchtet, daß du die Kontrolle aufgeben sollst.
Patientin: Ich meine, mitten in diesem Konflikt zu stehen ... Der Kampf, der mich richtig quält, geht darum, wie ich das Risiko des Essens auf mich nehmen kann und wie ich das notwendige Essen schaffe (Reaktion des Logischen und des Inneren).

Beim zweiten Beispiel werden beide Ebenen, das Innere und das Logische, angesprochen. Die Folge: Die Abwehrstrukturen müssen nicht aktiviert werden. Die Lage der Patientin wird präzise beschrieben. Und weil sie ganzheitlich angesprochen worden ist, kann sie einen Schritt nach vorne tun.

Es treten mehrere Dinge ein, wenn man sich auf das unentwikkelte Selbst hinter den Abwehrstrukturen bezieht. Jetzt wird es möglich, die fundamentale Erfahrung psychologischer Unterernährung zu wenden. Ich sage »möglich«, denn die therapeutische Arbeit muß gleichzeitig an zwei Fronten geleistet werden. Einerseits muß die Therapeutin/der Therapeut das unentwikkelte Selbst ansprechen, sie/er bietet eine Beziehung an, die eine Kontaktaufnahme mit diesem verletzlichen Seelenbereich erlaubt. Gleichzeitig muß die Therapeutin/der Therapeut der Patientin helfen, sich Raum zu verschaffen, damit sie das Angebotene auch nutzen kann. Es muß ein Weg gefunden werden, die Abwehrstrukturen zu überwinden, die ja dazu dienen, das unentwickelte Selbst vor Außenkontakten zu schützen. Diese Abwehrstrukturen entfalteten sich ursprünglich als Mittel, das verletzliche Selbst vor Ablehnung und Mißverständnissen zu schützen. Da es einmal mißverstanden und vernachlässigt wurde, empfindet das Selbst eine Notwendigkeit, andere vor der eigenen Gegenwart zu schützen. Es betrachtet sich als »schlecht«. Es sucht ein Versteck auf. Die Abwehrstrukturen funktionieren dann auf zweifache Art: Sie verstecken das verletzliche, unentwickelte Selbst vor jenen, die es angeblich schädigen, verwirren oder bedrängen könnten. Zur gleichen Zeit verhindert das Versterktsein den Zufluß von emotionaler Nahrung, die ja weiterhin gebraucht wird.

Im zweiten ebengenannten Beispiel fällt es der Patientin offensichtlich nicht besonders schwer, das Kontaktangebot der Therapeutin/des Therapeuten anzunehmen.

Mit anderen Worten: Indem sie verstanden wird, ist es ihr möglich, in der Beziehung zu »nehmen«. Die Voraussetzung eines so produktiven Austausches wie der eben zitierte ist freilich Wachsamkeit seitens der Therapeutin/des Therapeuten. Sie/er muß erkennen, wie die Abwehrstrukturen jeder einzelnen Patientin innerhalb der therapeutischen Beziehung funktionieren. Damit meine ich nicht simple Deutungen wie: »Du hast Angst vor menschlicher Nähe und Kontakten, also schiebst du sie weg. Das machst du auch in der therapeutischen Beziehung.« Vielmehr geht es um eine mitfühlende Grundhaltung, die an die reale Spannung der Patientin anknüpft. Ein Beispiel:

Therapeutin: Es sieht so aus, als ob in dir ein Hinundhergezerre abläuft. Der Wunsch nach Kontakt und Nähe wird hintertrieben durch die gleich starke Angst vor Intimität, die in dir wach wird. In unserer Beziehung haben wir die Chance, zu erkennen, wie sich dies ausdrückt und wie wir gemeinsam die Angst überwinden können.

Am effektivsten lassen sich die Abwehrstrukturen durchdringen, wenn man innerhalb der therapeutischen Beziehung sie offen anerkennt und direkt Bezug auf sie nimmt. Beide Seiten akzeptieren sie als Teil der Persönlichkeit der Patientin. Ihre schützende, nützliche Bedeutung wird genauso diskutiert wie ihre hemmende Funktion. Sie werden beobachtet und kommentiert, und so gelingt es, sie zu untersuchen, zu verstehen und neue festzulegen. Die Aufhebung der hemmenden Abwehrstrukturen wird zum gemeinsamen Ziel.

Abwehrstrukturen sind die Grundvoraussetzung der Anorexia Nervosa. Sie allmählich während der Therapie abzubauen ist eine heikle Angelegenheit. Sie scheinen in Schichten aufgebaut worden zu sein, und man muß sich durch jede Schicht hindurcharbeiten. Vielleicht hilft es an dieser Stelle, die Psyche mit einem Haus zu vergleichen. Der Plan des Hauses war gut, aber dann wurde es auf wackligem Boden gebaut. Ganz unten, tief in den Fundamenten des Hauses, leben die potentiellen Stärken und die strukturellen Schwächen Seite an Seite (das versteckte, sich entwickelnde Selbst). Die strukturellen Schwächen wurden nicht korrigiert, sondern statt dessen betoniert (daher ist das unentwickelte Selbst erstarrt). Die Außenwände werden durch brüchige Pfähle gestützt anstatt durch solide Balken. Ihre Schwachstellen müssen dauernd abgestützt werden. Allerlei Träger werden herbeigeschafft, um sie vor dem Einstürzen zu bewahren. Im Inneren sind die Fenster und Türen schlecht angepaßt. Sie schützen nicht hinreichend vor den Elementen. Hitze und Kälte dringen zu den falschen Zeiten ins Haus ein (der Körper wird als unsicher wahrgenommen, die Umgebung ist feindlich gesinnt). Das Haus wirkt instabil, die Besitzerin muß ständig reparieren und renovieren, um es instand zu halten (Rituale werden eingeführt, um ein Gefühl der Kontinuität zu erlangen). Es gibt keine Zeit für die Gartenpflege. Alle Energie wird für das Übermalen, Abdichten und so weiter gebraucht (der Körper wird überarbeitet, zwanghafte Praktiken werden ausgeübt). Wenn ein Architekt (Therapeutin/Therapeut) hinzukommt, um mit der Bewohnerin die strukturellen Probleme aufzuarbeiten, entdecken sie die vielschichtigen Schwachstellen des Gebäudes, vor allem an den Außenmauern. Gemeinsam reißen sie einige Mauerstellen und Gipsplatten ein und beizen den alten Anstrich ab. Auch die Fundamente bedürfen zum Teil der Erneuerung, damit der ursprünglich gute Bauplan zum Zuge kommt. Beide arbeiten gemeinsam daran, das Potential des Gebäudes neu zu erschließen. Sie erkennen und entfernen Problemherde wie etwa den Hausschwamm, dadurch kommen sie einer sinnvollen Isolierung des Hauses näher. Geduldig überholen sie jeden anfälligen Bereich. Sie erwarten kein Wunderheilmittel. Sie erkennen, daß hochkriechende Nässe feuchte Wände schafft, was wiederum die Gipsplatten zerstört. Das Ziel der Therapie ist das gemeinsame, sorgfältige Durchdringen der Abwehrstrukturen. Therapeutin und Patientin arbeiten sich gewissenhaft zum ursprünglichen und weiterhin existierenden Potential vor, so daß das »Gebäude« die Pracht entfalten kann, die ihm einmal bestimmt war.

Der Wiederaufbau vollzieht sich mit Anmut. Denn die Therapie, die gemeinsame Arbeit von Therapeutin/Therapeut und Patientin, ist ein Akt der Schöpfung. Hier wird ein embryonales Selbst geboren, das zuvor in einer psychischen Wüstenei gestrandet und voller Stacheln ist, um sich selbst zu schützen. Im Verlaufe einer erfolgreichen Therapie lebt die Patientin geradezu auf. Sie häutet sich, die Verkrustungen fallen Schicht für Schicht von ihr ab. Sie fühlt, daß sie als Ganzes existiert – körperlich und seelisch. Sie erlangt eine psychosomatische Einheit. Sie fühlt sich wohl. Sie hat ein Recht auf die Welt und ihre

Möglichkeiten. Jetzt ist sie für Kontakte mit anderen offen. Weil sie die seelischen Barrieren vor dem Nehmen überwunden hat, ist ihr die Nahrung zuteil geworden, die sie für das Wiederbeleben ihrer eigenen Entwicklungsprozesse braucht. Sie hat – also kann sie geben und nehmen.

Das ist erreichbar, wenn die Therapeutin/der Therapeut in der Lage ist, beharrlich an der Beziehung zum embryonalen Selbst hinter den Abwehrstrukturen festzuhalten. Immer wieder wird es während der Therapie zum Abblocken und Abwehren kommen, und das wird für Therapeutin/Therapeut und Patientin gleichermaßen eine Quelle der Verwirrung und Verzweiflung sein. Wenn die Therapeutin/der Therapeut erkennen kann, daß Veränderung mit Problemen und Schmerzen einhergeht und daß sich Abwehrstrukturen als Mittel offenbaren, Patientin und Therapeutin/Therapeut auf die besonderen Schwierigkeiten eines bestimmten Augenblicks aufmerksam zu machen, dann kann eine weitere Manifestation der Abwehrstrukturen hier auch weniger pessimistisch gedeutet werden: nicht als Beweis für unerledigte Arbeit, sondern als Aufforderung, genau dieses Problem anzugehen. Man kann Abwehrstrukturen als Hinweise verstehen auf Schwierigkeiten, die nicht ausreichend behandelt worden sind. Ein Beispiel: Nach zwei Jahren Therapie fiel es Jean etwas leichter, ihren Gefühlen hinsichtlich Alltagssituationen Ausdruck zu verleihen. Zuvor präsentierte sie entweder ein nachgiebiges oder ein mürrisches Äußeres. Jetzt war sie in der Regel angeregt. Spürte sie während der Sitzungen Traurigkeit, Kummer oder Depressionen, konnte sie der Therapeutin diese Gefühle mitteilen (das galt auch zunehmend für die Welt draußen). Wegen eines plötzlichen Todesfalls in der Familie verlängerte die Therapeutin ihre Osterferien von zwei auf drei Wochen. Bei der Rückkehr der Therapeutin führte sich Jean äußerst verständnisvoll und unbekümmert wegen der Unterbrechung auf. Während der nächsten zwei Sitzungen hielt sie sich sichtlich zurück. Zwar erzählte sie von den Begebenheiten ihrer Osterferien, aber sie schien vieles von dem, was sie empfand, unter Verschluß zu halten. Die Therapeutin begriff Jeans (emotionalen) Rückzug als eine Reaktion auf die Verstimmung wegen des verzögerten Wiederbeginns der Sitzungen. Jean fühlte sich anscheinend enttäuscht und verlassen. Mit zwei Wochen Pause konnte sie umgehen, aber die dritte Woche war für sie sehr problematisch. Ein Teil des Problems war auf die Tatsache zurückzuführen, daß die ersten zwei Wochen der Unterbrechung positiv erlebt wurden. Jean fühlte sich wohl in ihrer Haut und war begierig darauf, der Therapeutin die Stärke mitzuteilen, die sie in sich gefunden hatte. Die guten Gefühle verschwanden freilich rasch, als sie per Telefon über die Verlängerung benachrichtigt wurde. Jean erlebte dies als »hängengelassen werden«, fast »wie eine Bestrafung für die guten Gefühle«. Sie wurde äußerst ängstlich und hatte scheinbar ihre neuen Fähigkeiten, mit schmerzlichen Gefühlen umzugehen, wieder verloren. Sie ertappte sich dabei, wie sie wieder weniger aß und wie sie zwanghaft Aerobic-Kurse besuchte. Eine Zeitlang benutzte sie wieder die Methoden der Magersüchtigen, mit Problemen zurechtzukommen. Sie meinte, daß sie der Therapeutin ihre Verstimmung nicht zeigen dürfe, insbesondere da die Therapeutin zu diesem Zeitpunkt selbst Kummer hatte. Sie durfte die Therapeutin angeblich nicht belasten, sondern mußte sich als bedürfnislos präsentieren. Sie errichtete in der Tat eine so starke Barriere, daß es der Therapeutin anfangs schwerfiel, einen Kontakt herzustellen. Jean machte es der Therapeutin entsetzlich schwer, sich mit ihren Bedürfnissen auseinanderzusetzen. Aber die Therapeutin konnte ihr helfen, genau dieses Verhalten zu erkennen. Jean entspannte sich ein wenig. Das Beispiel zeigt, wie die Abwehrstrukturen gegen Abhängigkeitsbedürfnisse dabei waren, sich wieder zu behaupten.

Unter diesem Aspekt ist es nicht sonderlich nützlich, der Patientin eine bewußte »Abwehrhaltung«, »Defensivität« oder »Rückzugstendenzen« zuzuschreiben. Sondern das unerwartete Auftauchen von Abwehrmechanismen fordert die Therapeutin/den Therapeuten dazu auf, der Betroffenen beim Aufarbeiten eines noch problematischen Bereiches zu helfen. Rein technisch gesehen, blockieren diese Abwehrmechanismen in der Tat. Aber wenn sie nur unter diesem Gesichtspunkt gesehen werden, gerät die Therapeutin/der Therapeut in eine Falle. Sinn und Zweck der therapeutischen Arbeit, nämlich die Kontaktaufnahme mit dem embryonalen Selbst, geht verloren.

Bevor ich näher auf den Wert und Effekt einer solchen Kontaktaufnahme eingehe, möchte ich hinzufügen, daß das Abwehren und Abblocken seitens der Patientin eine extrem schwierige Herausforderung für die therapeutische Arbeit ist. Wenn die Abwehrmechanismen nämlich effektiv arbeiten, können sie bei der Therapeutin/dem Therapeuten den Wunsch hervorrufen, Abstand zu bewahren, sich nicht einzulassen. Und das ist ja ihr Zweck. Wie Stahltüren beschützen sie die Frau, die sich geradezu uneinnehmbar fühlt. Die Therapeutin/der Therapeut reagiert darauf mit dem Wunsch, diesen Panzer zu durchdringen oder sich irritiert abzuwenden. Manchmal, wenn die für die Magersucht typischen Abwehrmechanismen (Rituale, Nahrungsverweigerung, Obsessionen) geringer werden, tauchen ähnlich belastende Spaltungsmechanismen auf. Auch sie haben den Effekt, die Therapeutin/den Therapeuten abzuwehren. Ein Beispiel: Wenn sich Audrey der Therapeutin besonders nahe fühlte und die Sitzung verständnisvoll und hilfreich verlaufen war, pflegte sie mit großer Verspätung zur darauffolgenden Sitzung einzutreffen. Mit wortreichen Entschuldigungen stürzte sie ins Zimmer und plapperte über »dies und das«. Die Therapeutin empfand Enttäuschung. Der Kontakt der vorigen Sitzung schien sich jetzt in Auflösung zu befinden. Es fiel ihr schwer, sich auf Audreys Monolog einzulassen, sie fühlte sich befremdet. Therapeutinnen/Therapeuten müssen sich der Auswirkungen dieser Abwehrmechanismen auf die eigene Person bewußt bleiben. Sie müssen wissen, wie solche Mechanismen funktionieren, wie sie dazu dienen, den Kontakt zum sich entwickelnden Selbst zu untergraben, und in welchen Phasen der Therapie sie auftreten. So betrachtet, könnte ihr Auftauchen das Signal für ein rascheres Verstehen bedeuten anstatt das Vorspiel einer langen und verwirrenden Durststrecke während der Therapie beinhalten. Die Therapeutin deutete Audrey an, daß sie sich möglicherweise von der Intimität der vorigen Sitzung abkehrte. Audrey empfand den Austausch durchaus als Unterstützung. Gleichzeitig aber bedeutete die Hilfe, daß Audreys übliche Bewältigungsstrategien (nämlich alles allein zu machen) bedroht wurden. Weil die Therapeutin die Schwierigkeit direkt ansprach, konnte die Beziehung einen neuen Anfang nehmen. Die Abwehrmechanismen treten in dem Augenblick auf den Plan, wenn sich die Patientin gefährdet fühlt. Es gibt viele Umstände, bei denen die innere Alarmglocke losschrillt. Wenn eine Frau beispielsweise auf dem Scheideweg steht zwischen ihren alten Handlungsweisen und einem Neubeginn, meint sie manchmal, daß sich eine schmerzliche Erfahrung wiederholt, die sie einmal in der Vergangenheit gemacht hat. Gefahr wird eher im Bauch als im Kopf gespürt. Paradoxerweise fühlen sich viele Frauen genauso oft durch eine Verbesserung ihrer Lage gefährdet wie durch eine Verschlechterung. Versagen – das ist etwas, womit Frauen rechnen. Enttäuschung – ein nur allzu bekannter emotionaler Zustand. Dagegen mag es einer Frau sehr schwerfallen, Erfolge oder Veränderungen auszunutzen und zu genießen, mögen diese noch so stark ersehnt sein. Die Frau »verteidigt« sich gegen das Positive, indem sie mißtrauisch ist. Scheinbar macht sie ihren Fortschritt zunichte. Ein Beispiel: Eine Patientin entwickelte während der Therapie die Fähigkeit, ihre Zimmer und ihre Kleider ordentlich und sauber zu halten. Das war für sie eine neue Erfahrung. Es hatte etwas mit wachsender Selbstachtung zu tun, und die Patientin war sich dessen bewußt. Gefestigt war dieses neue Selbstbild freilich noch nicht. Von Zeit zu Zeit ließ sie das schmutzige Geschirr zu Bergen anwachsen und ihre Kleidungsstücke auf dem Boden herumliegen. Kurz gesagt, es herrschte eine abstoßende Unordnung. Diese Chaosphasen wurden kürzer und kürzer, und ihre Ordnungsliebe war keineswegs zwanghaft. Es war so, als ob sie ihr neues Ich mißtrauisch auf die

Probe stellte. Andere Frauen, die kurz vor der Wende zum Positiven stehen, erfahren sich auf einmal als unglaublich ängstlich. Manchmal beginnen sie wieder mit anorexischen Ritualen, um mit der Situation zurechtzukommen. Wenn die Therapeutin/der Therapeut weiß, wie problematisch Erfolge sein können, dann hat sie/er eine gute Chance, der Patientin dabei zu helfen, die Schwierigkeiten zu überwinden. Indem sie/er beim Konflikt gegenwärtig ist, der vom Erfolg ausgelöst wird, ist es nicht nötig, sofort die Abwehrmechanismen zu aktivieren.

Etwas muß die Therapeutin/der Therapeut stets im Gedächtnis behalten: Die therapeutische Beziehung existiert, um der Patientin zu helfen, auftretende Schwierigkeiten aufzuarbeiten. So ist es die professionelle Pflicht der Therapeutin/des Therapeuten, sich nicht in die Abwehrmechanismen der Patientin zu verstricken.

Die Patientin kann sich nicht helfen, und genau darum macht sie eine Therapie. Die Therapeutin/der Therapeut muß sich selbst in die Pflicht nehmen. Es geht darum, stets den Überblick zu bewahren und sich nicht von den Abwehrmechanismen der Frau verstricken zu lassen. Wie eine Giraffe muß die Therapeutin/der Therapeut das ferne Ziel im Auge behalten, über die sich auftürmenden Schutzwälle hinweg muß der Blick gehen, damit der Kontakt mit dem verborgenen Selbst immer im Visier bleibt. Irritationen, Frustrationen oder Verzweiflung, die die Therapeutin/der Therapeut von Zeit zu Zeit spürt, gehören zu einer therapeutischen Beziehung. Diese Feststellung bedeutet aber nicht, daß ich der Therapeutin/dem Therapeuten dazu rate, solche Gefühle der Patientin mitzuteilen. Vielmehr sollte die Therapeutin/der Therapeut dies als Signal auffassen, mit dem die Betroffene die eigenen Irritationen, Frustrationen usw. mitteilen will. Wenn die Patientin ein solch negatives Gefühl bei ihrem Gegenüber weckt, so kann sie höchstwahrscheinlich diesem Gefühl nicht *direkten* Ausdruck verleihen. Daher spaltet sie unbewußt dieses Gefühl ab und schiebt es der Therapeutin/dem Therapeuten zu. Daran muß man sich erinnern, wenn solche unangenehmen Befindlichkeiten in der Therapiesituation auftauchen. So läuft man nicht Gefahr, sich von der Patientin zurückzuziehen. Wenn die Patientin zum Beispiel so teilnahmslos und deprimiert ist, daß sich die Therapeutin/der Therapeut als schrecklich nutzlos empfindet, kann sie/er diese Gefühle als Signal interpretieren: Die Patientin sorgt sich darum, ob sie wohl je die Hilfe bekommen wird, die sie braucht. Das Gefühl der Hoffnungslosigkeit, das die Patientin ausstrahlt, macht ihre Erfahrungswelt emotional nachvollziehbar. Die Therapeutin/der Therapeut kann sich diese Gefühle zunutze machen:

Therapeutin/Therapeut: Deine Teilnahmslosigkeit und Verzweiflung können in mir große Hoffnungslosigkeit wecken. Ich glaube, daß es uns hilft, auf einen Umstand zu achten: Diese äußerst entmutigenden Gefühle treten genau zu dem Zeitpunkt auf, da du ein bißchen mehr Selbstvertrauen und Daseinsberechtigung verspürst. Es sieht so aus, als ob du dauernd ein Problem damit hast, etwas Gutes zu erfahren oder dich selbst als positiv zu erleben. Gemeinsam müssen wir jetzt etwas zu verstehen versuchen: nämlich wie das Bemühen, persönlich zu wachsen, unterlaufen wird von der Angst vor dem Wachsen. So daß du dich innerlich schlecht, hoffnungslos und verzweifelt fühlst anstatt optimistisch, energiegeladen usw.

In diesem Beispiel spricht die Therapeutin/der Therapeut die Abspaltung und das Selbst an, das sich wieder abgekapselt hat. Die Patientin fühlt sich emotional verstanden, sie ist in der Lage, sich jene abgespaltenen Gefühle wieder anzueignen. Dieser Prozeß erlaubt ihr, innerhalb der therapeutischen Beziehung zu »nehmen«. Sie zieht sich nicht vom an sich erwünschten Prozeß des Wachsens zurück. Weil die Therapeutin/der Therapeut sich nicht von den Abwehrmechanismen »abstoßen« läßt, vermag sie/er der Betroffenen zu geben und das Gefühl der Hoffnungslosigkeit umzukehren. Die Therapeutin/der Therapeut demonstriert, daß sie/er der Patientin durch die Schwierigkeiten hindurchhelfen kann. Es ist nicht ihr Los, in einer seelischen Wüste steckenzubleiben.

Die Therapeutin/der Therapeut hält am Ziel fest, mit dem sich entwickelnden Selbst zu kommunizieren. Dadurch trägt sie/er zur Entwicklung bei, der Prozeß der psychischen Integration wird gefördert. Die überflüssig gewordenen Abwehrmechanismen werden schwächer, das Selbst tritt jetzt stärker auf. Die Patientin beginnt, sich selbst authentisch zu erfahren. Sie erlebt ein Gefühl der Kontinuität zwischen ihrer Innen- und Außenwelt. Die Aufmerksamkeit, die die Therapeutin/der Therapeut dem sich entwickelnden Selbst schenkt, steht im direkten Kontrast zur Interesselosigkeit, die die Frau ihrem Selbst gegenüber an den Tag legt. Ein Großteil der Bemühungen der Magersüchtigen galt ja der Unterdrückung des Selbst. Und so gerät sie vielleicht außer Fassung, wenn ihr Gegenüber versucht, sich auf einen Teil ihrer Persönlichkeit zu beziehen, den sie als unakzeptabel einstuft. Sie läßt die Therapeutin/den Therapeuten an sich heran, und der Wahn, daß Bedürfnisse und Schwächen etwas Falsches, Schlechtes und Häßliches seien, löst sich allmählich auf. Die Bedürfnisse werden direkt angesprochen, und so entwickelt die Frau die Fähigkeit, sie zu erkennen und auf sie einzugehen. Wir wollen aber an dieser Stelle nicht vorgreifen, sondern uns zwei weiteren Grundvoraussetzungen der therapeutischen Beziehung zuwenden, die sich in den vorausgegangenen Beispielen herauskristallisiert haben.

Zum einen geht es um die Frage, wie die Therapie der Patientin hilft, die schlechten Gefühle durchzustehen, die unweigerlich beim Heilungsprozeß auftreten (Emotionen, die sie abzuspalten und zu ritualisieren pflegt). Zum anderen geht es um die Partnerschaft zwischen Therapeutin/Therapeut und Patientin: wie man mit der Magersüchtigen zusammenarbeitet, wie man ihr psychologisch die Hand hält, wie man ihr emotionale Zuverlässigkeit angedeihen läßt, damit sie mit ihren Problemen zurechtkommt. In der feministischen Praxis wirken diese beiden Aspekte zusammen. Die Patientin spürt, daß die Therapeutin für sie da ist. Und so läßt sie Schmerz und Kummer zu – Gefühle, die lange unterdrückt worden sind. Kurzum, genau die Wirklichkeit und Verfügbarkeit einer zuverlässigen emotionalen Beziehung erlauben der Frau, sich mit ihrem inneren Leiden auseinanderzusetzen. Die Therapeutin wird zur externen Hilfspsyche, die der Patientin das Loslassen ermöglicht. Die tief versteckten emotionalen Wunden kommen hervor. Weil die Frau erlebt, daß ihre Therapeutin an ihrer Erfahrungswelt teilnimmt, werden Einsamkeit und Isolation abgeschwächt. Natürlich vollzieht sich die Umkehrung der Vereinsamung nicht simpel und unproblematisch, aber genau darum geht es ja bei der therapeutischen Beziehung: um die Schaffung eines intimen Kontaktes und um das Überwinden der Barrieren, die eine solche Intimität verhindern.

Die Leserin/der Leser wird bemerkt haben, daß die Therapeutin bei den vorausgegangenen Gesprächsbeispielen sich bewußt mit einbezieht: »*Wir* können gemeinsam ... *wir* haben entdeckt ... *wir* haben verstehen gelernt.« Der Partnerschaftsgedanke ist in der Therapie völlig explizit. Die Therapeutin stellt sich als Verbündete dar, gemeinsam mit der Betroffenen nimmt sie an der Erfahrung teil. Ihr Ansatz ist das gemeinschaftliche Erforschen statt des distanzierten Beobachtens. Das heißt nicht, sich aus der Verantwortung zu stehlen bzw. mit der Patientin »Süßholz zu raspeln«. Es wird schlichtweg der Magersüchtigen nicht helfen, wenn die Therapeutin/der Therapeut »die Sache in die Hand nimmt« und dominiert. Die Anstrengungen müssen eher darauf zielen, eine angemessene Präsenz herzustellen. Emotional zuverlässige Interventionen können dann die Isolation und Einsamkeit der Patientin durchbrechen.

Sensibilität dem Zeitpunkt und der Stimmung gegenüber muß die Therapeutin an den Tag legen, wenn sie sich in die Erfahrungen der Patientin hineinversetzen will. Damit solche Interventionen wirklich nützlich sind, müssen sie genau den Punkt treffen. Sie müssen direkt die Erfahrung der Frau ansprechen, damit sich diese verstanden fühlt. Diese Interventionen sind die psychologischen Bausteine auf dem Weg zur Heilung. Wenn die Therapeutin im richtigen Moment das Richtige sagt, gibt sie ihrer Patientin eine seelische Hängematte, in der diese sich entspannen kann. Die Frau spürt die Unterstützung und kann jetzt etwas Energie auf das Wachsen verwenden, anstatt immer nur ins bloße Überleben zu investieren. Sie wird festgehalten, kann sich aus der Verstrickung befreien und vorwärts gehen.

Gleichzeitig stellt diese von der Therapeutin erstrebte »Einstimmung« den (leider oft gestörten) Versuch des Sichbeziehens dar. Die Therapeutin arbeitet hart daran, sich in die Erfahrung ihrer Patientin »einzufühlen« und deren Gefühle »nachzuvollziehen«, damit die Patientin nicht allein ist und ein emphatisches Gegenüber spürt. Manchmal begegnet die Frau diesem Einstimmen mit Mißtrauen, oder sie hat Angst, sich nicht darauf verlassen zu können. Möglicherweise werden die Bemühungen der Therapeutin unterlaufen und ihre Kommentare zurückgewiesen. Wenn die Therapeutin dies voraussieht, muß es nicht zu Fehlschlägen oder Mißverständnissen kommen. Sondern wir verstehen das Verhalten der Patientin als weitere Manifestation der Abwehrstrukturen, als Ausprobieren, wie sicher diese Beziehung zur Therapeutin wohl wirklich ist. Wer wie die Magersüchtige dauernd emotional zurückgewiesen wurde, wird ohne weiteres verstehen, daß diese Frau immer wieder die Zuverlässigkeit der Therapeutin auf die Probe stellen muß. Es hilft ungemein, die Qualen der Frau bei diesen »Prüfungen« zu mindern, wenn die Therapeutin die Notwendigkeit dieser Prozesse einsieht und dies zum Ausdruck bringt. Den Aktionen der Patientin wird Sinn verliehen. Und die genauen Erklärungen schaffen den Weg zum Aufbau einer engen Beziehung zwischen Patientin und Therapeutin.

Intimität mit einem anderen Menschen zu erfahren – das ist für alle Frauen in einer Therapie zugleich schwierig und berauschend. Besonders aber für Magersüchtige, die sich an ein erschreckendes Ausmaß an emotionaler Isolation gewöhnt haben. Für sie ist die Isolation zur zweiten Natur geworden. Sie erwarten nicht, daß sie akzeptiert und verstanden werden. Angelpunkt der Magersucht war ja die Unmöglichkeit, von anderen akzeptiert zu werden. Das Verstandenwerden innerhalb der therapeutischen Beziehung bringt seinen eigenen Schmerz mit sich: Der Mangel, der zuvor geherrscht hat, wird überdeutlich. Das Aufarbeiten dieser Einsicht ist ein wichtiges Merkmal der Therapie. Genau der Schmerz, den die Patientin zuvor verdrängt hat (und dessentwegen sie die Magersucht entwickelt hat), soll zum Ausdruck gebracht werden.

Dieser Schmerz ist für die Patientin und oft genug für die Therapeutin nur schwer zu ertragen. Die Frau erlebt ihren Schmerz als Beweis ihrer Schlechtigkeit. Die Therapeutin dagegen fühlt, wie peinigend die Lebensumstände dieser Frau sind. Häufig möchte die Betroffene vor diesen Qualen zurückweichen. Es zerreißt sie geradezu. Diese neuen Gefühle des Schmerzes, der Traurigkeit, der Hoffnungslosigkeit und der Verzweiflung scheinen ein Eigenleben zu haben. Die Frau meint, die Kontrolle zu verlieren. Sie hat Angst vor dem, was seelisch auf sie zukommt. Wut, Rache, Neid, Leidenschaft, Konkurrenzverhalten – ihr stehen Gefühle bevor, die sie noch weniger handhaben kann. Die Therapeutin muß ihr helfen, diese dramatischen Empfindungen zu durchleben. Eine nach der anderen und immer wieder. Damit die Magersüchtige die Erfahrung umkehren kann, daß solche Emotionen etwas Schlimmes sind, das man unbedingt kontrollieren muß.

Therapeutin und Patientin durchleben diese Gefühle auf verschiedene Weise. Was ist das Ziel? Die Patientin soll das Repertoire der Gefühle, die sie direkt ausdrücken und ertragen kann, erweitern. Schon die bloße Vorstellung, solche Gefühle zu haben, ist beängstigend. Noch erschreckender ist aber das wirkliche Erleben. Dies muß der Magersüchtigen sehr sanft vermittelt werden. Das Untersuchen der Nuancen von scheinbar undramatischen oder wenig bemerkenswerten Empfindungen (wie fühlt sie sich, wenn die Sonne scheint oder wenn jemand sie nach dem Weg fragt) dient dazu, gewöhnliche und handhabbare Gefühle bewußtzumachen. So lernt die Frau, ihr emotionales Vokabular zu erweitern. Aber über eine solche routinemäßige

Vorbereitung hinaus muß die Therapeutin eine beständige Präsenz und Haltung an den Tag legen, damit die Patientin vorsichtig ermutigt wird, abgespaltene oder unterdrückte Gefühle auszudrücken.

Audrey beschrieb ihre Erfahrungen mit diesem Prozeß wie folgt: Es war so, als stünde sie am Beckenrand eines Schwimmbades während eines langen, heißen Sommers. Sie wollte unbedingt springen, aber das vermeintlich eisige Wasser hielt sie davon ab. Die Sommertage vergingen. Sie ging mit den Zehen, dann mit den Füßen, danach bis zu den Knien ins Wasser. Allmählich gewöhnte sie sich an die Kälte, das Wasser reizte sie. Die eigene Schüchternheit frustrierte sie. Also sprang sie ins Naß, zitterte anfangs und war sich sicher, einen Fehler gemacht zu haben. Aber sie machte weiter. Nach der zweiten Bahn entspannte sie sich und ließ sich vom Wasser tragen. Wenig später war sie ganz ruhig. Als sie das Becken verließ, fühlte sie sich leicht und erfrischt. Als sie wieder einmal schwimmen ging, spürte sie das gleiche Zögern. Das Wasser sah zugleich einladend und eisig aus. Sie erinnerte sich an das letzte Mal und sprang. Nach einer Weile spürte sie wieder die Erleichterung und Entspannung. Sie entschloß sich, mit dem Schwimmen fortzufahren.

Die Gefühle, die Audrey jetzt zulassen konnte, waren genau dieselben, die sie zuvor verleugnet hatte und die zur Magersucht geführt hatten. Starke und stürmische Emotionen traten wieder zutage, aber anstatt Audrey zu verängstigen, schenkten sie ihr eine ungeheure Erleichterung. Das Eintauchen setzte die Energie frei, die zuvor zur völligen Anspannung geführt hatte, als Audrey sich so vorsichtig dem Wasser genähert hatte. Sie weinte sich den Schmerz und die Enttäuschung aus dem Leib und lebte den Zorn aus, der zum Vorschein kam. Danach ging es ihr spürbar besser. Sie fühlte sich »wie ein ganzer Mensch«. Die Kluft zwischen Innen- und Außenwelt wurde kleiner. In sich spürte sie Substanz und Ganzheitlichkeit – genau jene Sicherheit, die sie zuvor durch die Rituale und Nahrungsverweigerung erzielen wollte.

Obwohl Audrey sichtlich erleichtert war, schreckte sie immer wieder davor zurück, ihre Gefühle zu akzeptieren. Mal fürchtete sie, sich mit ihren Emotionen auseinanderzusetzen, mal, sie der Therapeutin offen mitzuteilen. Sie erwartete geradezu, zurückgewiesen zu werden, etwas anderes war kaum vorstellbar. Wenig überraschend sickerte allmählich etwas durch: Das Gebot ihrer Eltern, sie solle »mit einem Lächeln auf den Lippen aufwachen«, bedeutete nichts anderes als »niemals Kummer oder Traurigkeit zeigen«. In der Familie gab es so viel Leid, daß die Eltern unbewußt in der kleinen Audrey eine Art Zufluchtsstätte sahen. Die Tochter sollte den glücklichen, strahlenden und zufriedenen Teil ihres Lebens darstellen. So konnte Audrey nur unter größten Schwierigkeiten mit Gefühlen umgehen, die nicht vollkommen positiv waren. Sie war überzeugt, andernfalls zurückgewiesen zu werden. Anscheinend wurde sie nur akzeptiert, wenn sie ein lächelndes Äußeres präsentierte.

Sie hatte Angst, dieses bißchen Akzeptanz aufzugeben. Nach und nach bekam sie vor allen Gefühlen Angst. Emotionen zugeben, betrachten, ausleben, erfahren und ausdrücken – alles versetzte sie in Schrecken. Die Therapeutin fragte sich verwundert, was nur so beängstigend an solchen Gefühlen sein könnte. Letztendlich waren diese Empfindungen weniger erschreckend als die mächtige Abwehrstruktur, die sie an ihrem Platz festhielt.

Audrey war außerordentlich erleichtert, als sie die Verbindung zu den abgespaltenen Teilen ihrer Persönlichkeit wiederherstellte. Dies geschah im Kontext einer kontinuierlichen und emotional zuverlässigen Beziehung. Die Therapeutin wies sie nicht zurück, als sie weinte, als sie voller Verzweiflung war, als sie wütend in die Sitzung stürmte. Dieses Erlebnis lehrte Audrey zum erstenmal im Leben, daß Gefühle – ob angenehm oder schwierig – Teil des Alltags sind. Die Inbesitznahme dieser Empfindungen schenkte Audrey ein Gefühl der Solidität, wie es alle Rituale und Routinen der Magersucht zuvor niemals vermocht hatten. Sie besaß ein lebendiges, atmendes, fühlendes Selbst. Sie konnte fest auf den eigenen Füßen stehen und sich endlich akzeptieren, ohne sich dauernd körperlich und seelisch umkrempeln zu müssen.

In diesen Augenblicken zeigte die Therapeutin, daß sie für ihre Patientin da war: Sie ließ sich nicht von deren Abwehrstrukturen beirren. Kontinuierlich machte die Therapeutin den Weg frei, damit Audrey ihre Gefühle ausdrücken konnte. Zunächst ging es um das Sprechen über alltägliche Lebensumstände. Und später – als sich Audrey mit dem Gedanken angefreundet hatte, »Gefühle zu besitzen« – um das Problematisieren der therapeutischen Beziehung selber. Die Therapeutin ermutigte Audrey, Konflikte auszusprechen. Weil sich die Therapeutin bewußt war, daß negative Gefühle oft auf sie übertragen wurden, konnte sie sie »annehmen«, ohne sich angegriffen zu fühlen. Sie war in der Lage, alles, was ihre Patientin zum Ausdruck brachte, zu akzeptieren. Audrey durfte sich also abreagieren, zugleich lernte sie verstehen, woher diese negativen Gefühle kamen und warum sie unterdrückt worden waren. Das schenkte ihr Zuversicht: Das Zulassen von Emotionen war nachvollziehbar und berechtigt. Jetzt, da sie negative Gefühle aussprach, fühlte sie sich nicht mehr so verletzbar. Zuvor hatte diese vermeintliche Schwäche sie von Freundschaften abgehalten, weil sie stets die Gefahr gesehen hatte, die Rolle der »Glücklichen« nicht durchhalten zu können. Die Therapeutin beobachtete, daß das Aussprechen dieser negativen Gefühle Audreys Image veränderte. Zuvor hatte sie äußerst empfindlich und zerbrechlich gewirkt. Was bei anderen Menschen dazu führte, daß sie ganz eingeschüchtert Audrey wie ein rohes Ei behandelten. Nun fing sie an, Zuversicht und Festigkeit zu projizieren. Obwohl sie oft ziemlich wütend und traurig war, konnte man doch besser auf sie zugehen.

Nach einer Weile passierte es, daß Audrey sich gelegentlich enttäuscht zeigte vom Verhalten der Therapeutin. Das tritt zwangsläufig bei jeder Beziehung auf, auch bei einer therapeutischen. Im letzteren Fall hilft das Akzeptieren solcher Enttäuschungen, die Beteiligten besser zu verstehen, wie schmerzlich es für die Patientin sein muß, wenn ihre Bedürfnisse und die

Reaktionen der Therapeutin auseinandergehen. Solche Enttäuschungen werden von der Magersüchtigen um so nachhaltiger erlebt, denn sie ereignen sich ja in einer Beziehung, in der die Frau wirkliches Verständnis erfahren hat. Vielleicht zum erstenmal in ihrem Leben. Man muß sich dann offen mit dieser Enttäuschung auseinandersetzen. Die Therapeutin muß eingestehen, daß sie möglicherweise die Patientin mißverstanden hat. Manchmal treten Enttäuschungen wegen vermeintlicher Kleinigkeiten auf (was es um so schwerer macht, ihren Ursachen auf die Spur zu kommen): der zufällige Blick zur Uhr während der Sitzung, das Eingehen auf einen Traum anstatt auf ein Thema, das die Magersüchtige selbst nennt, das Nichtverstehen, worum es der Frau in diesem Augenblick geht usw. Die Magersüchtige erlebt dieses »Aneinander-vorbei« als große Enttäuschung, der sehr viel Bedeutung beigemessen wird. Sie fühlt sich im Stich gelassen. Verzweiflung und Hoffnungslosigkeit werden wieder wachgerufen. Die Therapeutin muß zeigen, daß sie gemeinsam diese Erfahrung durchstehen werden, daß der »Fehler« kein Beweis von Unfähigkeit ist, daß sie nicht eine von diesen unbefriedigenden Pflegepersonen ist. Sondern daß sie manchmal einfach nicht aufeinander abgestimmt sind. Bei der therapeutischen Begegnung geht es darum, so häufig wie möglich übereinzustimmen und mit den Folgen zurechtzukommen, falls diese Übereinstimmung manchmal nicht erzielt wird.

Das Bewältigen solcher Irritationen ist in sich sehr wichtig. Zwar sind falsche Interpretationen oder Ungeschicklichkeiten seitens der Therapeutin/des Therapeuten nicht zu begrüßen, aber völlig vermeidbar sind sie nicht. Sie/er kann nicht immer ins Schwarze treffen.[1] Bei der Arbeit mit einer Magersüchtigen können Fehler dazu führen, daß die Patientin zwar weiterhin körperlich bei den Sitzungen anwesend ist, sich aber hinter ein falsches Selbst zurückgezogen hat. Da ist eine scheinbar entgegenkommende oder verschlossene Person, die Verletztheit oder Enttäuschung unter Verschluß hält. Die Therapeutin/der Therapeut muß also aufmerksam Veränderungen beobachten. Sie/er muß sich fragen, ob dieser Wandel auf irgendwelche Eingriffe zurückzuführen ist, die an der Sache vorbeigingen oder so ungeschickt waren, daß sie die Magersüchtige psychisch »erdrückten«. Eigene Fehler zu entdecken und der Frage nachzugehen, wie die Patientin mit ihrer Enttäuschung umgegangen ist – das ist Teil der therapeutischen Arbeit. Beide Beteiligten untersuchen, wie die Patientin mit dem Fehler zurechtgekommen ist. So bauen beide die Zuversicht auf, daß sie etwaige Schwierigkeiten in der Beziehung durchstehen werden. Für die Magersüchtige ist diese Erfahrung äußerst beruhigend: Zum erstenmal im Leben hat sie die Gewißheit, daß Gefühle, Konflikte und Enttäuschungen zu Beziehungen und zwischenmenschlicher Nähe dazugehören. Beziehungen – das hat etwas mit der ganzen Persönlichkeit zu tun, nicht nur mit jenem verschwommenen falschen Selbst, das sich bislang so gequält hat, eine Bindung zu anderen herzustellen oder zumindest einigermaßen akzeptierbar zu sein.

Die starken Gefühle, die während der Therapie zutage treten, sind natürlich genau diejenigen Gefühle, die zuvor durch die Magersucht gebunden worden sind. Nahrungsverweigerung – das ist das Zurückweisen von Gefühlen und Bedürfnissen. Und jetzt, da die zuvor unterdrückten Empfindungen Teil des Alltagslebens der Frau werden, drängen alle möglichen Bedürfnisse in den Vordergrund. Zwar vollzieht sich dieser Prozeß nicht gleichzeitig, aber wenn der Wunsch zugelassen wird, emotionalen Hunger zu befriedigen, geht damit einher der Wunsch, auch körperliche Begierden zu befriedigen. Der Wiederbeginn der Entwicklung des Selbst beinhaltet den Erwerb der Fähigkeit, sich selber emotional und körperlich zu füttern. Diese Fähigkeiten können innerhalb der therapeutischen Beziehung erlernt werden, in der die Frau sich ja auf die Therapeutin/den Therapeuten verläßt. Die Magersucht ist vor allem eine Abwehrstrategie gegen Abhängigkeitsbedürfnisse. Sie sagt etwas darüber aus, wie bedürfnislos die Frau schon seit der Kindheit sein mußte. Beim Aufarbeiten der Anorexie lernt die Betroffene einzugestehen, daß sie tatsächlich Ansprüche hat. Und ein fundamentales Bedürfnis ist das nach einer zuverlässigen emotionalen Beziehung.

»Erwachsen zu sein« und allein auf sich aufzupassen – das ist für eine Magersüchtige ein prekäres Gefühl. Wir haben gesehen, wie ritualisierte Leibesübungen und Nahrungsverweigerung als Versuch institutionalisiert wurden, eine Barriere zu schaffen, um das zerbrechliche Selbst zu verbergen. Sie sind der Versuch, einer Heranwachsenden Grenzen zu ziehen, die sich nicht von allein entwickelten beim Prozeß der Loslösung und Individualisierung. Während der Jugend fährt die Person damit fort, sich von den Eltern zu lösen. Wenn zuvor die Entwicklung relativ glatt verlaufen ist, kann das Leben für einen jungen Erwachsenen sehr aufregend sein: Die unbekannte Welt außerhalb der Familie und der Schule regt an und lädt ein. Wenn freilich frühkindliche Abhängigkeitsbedürfnisse nicht befriedigt wurden (und dies trifft auf fast alle Frauen zu), dann ist die hier versuchte psychologische Loslösung nichts anderes als die Folge des Versuches, die benötigte Geborgenheit zu verleugnen. Zwangsläufig muß die Heranwachsende falsche Barrieren errichten, um ein Gefühl der Unabhängigkeit zu erlangen. Die junge Frau braucht noch so viel. Sie kann sich nicht aus einer gefestigten Position der Stärke loslösen, sondern sie muß sich geradezu losreißen und einen Anschein von Differenzierung schaffen. Sie benutzt die Rituale und Nahrungsverweigerung als Barriere zwischen ihrem hungrigen Selbst und dem funktionierenden falschen Selbst. So ist sie in der Lage, sich von ihrer Familie und den unbefriedigten Bedürfnissen zu trennen, während sie gleichzeitig jene Bedürfnisse unterdrückt. Bei der Therapie werden der Frau die Ursachen und Folgen dieser Loslösungsversuche vor Augen geführt. Zwangsläufig wird sie die Existenz von Bedürfnissen unerfreulich finden, und sie wird kaum Wünsche in sich verspüren, die *nicht* Schamgefühle in ihr wecken, die *nicht* nach irgendeiner Bestrafung verlangen. Das Unterdrücken der Bedürfnisse war ein Mittel, eine Pseudounabhängigkeit zu erlangen. Während des ersten Jahres ihrer Therapie hatte Jean so große Schwierigkeiten damit, Bedürfnisse und Gefühle zuzulassen, daß sie sich Schmerzen zufügte, wenn ihr »so etwas« passierte: Sie zerdrückte ein Glas gegen die Wand, oder sie verbrannte sich mit einer Zigarette. Es tat ihr außerordentlich weh, diese Opfergänge zuzugeben. Aber indem beide Beteiligten die Quelle und die Funktion des Schuldgefühls verstanden, lernte sie allmählich, diese Reaktion einzustellen. Langsam trat eine Veränderung auf. In den ersten zehn Minuten der Sitzung berichtete sie, was ihr in der Woche widerfahren war, dann ließ sie sich in den Sessel fallen und starrte die Therapeutin an. Sie konnte jetzt die therapeutische Beziehung als einen Raum benutzen, in dem sie einfach »war«. Eine vollkommen neue Erfahrung für sie, die sie zudem anfangs kaum ertragen konnte. Nach einer Weile schaffte sie es, zehn Minuten lang so zu sitzen. Dann fast die ganze Sitzung. Es war so, als ob sich das unentwickelte Selbst, das einfach »sein« wollte, ohne etwas zu »tun«,[2] langsam entfaltete.

Während Jean in diesem Zustand einfachen »Seins« war (den Winnicott so unabdingbar für die psychische Entwicklung des Selbst findet), nahm sie die emotionale Versorgung auf, die für das Wiederaufleben der verhinderten Entwicklungsprozesse benötigt wurde. Diese Phasen des Seins (in denen Jean die Gegenwart der Therapeutin spürte und sich auf sie verließ, wenn es darum ging, ihr noch unintegriertes Selbst festzuhalten) wurden unterbrochen von Phasen schwerer Depressionen und Verzweiflung. Anfangs hatte sie entsetzlich Furcht vor diesen schmerzlichen Erfahrungen, voller Panik versuchte sie, sich davon zu befreien. Aber allmählich vermochte sie sie zuzulassen und den dahinter verborgenen Verlust. Für die Therapeutin mag das eine schwere Zeit sein. Scheinbar gibt es keinen Fortschritt, und das ist entmutigend. Aber Jeans Fähigkeit, Verzweiflung zu fühlen, *ohne etwas dagegen zu unternehmen,* war Anzeichen einer positiven Entwicklung. Sie gestattete sich Empfindungen, die lange unterdrückt worden waren – und das ohne Angst.

Durch einfaches Zusammensein mit einem anderen Menschen, dem etwas an ihr lag und der den Schmerz mit ihr durchleben konnte, nahm sie die so benötigte Wärme zu sich. Sie vermochte gleichzeitig ein Bedürfnis anzuerkennen und die therapeutische Beziehung dazu zu nutzen, dieses Bedürfnis zu befriedigen.

Von Zeit zu Zeit bemerkte Jean, daß das obsessive Denken, das ihr zur zweiten Natur geworden war, während der Therapie wiederauftauchte. Wie ein Mechanismus, der das Aussprechen von Konflikten und problematischen Wünschen abblockte. Dieses Verhalten fiel besonders auf, da es sich in einem so starken Gegensatz zum ruhigen Zustand des »Seins« befand. Die Ruhe erlaubte unangenehmen Gefühlen hervorzutreten. Wenn Jean diesen Gefühlen nicht Ausdruck verleihen konnte, geriet sie rasch in eine Zwickmühle: Sie verstrickte sich in eine Reihe obsessiver Gedanken, oder sie stand unter dem Zwang, irgendein Rätsel lösen zu müssen. Als ob ihr Kopf voller Radioprogramme wäre, die sie automatisch einstellte. Jede Station hatte ihr ein hörenswertes Programm zu bieten, und indem sie sich darauf einließ, wurde sie das schwierige Gefühl los, das diese Obsession überhaupt ausgelöst hatte. Jean war zutiefst betrübt über das Wiederaufleben alter Problembewältigungsstrategien. Aber sie konnte den Vorfall ausnutzen, um den Konflikt zu erkennen, der immer noch zwischen Fühlen und Nichtfühlen herrschte. Da sie sich psychisch von der Therapeutin festgehalten fühlte, hatte sie den Mut, im Zustand des »Seins« und »Empfindens« zu bleiben.

Nicht nur für Jean war es wichtig, daß die Therapeutin ihre Verzweiflung tolerierte und mit ihr durchlebte. Die Therapeutin mußte nichts Besonderes machen, lediglich diese Gefühle anerkennen und den Raum respektieren, den sie im Leben der Frau und innerhalb der therapeutischen Beziehung beanspruchen. *Schmerzliche Gefühle bedürfen der Toleranz und des gemeinsamen Durchlebens, nicht der Handlung.* Zunächst wird das Nichtstun entsetzlich sein für die Frau, die ja großes Geschick darin entwickelt hat, sich von ihrem Gefühlsleben zu distanzieren. Sie wird wissen wollen, was sie mit solchen Gefühlen anfangen soll. Da die Therapeutin einen entspannten Umgang signalisiert und die Gefühle innerhalb der therapeutischen Beziehung empfängt, gewöhnt sich die Frau allmählich daran, sie auszudrücken. Die Fähigkeit der Therapeutin, die Sicherheit zu vermitteln, daß schmerzvolle Phasen tolerierbar waren, schenkte Jean die Zuversicht, daß auch sie solche Zeiten durchleben konnte. Weder sie selbst noch die Therapeutin würden daran zugrunde gehen.

Die Magersüchtige neigt zu dem Glauben, daß die negativen, alarmierenden Empfindungen, die in ihr toben, nicht nur sie selbst, sondern auch die Therapeutin erschrecken – so wie sie offensichtlich jene geängstigt hatten, die damals mit ihrer Erziehung befaßt waren. Diese Angst vor negativen Gefühlen hat etwas mit der Unfähigkeit in der Familie zu tun, so etwas zu tolerieren. Jeder einzelnen Magersüchtigen ist von der Gesellschaft und der Familie eine Botschaft aufgezwungen worden: Sie sollen den Eindruck ausstrahlen, daß es ihnen gutgehe. Das Beharren darauf, daß Frauen stets für andere da sind, schließt möglicherweise aus, daß sie die eigenen negativen Gefühle erkennen und aussprechen.

Das heißt nicht, daß sie hierzu in der Lage gewesen sind. Denn viele Frauen, die eine Magersucht entwickeln, waren in ihrer Jugend durchaus rebellisch. Bei Frauen, deren Anorexie der Versuch war, das chaotische Leben daheim zu ordnen, gingen mit der Aufsässigkeit ein bedrückendes Schuldgefühl und der verborgene Wunsch einher, dem Gebot der Eltern (Zufriedenheit projizieren) Folge zu leisten. Was auch immer die tatsächlichen Umstände waren, unter denen die Magersüchtige aufwuchs: Es steht fest, daß die Eltern nicht in der Lage waren, die normalen Bekundungen kindlichen Kummers aufzufangen und zu verarbeiten. Fazit: Die Magersüchtige hat übermäßige Angst vor negativen Gefühlen. Sie empfindet sie als unheilvoll. Und so wird sie sich oft während der Therapie fragen, ob sie diese qualvollen Gefühle ihrem Gegenüber aufzwingen bzw. vermitteln darf. Die Patientin befürchtet, daß sich die Therapeutin/der Therapeut zurückzieht, daß das Aussprechen von Kummer die gleichen negativen Reaktionen weckt wie bei den Eltern zu Hause. Entsprechend vorgewarnt, kann die Therapeutin/der Therapeut diese Sorge nicht nur einmal, sondern mehrmals bei den Sitzungen ansprechen. Wie ein Refrain dringen beruhigende Worte in das Bewußtsein der Magersüchtigen, und sie kann anfangen, ein tiefverwurzeltes Verhaltensmuster zu ändern.

Nicht jede Magersüchtige ist in der Lage, sich die Therapiesituation so zunutze zu machen wie Jean. Ich habe schon mit Frauen gearbeitet, die während der Sitzung nicht mit dem in ihnen lauernden Chaos umgehen konnten und dann in Panik gerieten. Manche Frauen, die vor der Therapie nur ab und zu Anfälle von Eßsucht gehabt hatten, gerieten völlig außer sich, als sie ihre festverschlossenen Gefühle ein wenig losließen: Sie wollten einfach alles in Sichtweite verschlingen, um die Gefühle wieder zu begraben. Die so schwer erkämpfte Kontrolle, auf der ein beträchtlicher Anteil ihres, wenngleich trügerischen Selbstwertgefühls beruhte, brach nun zusammen. Das Gegenteil wurde entfesselt: Anfälle von Völlerei, gewalttätige Wutausbrüche, Weinkrämpfe usw.

Solche Vorfälle mögen die Patientin und auch die Therapeutin/den Therapeuten sehr entmutigen. Ich meine jedoch, daß solche Ereignisse eine wichtige Entwicklungsphase der Therapie darstellen. Verdrängtes kommt zum Vorschein, das Chaos kann jetzt untersucht werden. Der Patientin steht ein Mensch zur Seite, mit dem sie die Sache durchstehen kann. Sie steht dem Terror und dem unberechenbaren Chaos nicht allein gegenüber, sie muß nicht dem Ausbruch zuvorkommen. Das Chaos kann zutage treten und gelebt werden. Es wirkt bereinigend. Weil es in der therapeutischen Beziehung mit jemandem geteilt wird, löst sich die Angst der Patientin allmählich auf. Die intime Beziehung ermöglicht es der Frau, Gefühle zu erfahren und auszuhalten, die sie zuvor angeblich »verrückt gemacht haben«.

Die Fähigkeit, im Rahmen einer unterstützenden Beziehung

wieder zu fühlen, ist der Schlüssel, um einen gehemmten Entwicklungsprozeß wieder in Gang zu setzen. Die Therapeutin/der Therapeut bietet eine psychologische Nabelschnur,[3] von der sich die Frau ernähren kann bzw. die sie ernährt. Die emotionale Nahrung ermöglicht es ihr, anders an ihre Umgebung heranzugehen: Die Welt wird zur Quelle der Selbstdarstellung und Versorgung. Indem sie sich Fühlen und Handeln gestattet, kehrt sie einige Schlüsselmerkmale der weiblichen Sozialisation um. Sie ist ja erzogen worden, ihren Mitmenschen die Möglichkeit zu geben, sich zu verwirklichen. Indem sie sie ausdrücklich ermutigt, indem sie unaufhörlich Gefühlsarbeit für andere leistet. Ihr grundlegendes Unbehagen an dieser Rolle hat sie durch ihre Magersucht demonstriert. Sie hat die Grenzen des Frauseins zurückgewiesen. Sie hat das Recht auf Selbstbestimmung gefordert – ob es nun um ihren eigenen Körper, um ihr Leben oder ein eigenes Ziel geht. Das Aufarbeiten der Magersucht macht ihre Sache offenkundig und berechtigt. Sie wird jetzt ein Mensch mit legitimen Wünschen und Forderungen, die sie frei zum Ausdruck bringen kann.

Anmerkungen:

1 Wenn die Therapeutin/der Therapeut perfekt ist, läuft sie/er Gefahr, eine »zu gute Mutter« zu sein. Winnicott weist in WINNICOTT, D. W., *Reifungsprozesse und fördernde Umwelt,* Frankfurt/M. 1984, darauf hin, welche Probleme auftauchen können, wenn erfahrene Mütter eine große Fähigkeit darin haben, alles vorauszuahnen, was ihre Kinder mitteilen wollen. Unbewußt enthalten sie ihren Kindern die Erfahrung von Enttäuschung und Traurigkeit vor.

2 WINNICOTT, D. W., a.a.O.

3 EICHENBAUM, L., und ORBACH, S., *Feministische Psychotherapie,* München 1984

11. Medizinische Aspekte

Wenn eine Therapeutin/ein Therapeut zum erstenmal eine magersüchtige Frau kennenlernt, werden ihr/ihm unweigerlich einige herausragende körperliche Eigenschaften auffallen. An erster Stelle steht die Abmagerung des Körpers, die möglicherweise mit einem aufgedunsenen Gesicht und hervorquellenden Augen einhergeht. Außer im Hochsommer wird die Frau, um sich warm zu halten, mehrere Kleidungsstücke übereinander tragen. Das tut sie aber auch, um das Ausmaß ihrer Magerkeit zu verbergen. Ansonsten offenbaren sich möglicherweise ein skelettartiger Körper und eine fleckige Haut. Befragt nach physischen Symptomen, wird die Betroffene vielleicht auf ihre kalten Arme und Beine hinweisen. Nach jedem Essen empfindet sie ihren Magen als aufgebläht. Sie leidet an Verstopfung, Schlaflosigkeit und Nervosität. Viele Symptome, die sich aus chronischem Hungern ergeben, sind jedoch weder für die Beobachter noch für die Betroffene selbst unmittelbar augenfällig.

Wegen der ernsthaften physischen Probleme, die sich aus dem Hungern ergeben (sie sind alle reversibel, wenn die Frau wieder bereit ist, regelmäßig eine gewisse Menge an Nahrung zu sich zu nehmen), sind viele Therapeutinnen/Therapeuten nicht bereit, eine Magersüchtige zu behandeln. Sie haben Angst, die medizinische Seite der Situation nicht zu verstehen. Die Zögerlichkeit kann so weit gehen, daß eine Therapeutin/ein Therapeut, die/der sofort bereit wäre, jemanden mit offensichtlichen seelischen Symptomen extremer Natur zu behandeln, sich nur widerwillig mit einer Magersüchtigen beschäftigen würde. Sie/er hätte

Angst davor, zusehen zu müssen, wie die Patientin dahinsiecht. Oder Angst vor der eigenen Unfähigkeit, der Betreffenden bei der Überwindung des Zwangs zu hungern beizustehen. Sie/er hätte aber auch Angst davor, einer medizinisch qualifizierten Person zu begegnen, die ein Behandlungskonzept zurückweist, in dem die Nahrungsaufnahme kein wesentlicher Bestandteil ist. Der Arbeit mit Magersüchtigen haftet eine gewisse Aura an. Da die Merkmale von Anorexie so eindeutig zu definieren sind – bei weitem eindeutiger als in den meisten anderen Fällen aus der Praxis der Therapeutin/des Therapeuten –, werden Magersüchtige häufig auf besondere Art klassifiziert und angesehen. Sie sind von einer gewissen Mystik umgeben, die die Therapeutin/den Therapeuten entweder interessiert oder aber besonders verängstigt. Dies mag die Therapeutin/den Therapeuten dazu bringen, äußerst vorsichtig vorzugehen und sich persönlich bei der Arbeit mit einer extrem untergewichtigen Magersüchtigen verletzbarer zu fühlen als bei der Arbeit mit einer Patientin mit Phobien und Zwangsvorstellungen, die ja auch sehr krank ist.

Dieses Kapitel verfolgt zwei Ziele. Erstens den Wunsch, der Therapeutin/dem Therapeuten einen Überblick zu verschaffen über die medizinischen Implikationen, die sich aus der Magersucht ergeben. Die zweite Funktion betrifft den Dialog mit den Ärzten, die mit Magersüchtigen arbeiten. Ich habe mich entschlossen, die diversen biologisch-medizinischen Theorien der Ätiologie von Anorexia Nervosa, die von einigen medizinisch orientierten Forschern vorangetrieben worden sind, nicht zu erörtern. Denn vieles weist auf die Gleichgültigkeit gegenüber sozialen und psychologischen Erklärungsversuchen hin. Eine medizinische Ausbildung führt oft dazu, daß man nur in medizinischen Kategorien denkt. Dies vermag jedoch im Falle der Anorexie besonders wenig zu überzeugen. Biologisch-medizinische Theorien können nicht die steigende Anzahl von Magersucht, das Auftreten episodischer Bulimien und den unserer Kultur eigenen Schlankheitswahn befriedigend erklären.

Wenden wir uns nun der vordringlichen Aufgabe dieses Kapitels zu: Therapeutinnen/Therapeuten müssen die Situation einer bestimmten Patientin einschätzen und mögliche medizinische Gefahren erkennen können. Mit einer solchen Vorbereitung kann die Therapeutin/der Therapeut realistische Interventionen vornehmen, die den Erfordernissen entsprechen. Darüber hinaus mögen meine Ausführungen dazu nutzen, die Liste schwerwiegender physischer Symptome richtig einzuschätzen, die, wie viele glauben, eine sofortige stationäre Behandlung und ein Therapiepaket des medizinischen Establishments erforderlich machen. Es kann für die Therapeutin/den Therapeuten entmutigend sein, mit medizinischem Personal zu kooperieren, wenn man der Fachterminologie nicht mächtig ist.[1] Noch schwieriger wird es dann, wenn eine Änderung des medizinisch etablierten Therapieablaufs erwirkt werden soll und man sich der medizinischen Problematik nicht gewachsen fühlt. Zusätzlich wird wohl die Therapeutin/der Therapeut es schwierig finden, kritisch zu beurteilen, was letztlich »Wertung« und nicht »Tatsachen« sind, wenn die Symptomatologie der Magersüchtigen ausschließlich in medizinischer Begrifflichkeit beschrieben wird. Nichtmediziner, die in medizinischer Nomenklatur bewandert sind, werden feststellen, daß sie beim Umgang mit Medizinern selbstbewußter auftreten können. Es folgt nun eine Liste der häufigsten Symptome in Fach- und Umgangssprache. Zwei Abhandlungen bieten auch dem Nichtmediziner Hilfe, bis zu einem gewissen Grade die physischen Implikationen der Anorexia Nervosa zu verstehen: John A. Sours, *Starving to Death in a Sea of Objects,*[2] mit medizinischem Glossar im Anhang, sowie P. Garfinkel und D. Garner, *Anorexia Nervosa.*[3] Palmers[4] ausgiebige Beschäftigung mit den hormonellen (neuroendokrinen) Aspekten der Anorexie liefert eine sinnvolle Zusammenfassung gegenwärtiger Hypothesen über Veränderungen im zentralen Nervensystem durch Anorexie. Ich empfehle allen Nichtmedizinern, sich mit dem heutigen medizinischen Denken vertraut zu machen, doch stets einer rein symptomatischen Therapie kritisch gegenüberzustehen. Das Hungern verursacht zahlreiche Veränderungen der normalen Körperfunktionen. Fast jedes Organ, das Blut (hämatologisches System) und die Haut (Epidermis) reagieren auf schwere Unterernährung im wesentlichen durch Verlangsamung bzw. Unterfunktion. Möglicherweise kann ein Entwicklungsstillstand des Knochenaufbaus während der Zeit der Unterernährung eintreten. Niedriger Blutdruck (Hypotonie) ist recht häufig festzustellen. Der Herzschlag verlangsamt sich (Bradykardie). Kreislaufstörungen (wie zum Beispiel das Raynaudsche Syndrom [Gefäßkrämpfe im Bereich der Finger und Zehen; Anm. d. Ü.]) bewirken, daß die Extremitäten empfindlich gegen Kälte sind. Neurologische Veränderungen spiegeln sich im Elektroenzephalogramm (EEG) wider, die immunologischen Funktionen werden beeinträchtigt, was dazu führt, daß der Körper anfälliger für Infektionen und die Abwehrkraft geschwächt wird. Bei Anstrengungen kann ein unregelmäßiger Herzschlag (Arrhythmie) auftreten. Das klinische Bild der hungernden Magersüchtigen ist folglich sehr unerfreulich. Die äußerste Gefahr, die von einer schweren Unterernährung ausgeht: Das Herz ist am Ende nicht mehr in der Lage, weiterzuschlagen. Ein Herzstillstand tritt ein.

Während das Hungern im allgemeinen eine Verlangsamung der Körperfunktion und eine Unfähigkeit zur Zellgewebeerneuerung bewirkt, verschlimmern die Folgen der Völlerei und des Erbrechens oder der übermäßige Gebrauch von Abführmitteln das medizinische Bild auf besonders beängstigende Art. So können zum Beispiel die Zähne geschädigt werden von Auswirkungen des Speichelflusses durch Erbrechen. Dadurch entstehen Zahnverfall, der Verlust von Zahnschmelz und Zahnfleischerkrankungen. Aufgedunsene Haut (Ödem) ist eine weitere Eigenart von bulimischen Magersüchtigen. Das größte Problem ist die Verhinderung des Herzstillstandes aufgrund des Elektrolytenungleichgewichtes.

Kalium ist ein Ion, das im Blut zirkuliert, damit die Nerven funktionieren können. Hypokalämie (eine Senkung des Kaliumgehaltes im Blut) führt zu einer Vielzahl von Komplikationen.

Die schwerwiegendsten: Muskelschwäche, Lähmung, gelegentliche neurologische Störungen wie zum Beispiel Grand-Mal-Anfälle,[5] Nierenfunktionsprobleme und Herzstillstand, der plötzlich und unvermittelt auftreten kann. Hypokalämie ist besonders heimtückisch. Der starke Gebrauch von Abführmitteln sowie das Erbrechen (wodurch dem Körper das Kalium entzogen wird) können zunächst unbemerkt bleiben und ohne sichtbare körperliche Veränderungen ernsthafte Komplikationen mit sich bringen. Weil die Hypokalämie mit Völlerei und Erbrechen oder mit Abführmittelmißbrauch und Gewichtsverlust in Verbindung gebracht wird, ist man gut beraten, wenn man mit einer/einem wohlgesinnten Ärztin/Arzt kooperiert. So profitiert die ambulante Behandlung von der regelmäßigen Überprüfung des Kaliumspiegels. Ich habe bereits an anderer Stelle gesagt, daß die Mindestvoraussetzung für die ambulante Arbeit mit einer Magersüchtigen ihr Einverständnis sein muß, das Gewicht, das sie bei Beginn der Therapie mitbringt, nicht zu unterschreiten. Ein stabiles Untergewicht, so mein Argument, muß nicht an sich eine medizinische Gefahr darstellen. Bei nichtbulimischen Magersüchtigen birgt ein Ungleichgewicht der Elektrolyten nicht die gleiche Gefahr wie bei bulimischen Magersüchtigen.

Wenden wir uns nun der zweiten Funktion dieses Kapitels zu. Medizinisch qualifizierte Personen, die auf die Behandlung von Anorexie nicht spezialisiert sind, fühlen sich möglicherweise völlig hilflos, wenn sie plötzlich mit individuellen Fällen von Magersucht konfrontiert werden. Eifrig probiert man zunächst Ernährungstechniken aus. Und es hat auch den Anschein, daß es der Patientin bessergehe. Aber die Gewichtszunahme kann häufig nicht gehalten werden. Die Ärztin/der Arzt ist verständlicherweise frustriert. Sie/er wird ein noch komplexeres Ernährungsprogramm suchen, verbunden mit enger Überwachung. Sie/er wird noch mehr Wert auf eine Verhaltensänderung legen und so weiter. Mediziner lernen, den Körper in seinen einzelnen Bestandteilen zu sehen (obwohl in der letzten Zeit auch ein ganzheitlicher Ansatz Verbreitung findet). Sie betrachten die Magersüchtige im Kontext der Symptome. Daraus wird eine Behandlung auf physiologischer Ebene abgeleitet. Und so mag eine rein medizinische Behandlung falsche Hoffnungen erzeugen oder in eine Sackgasse führen.[6] Störungen der Biochemie des Gehirns haben einige Forscher[7] dazu gebracht, psychotrope Medikamente zu verabreichen, in der Hoffnung, daß diese die Raster der Eßsucht aufbrechen würden. Während einige Patienten zweifellos von biochemischen Eingriffen profitieren, sind sie für viele andere nicht nur eine trügerische Hoffnung, sondern sie reduzieren das Geflecht psychosozialer Probleme, die in den besorgniserregenden Magersuchtsymptomen ihren Ausdruck finden, auf ein biochemisches Puzzlespiel. So betrachtet, hat eine solche Therapie wenig Chancen, die fundamentalen psychologischen Probleme anzugehen, die zu einer Anorexie führen.

Der Nichtmediziner benötigt den Arzt, und genauso benötigt auch dieser das Können und die Kooperation von psychologisch ausgebildetem Personal bei der Behandlung von Anorexie. Der Ansatz, den ich in der zweiten Hälfte dieses Buches beschreibe, ist der Versuch, eine Grundlage für einen möglichen psychologischen Eingriff zu formulieren. Ärzte, die meine Vorschläge auf die Therapie anwenden, können wirkungsvoller arbeiten, als wenn sie sich nur auf biochemische oder einfache verhaltensorientierte Ansätze verlassen.

Wahrscheinlich begegnet man im Laufe der Zeit einmal einer Magersüchtigen, deren medizinische Situation so kraß ist, daß man nicht riskieren kann, sie ohne intensive Therapie und medizinische Überwachung zu belassen. Es kann auch vorkommen, daß eine besonders untergewichtige Patientin selbst den Wunsch hat, in einer *geschlossenen* Umgebung zu sein, die ihr hilft, die ersten Hürden beim Wiedererlernen des Essens zu nehmen. Beim näheren Betrachten konventioneller Krankenhausprogramme stößt man unweigerlich auf Behandlungsarten, die, vom juristischen wie ethischen Standpunkt aus betrachtet, äußerst fragwürdig sind. In Großbritannien sieht ein Gesetz aus dem Jahre 1983 (Mental Health Act) die Zwangseinweisung in eine psychiatrische Anstalt vor, wenn ein Mensch sich selbst gefährdet. Dem dritten Abschnitt dieses Gesetzes zufolge kann ein Individuum bis zu sechs Monaten eingewiesen werden. Das Einweisen von Magersüchtigen[8] ist zwar umstritten, aber ein doch recht gewöhnliches Ereignis, das unbequeme juristische und moralische Fragen aufwirft. Denn häufig wird bei der stationären »Therapie« Zwang ausgeübt. Die Patientin wird infantilisiert und bestraft. Sie wird in eine kleine Zelle gesteckt, gezwungen, den Nachttopf zu benutzen, ruhiggestellt. Man überredet sie, größere Portionen als bei einer normalen Mahlzeit zu essen, damit sie schnell wieder zunimmt. Ihre persönliche Freiheit wird darüber hinaus eingeschränkt. Man reglementiert, wie oft sie baden darf oder welche Personen sie besuchen dürfen. Bestimmte Speisen, die von draußen mitgebracht werden, sind verboten. Der Kontakt mit ambulanten psychiatrischen Diensten oder Selbsthilfegruppen wird eingeschränkt. Die Fälle von Anorexie, bei denen eine stationäre Behandlung in Krankenhäusern angezeigt ist, machen nur einen geringen Prozentsatz aus. Dennoch lohnt es sich, aufzuzeigen, wie eine klinische Behandlung aussähe, wenn sie sich den hier geschilderten Ansatz zu eigen machen würde. Ich beabsichtige nicht, detailliert zu erörtern, wie ein solches therapeutisches Programm wohl aussehen könnte. Vielmehr möchte ich die Grundlage beschreiben, von der aus man ein solches Programm entwerfen könnte.

Was ist unser Ausgangspunkt? Wir nehmen die Angst der Magersüchtigen, Abhängigkeitsbedürfnisse zu zeigen, und ihren Wunsch, »loslassen« zu dürfen und »umsorgt zu werden«, gleichermaßen ernst. Also ist es wünschenswert, eine Situation zu schaffen, in der dieser Konflikt respektiert und ausgetragen werden kann. Mit anderen Worten: Wir müssen die starre Unverwüstlichkeit der Magersüchtigen ebenso wie ihre Sehnsucht danach, die Kontrolle über sich selbst an einen anderen Menschen abzugeben, ernst nehmen. Und nicht das erste bekämpfen und das zweite ausnutzen. Dieser innere Konflikt wäre ein Teil des therapeutischen Dialogs mit der Patientin. Wir würden ihr innerstes Dilemma ebenso mit ihr besprechen wie die unterschiedlichen Auswirkungen, die die stationäre Behandlung auf sie hat. Die Frau wird die Klinik möglicherweise als Ort des Schutzes und der Fürsorge erfahren, wo sie ihre Abwehrmechanismen fallenlassen kann, ohne Angst haben zu müssen, zur Passivität verurteilt zu sein. Wir könnten ihre Scham darüber, umsorgt zu werden, zur Sprache bringen. Wir könnten ihr verständnisvolle Erklärungen dafür anbieten, warum in ihrem Inneren das Abhängigkeitsbedürfnis mit seinem genauen Gegenteil im Streit liegt. Die Rolle der Patientin im Behandlungsplan wäre die einer echten Partnerin. Regelmäßig würde man über wahrscheinlich auftretende Probleme sprechen. Und so könnten Lösungsmöglichkeiten aufgearbeitet werden. Fazit: Eine tatsächlich wohlwollende Umgebung, in der die Betroffene Gelegenheit bekommt, mit Frauen in gleicher Lage zusammenzusein, kann enorme Hilfe bieten. Isolation und Verzweiflung, die Folgen der Anorexie, werden aufgebrochen. Die beschützende Umgebung sorgt für den Rahmen, um die Probleme der Magersüchtigen aufzuarbeiten: Wie kann ich Nahrung zu mir nehmen, wie behalte ich sie in mir, wie komme ich mit einem veränderten Körpergewicht zurecht, wie gehe ich mit der wieder einsetzenden Menstruation um? Und so weiter. Die großen Probleme, die zum Vorschein kommen, wenn ein Individuum wieder zu essen beginnt, könnten in einer mitfühlenden Umgebung besprochen und aufgearbeitet werden.

Bei den meisten konventionellen Therapieprogrammen werden Ärzte, psychiatrische Krankenschwestern, Sozialarbeiter und Psychotherapeuten auf der Station in eine unmögliche Doppelrolle gedrängt. Das Programm sieht vor, daß der Betreuer gleichzeitig die Rolle des Zwangsernährers und die des vermeintlichen Subjekts der Therapiesituation spielt. Dem Essen wird viel Gewicht beigemessen, gleichzeitig einher gehen Zwangsmaßnahmen. Die Patientin wird beispielsweise überwacht, während sie die Nahrung aufnimmt. Ihr werden »Privilegien« vorenthalten, bis sie wieder regelmäßig ißt und ein bestimmtes Gewicht erreicht. Speisen, die die Betroffene bevorzugt, werden nicht berücksichtigt. Und bei einigen Therapieprogrammen begegnet man der Angst der Patientin vor dem Essen durch das »Stopfen« mit stark kalorienhaltigen Getränken, feste Nahrung wird somit umgangen. Die Chance, daß die Betroffene das Essen wiedererlernt, wird erstickt. Weil man bedrohlich darauf beharrt, daß sie essen muß. Die therapeutische Wirksamkeit des Pflegepersonals wird untergraben, da sie mit der unbarmherzigen Hand der Autorität identifiziert werden. Rechtfertigt werden solche Prozeduren mit der Meinung, »daß sich die Patientin als unreif und unfähig erwiesen hat, Verantwortung zu übernehmen«. Sie hat sich »zurückentwickelt in einen vorpubertären, das heißt kindlichen Zustand, in dem Entscheidungen für sie getroffen werden müssen«. Ihre Logik funktioniert nicht richtig, ihr Denken wird auf jeden Fall durch die Auswirkungen des Hungerns beeinträchtigt. Eine solche Einstellung seitens einiger Vertreter des medizinischen Establishments führt immer wieder zu quälenden Kämpfen: Das streitsüchtige »Kind« wird zum Objekt eines Programms der Befriedung – und zwar angeblich in ihrem ureigensten Interesse. Ich möchte nicht die Frustrationen und Ängste all derer unterschätzen, die mit Magersüchtigen zusammenarbeiten. Aber die oft vorgebrachte Streitsüchtigkeit der Patientin wird gerade durch diese Haltung geschürt.

Die Magersüchtige braucht echte Hilfe. Sie muß verstanden werden. Man darf sie nicht austricksen, manipulieren, beschwatzen oder infantilisieren. Sie muß als ein Mensch behandelt werden, der sich aus komplizierten Gründen in eine medizinisch schwierige Lage gebracht hat, die Aufmerksamkeit verlangt. Das therapeutische Personal muß akzeptieren, daß diese Patientin Probleme mit dem Essen hat und die Vorstellungen von Gewichtszunahme unmöglich und schrecklich findet. Es geht nicht darum, mit der Patientin zu argumentieren, sie zur Einsicht zu zwingen, ihre Gefühle zu unterschätzen oder ihr zu erzählen, daß man es besser wisse. Sondern das Personal soll mit ihr eine Beziehung aufbauen, deren erklärtes Ziel das Verstehen des medizinischen und psychologischen Dilemmas der Betroffenen ist. So daß alle Beteiligten in der Lage sind, der Patientin zu helfen, diese sehr schwere Zeit zu überstehen. Bei gefährlichem Untergewicht muß man ein tägliches Minimum an Essen vereinbaren. Ich bin jedoch nicht der Ansicht, daß ein solches Übereinkommen unbedingt Zwangscharakter haben muß. Respekt für die Patientin, gepaart mit dem Anerkennen der Ernsthaftigkeit der Lage, kann bei der ambulanten Behandlung zu extrem positiven Ergebnissen führen. Es sollte möglich sein, dies auf die Situation in einer Klinik zu übertragen. Ein Dialog wie der folgende, der viel zu häufig geführt wird, sollte um jeden Preis vermieden werden:

Krankenschwester: Essen Sie alles auf. Sie müssen wieder Gewicht zulegen. Sie wissen, daß Sie sehr schwach sind.
Patientin: Ich will nicht essen. Lieber sterbe ich.
Krankenschwester: Seien Sie nicht so dumm.
Patientin: Ich werde es nicht essen. Ich sterbe schon nicht.
Krankenschwester: Nun, ich fürchte, Sie werden das essen müssen. Ich bleibe hier sitzen, bis alles runter ist. Also bringen Sie es besser hinter sich. Auf jeden Fall schmeckt es warm besser als kalt.
Patientin: Ich werde es nicht essen. Sie können mich nicht zwingen. Ich hasse dieses Haus.

Eisige Stille folgt. Schließlich wird der Dialog wiederholt. Vielleicht wirft die Patientin das Essen auf den Boden. Vielleicht zwingt man sie, etwas anderes oder dasselbe zu essen. Verzweifelt sucht sie einen Ort, an dem sie das soeben Gegessene loswerden kann. Das Fenster ist verriegelt, ihr Nachttisch hat keine Schublade, sie darf ihre Einzelzelle nicht verlassen, um auf die Toilette zu gehen. Sie springt aus dem Bett und verrichtet voller Panik ihre Leibesübungen.

Nach einer Weile taucht die Schwester wieder auf und beschimpft sie, weil sie das Bett verlassen hat. Sie holt ein paar Beruhigungsmittel und fährt damit fort, ihre Autorität auf fragwürdige Weise durchzusetzen.

Eine solche Situation könnte in einer Umgebung, wie ich sie mir vorstelle, einfach nicht stattfinden. Das Essen wäre Bestandteil eines Prozesses. Man bereitet die Mahlzeit vor, man spricht über die Gefühle, die hierbei auftreten, über das Essen und die dabei zu erwartenden Probleme. Die Mahlzeit selbst würde in möglichst ansprechender Atmosphäre stattfinden. Das heißt, die Patientin kann entweder alleine oder mit einer zweiten Person oder auch in einer kleinen Gruppe speisen. Sie darf kleine Portionen zu sich nehmen und herausfinden, wie sich dies körperlich und psychologisch »anfühlt«. Ein therapeutischer Dialog sollte sich dann wie folgt anhören:

Krankenschwester: Na, dieser Salat, den Sie gemacht haben, sieht ja toll aus. Wie empfinden Sie die Vorstellung, ihn zu essen?

Patientin: Es fällt mir nicht leichter. Ich habe immer noch Angst davor, obwohl ich schon mehrmals Salate heruntergekriegt habe.

Krankenschwester: Vielleicht hilft es Ihnen, sich zu erinnern, daß Sie schon früher einige Portionen zu sich genommen haben, ohne daß etwas Furchtbares passiert ist?

Patientin: Nun, das werde ich wohl tun müssen, weil ich eigentlich dazu neige, mir vorzustellen, wie das Essen mich aufbläht und wie ich davon fett werde.

Krankenschwester: Ich verstehe sehr gut, wie unendlich schwer dieser ewige Kampf ist. Und dennoch ist er so wichtig. Wenn Sie weiteressen und feststellen, daß Sie nicht fett werden, werden Sie zur Einsicht gelangen, daß Essen doch nicht so schlimm sein kann.

Patientin: Natürlich hasse ich es, zuzugeben, daß ich mich etwas besser fühle. Ich bin nicht so aufgedreht. Manchmal allerdings, wenn ich den Salat esse, stelle ich fest, wie groß mein Hunger ist. Und dann gerate ich in Panik und denke, ich werde die ganze Krankenhausküche plündern.

Krankenschwester: Klar, und es ist gut, daß Sie das aussprechen. Aber wir können damit wie beim letztenmal umgehen. Wenn der Salat zur Neige geht und Sie verzweifeln wollen, können wir darüber sprechen, was Sie noch essen möchten. Wir gehen dann so vor, daß Sie sich vorstellen, wie es sich in Ihrem Magen anfühlt, bevor Sie sich auf das Essen stürzen. Wer weiß, vielleicht meinen Sie, daß Sie sogar noch etwas mehr essen und es genießen können, ohne daß es zu einem »Freßanfall« kommt.

Bei diesem Dialog wird das Problem geradeheraus angesprochen. Und zwar von der Krankenschwester und der Patientin. Beide gehen vom Standpunkt der Betroffenen aus, die versucht, wieder zu essen. Die Motivation, zu essen oder sich wohler zu fühlen, ist, für sich betrachtet, keine ausreichende Bedingung für eine erfolgreiche Heilung. Der Prozeß, das Essen als erfreulichen und nicht beängstigenden Teil des Lebens zu begreifen, die Entwicklung sekundärer Geschlechtsmerkmale, die Gewichtszunahme und das Leben in einem nicht so mageren Körper sind, wie wir gesehen haben, extrem schwierige Ereignisse für Magersüchtige. Und so verlangen sie Unterstützung und Verständnis. Wie das obige Beispiel illustriert, ermöglicht das Wissen der Krankenschwester um die Schwierigkeiten der Patientin (im Gegensatz zu einer überheblichen Haltung) einen echten Dialog. In ihn eingewoben ist ein Sicherheitsnetz der Fürsorge.

Ein Behandlungsprogramm, wie ich es vorschlage, verlangt natürlich ein Umdenken. Die Haltung, mit der man Magersüchtigen begegnet, wird hinterfragt. Beim Entwurf dieses Programms wäre die Beteiligung geheilter Magersüchtiger von größter Bedeutung. Denn sehr viele ehemalige Magersüchtige können von schmerzhaften und bitteren Erfahrungen berichten, die sie bei der Behandlung erlebt haben. Einige von ihnen haben begonnen, sich Gedanken zu machen, welche positiven Maßnahmen sinnvoll in eine Therapie eingebaut werden könnten. Das Personal, das an einem solchen Programm arbeitet, müßte sich der eigenen Einstellung bewußt werden, wenn es um Essen, Schlankheit und den Objektcharakter von Frauenkörpern geht. Das ist wichtig, damit die Probleme der Patientin nicht mit den eigenen durcheinandergeraten. Ich muß wohl darauf hinweisen, daß ein Teil der bei stationärer Behandlung üblichen Auseinandersetzungen verschlimmert wird durch den (vielleicht unbewußten) Neid des Personals: Die behandelnden Personen ärgern sich über die Leichtigkeit, mit der die Magersüchtige dem Essen widerstehen kann. Viele Krankenschwestern, Psychotherapeuten, Physiotherapeuten, Sozialarbeiter, Diätschwestern und Ärzte (wie auch die übrige Bevölkerung) leiden unter einer Art unterschwelliger Eßsucht. Sie spüren darum das Bedürfnis, auf die eine oder andere Art das Essen zu verneinen, sich Nahrung vorzuenthalten. Die konstante Verweigerung der Magersüchtigen fordert ihre eigenen Probleme mit der Selbstkontrolle heraus. Dem bereits existierenden Machtkampf wird so weiter Auftrieb verliehen. Am Anfang eines stationären Programms muß also die Auseinandersetzung der behandelnden Personen mit der eigenen Einstellung gegenüber dem Essen, der Fettleibigkeit, der Magerkeit und Weiblichkeit stehen. So wie ich hier auch vorgeschlagen habe, daß Psychotherapeutinnen und Psychotherapeuten generell diese Fragen klären, wenn sie mit Magersüchtigen arbeiten.

Alsdann würden die allgemeinen Parameter eines stationären Therapieprogramms für Magersüchtige an erster Stelle vorsehen, daß die behandelnden Personen anerkennen, daß ihre Patientinnen Rechte wie jeder Mensch haben und daß ihre »Krankheit« sie nicht inkompetent macht. Zweierlei muß gleichzeitig akzeptiert werden: die für die Anorexie charakteristische strikte Kontrolle der Abhängigkeitsbedürfnisse genauso wie ihr Gegenteil, nämlich der Wunsch, umsorgt zu werden. Das Ausmaß und die Stoßrichtung der Nahrungsverweigerung müssen aufgearbeitet werden. Das heißt, es geht um das Verstehen der Wirklichkeit und der symbolischen Bedeutung der Nahrungsverweigerung. Von höchster Wichtigkeit ist die Schaffung eines therapeutischen Klimas, in dem sich das Personal zum Ziel macht, sich auf die ganze Persönlichkeit der Patientin einzulassen und nicht nur auf ihre Magersucht. Die Station wäre auch an der Essensvorbereitung beteiligt, was ein hohes Maß an Flexibilität voraussetzt.[9]

Anmerkungen:

1 Dr. Irene Patterson weist darauf hin, daß ein Medizinstudium den Wortschatz der Studentinnen und Studenten um 50 Prozent erhöht!
2 SOURS, J. A., *Starving to Death in a Sea of Objects: The Anorexia Nervosa Syndrom,* New York 1980
3 GARFINKEL, P., und GARNER, D., *Anorexia Nervosa: A Multi-Dimensional Perspective,* New York 1982
4 PALMER, R. L., *Anorexia Nervosa,* London 1980
5 epileptische Anfälle
6 Vgl. Artikel von Geoffrey Cannon im »Observer« vom 7. September 1984. Dort wird auf einen Brief von Dr. D. Latto an die Zeitschrift »The Lancet« hingewiesen, in welchem er eine Verbindung zwischen Zinkmangel und Appetitlosigkeit herstellt. Falls dieser Artikel falsche Hoffnungen weckt, beweist er eine große Unverantwortlichkeit des Autors.
7 POPE, G. H., und HUDSON, J. I., *New Hope for Binge Eaters,* New York 1984
8 *Doctor's Dilemma,* BBC TV, 29. Januar 1985
9 An dieser Stelle möchte ich Dr. Robin Vicary für das Überprüfen der medizinischen Daten in diesem Kapitel danken.

Nachwort

Ein tragisches Phänomen: Systematisch berauben sich Frauen der eigenen Nahrung. Das ist nur ein Beispiel in einer langen Reihe von Verhaltensformen, die Frauen an den Tag legen. Die Veränderungen der gesellschaftlichen Vorstellungen vom weiblichen Äußeren machen es für die individuelle Frau extrem schwer, sich sicher und unbeschwert zu fühlen. Egal, welche Größe oder Form ihr Körper hat. Während der Magerkeitswahn der anorexischen Frau eine Metapher für unser Zeitalter ist, sind die verschiedenen Eßprobleme, die Frauen heutzutage haben, auf den Versuch zurückzuführen, sich gleichzeitig der ästhetischen Idealisierung der Frau anzupassen und diese zu verwerfen.

Das Körpergefühl einer Frau spiegelt unweigerlich ihre Verinnerlichung von vorherrschenden gesellschaftlichen Normen wider. Und je nachdem, wie ihr eigenes Urteil ausfällt (wie »in« oder »out« ihr Körper ist, gemessen an den zur Zeit herrschenden Normen weiblicher Attraktivität), steigt oder fällt ihre Selbstachtung.

Das ist leicht zu verstehen, wenn wir uns die folgenden Umstände vor Augen führen: Das ästhetische Ideal verkehrt sich plötzlich ins Gegenteil, und die Rubenssche Frau wird das Motiv, das Vorbild unseres Zeitalters. In Illustrierten, im Fernsehen, in Filmen, in der Werbung, überall repräsentieren jetzt üppig proportionierte Frauen alles Gute, Schöne, Sinnliche, Sexuelle, Vitale, Energische, Gesunde und Jugendliche. Die Zeitungen loben den gesegneten Appetit, und sie bieten Ratschläge an, wie Magere ihre Nahrungsaufnahme steigern könnten. Hochglanzfotos und Zeichnungen von schillernden, dicken Frauen verstärken dieses neue Ideal. Nun wird das Dicksein zum moralischen Prinzip erkoren, zur hochgeschätzten Norm. Dünne Frauen leiden unter der Schmach, mager zu sein. Sie versuchen, ihre mageren Körper durch geschicktes Kleiden zu verbergen. Vielleicht auch durch falsche Büstenhalter. Vielleicht nehmen sie an Bodybuildingkursen teil und ernähren sich von kalorienreichen Produkten, die eine Gewichtszunahme versprechen.

Alle möglichen psychologischen Probleme werden in die Sehnsucht verpackt, dick zu sein. Dicksein, das ist jetzt der Ausdruck für Selbstachtung und Eigenliebe. Dünnsein, das ist der Ausstieg aus der Weiblichkeit und Sexualität. Dünnsein bedeutet, nicht beachtet, von weitem abgeurteilt zu werden. Einer Dünnen fehlt etwas. Dünne Frauen sind verzweifelt: Was auch immer sie tun mögen, ihr Körper scheint sie zu besiegen. Sie können eine Gewichtszunahme nicht halten. Sie meinen, in einem wesentlichen Bereich der Weiblichkeit zu versagen.

Frauen werden enorme Schwierigkeiten damit haben, angemessen mit ihrem Körpergefühl umzugehen, solange ästhetische Normen weitergelten, die so grotesk und wechselhaft sind wie die heutigen, und solange die Vorstellung von Schönheit dem Profit und der Kontrolle zuliebe manipuliert wird. Und Frauen werden Schwierigkeiten mit dem Essen und ihrem Äußeren haben, solange der Körper der Maßstab für die Selbstbewertung und für die Bewertung durch andere ist. Indem wir die Entfaltungsmöglichkeiten und die Selbstverwirklichungschancen für Frauen vergrößern und die gesellschaftlichen Arrangements verändern, die unsere heutigen Lebensbedingungen produziert und geprägt haben, können wir antizipieren, daß eines Tages Töchter in unserer Gesellschaft eine andere Erziehung und eine andere Wertschätzung erfahren werden.

Bibliographie

BANNER, L., *American Beauty,* New York 1983

BECK, S., BERTHOLLE, L., und CHILD, J., *Mastering the Art of French Cooking,* New York 1961

BELOTTI, E. G., *Was geschieht mit kleinen Mädchen? Die zwangsweise Herausbildung der weiblichen Rolle in den ersten Lebensjahren durch die Gesellschaft,* München 1975

BINSWANGER, L., *The Case of Ellen West,* in: R. MAY et al. (Hrsg.), *Existance,* New York 1958

BOSKIND-WHITE, M., und WHITE, W. C., *Bulimarexia: The Binge/Purge Cycle,* New York 1983

BOWLBY, J., *Attatchment and Loss,* Bd. 1 und 2, New York 1969, 1973

BRAVERMAN, H., *Die Arbeit im modernen Produktionsprozeß,* Frankfurt/M. 1980

BROWNMILLER, S., *Weiblichkeit,* Frankfurt/M. 1984

BRUCH, H., *Der goldene Käfig. Das Rätsel der Magersucht,* Frankfurt/M. 1982. *Eating Disorders; Obesity, Anorexia Nervosa, and the Person Within,* New York 1973

CHESLER, P., *Frauen – das verrückte Geschlecht,* Reinbek 1977

CHODOROW, N., *The Reproduction of Mothering. Psychoanalysis and the Sociology of Gender,* Berkeley 1978

COWARD, R., *Female Desire,* London 1984

CRISP, A. H., *Anorexia Nervosa: Let Me Be,* London 1980

CRISP, A. H., PALMER, R. L., und KALUCY, R. S., *How Common is Anorexia Nervosa? A Prevalence Study,* in: British Journal of Psychiatry, 128, 1976, S. 549–554

DALLY, P. J., und GOMEZ, J., *Anorexia Nervosa,* London 1979

DINERSTEIN, D., *Das Arrangement der Geschlechter,* Stuttgart 1979

DUDDLE, M., *An Increase of Anorexia Nervosa in a University Population,* in: British Journal of Psychiatry, 123, S. 711–712

EHRENREICH, B., und ENGLISH, D., *For Her Own Good: 150 Years of the Experts of Advice to Women,* London 1979

EICHENBAUM, L., und ORBACH, S., *Feministische Psychotherapie. Auf der Suche nach einem neuen Selbstverständnis der Frau,* München 1984. *Ganz Frau und wirklich frei,* ECON, Düsseldorf 1984

EWAN, E. und EWAN, S., *Channels of Desire,* New York 1982

FAIRBAIRN, W. R. D., *Psychoanalytic Studies of the Personality,* London 1952
FAIRBAIRN, C. G., *Binge-eating and Bulimia Nervosa,* London 1982
FLAX, J., *The Conflict Between Nurturance and Autonomy in Mother-Daughter Relationships and within Feminism,* in: Feminist Studies 4 (2), Maryland 1978
FRANSELLA, F., und CRISP, A. H., *Comparisons of Weight Concepts in Groups of Neurotic, Normal and Anorexic Females,* in: British Journal of Psychiatry, 134, S. 79–81
FREUD, A., *The Psychoanalytic Study of Infantile Feeding Disturbances,* in: Psychoanalytic Study of the Child, 2, S. 119–32
FREUD, S., *New Introductory Lectures: On Feminity,* Lecture 33, London 1932
FRIEDAN, B., *Der Weiblichkeitswahn oder Die Selbstbefreiung der Frau,* Reinbek 1968
FRIEND, A., und METCALF, A., *Slump City,* London 1981
GARFINKEL, P. E., und GARNER, D., *Anorexia Nervosa: A Multi-Dimensional Perspective,* New York 1982
GARNER, D., und GARFINKEL, P. E., *Handbook of Psychotherapy for Anorexia Nervosa and Bulimia,* New York 1984
GARSON, B., *All The Live-Long Day,* New York 1975
GOODSITT, A., *Anorexia Nervosa,* in: British Journal of Medical Psychology, 42, S. 109–118
GULL, W. W., *Apepsia hysterica: Anorexia Nervosa,* in: Transcripts of the Clinical Society of London, 7, S. 22–28
GUNTRIP, H., *Schizoid Phenomena and Object Relations Theory,* New York 1969
HITE, S., *Hite Report,* München 1982
HURST, A. F., LACEY, L. H., und CRISP, A. H., *Teeth, Vomiting and Diet; a Study of Dental Characterstics of 17 Anorexia Nervosa Patients,* in: Postgraduate Medical Journal, 53, S. 298–305
JENKS, C., *The Culture of Narcissism,* New York 1979
KALUCY, R. S., CRISP, A. H. und HARDING, B., *A Study of 56 Families with Anorexia Nervosa,* in: British Journal of Medical Psychology, 50, S. 381–395
KEYS, A., BROZEK, J., HENSCHEL, A., MICKLESEN, O., und TAYLOR, H. L., *The Biology of Human Starvation,* Minneapolis 1950
KHAN, M. MASUD R., *The Privacy of The Self,* London 1974
KINSEY, A. C., POMEROY, W. B., MARTIN, C. E., und GEBHARD, P. H., *Sexual Behavior in the Human Female,* Philadelphia 1949
KOEDT, A., s. Vaerting, M.
LACEY, J. M., *Sexuality and Body Weight in Normal, Anorectic and Obese Young People,* in: Journal of the Institute of Health Education, 16, 1978, S. 73–75
LAMBLEY, P., *How to Survive Anorexia,* London 1983
LAWRENCE, M., *The Anorexic Experience,* London 1984
LEVENKRON, S., *The Best Little Girl in the World,* New York 1978. *Treating and Overcoming Anorexia Nervosa,* New York 1983
MACLEOD, S., *Hungern, meine einzige Waffe,* München 1983
MAHLER, M., PINE, F., und BERGMAN, A., *Die psychische Geburt des Menschen,* Frankfurt/M. 1984

MARCUSE, H., *Triebstruktur und Gesellschaft. Essays,* Frankfurt/M. 1973
MASTERS, W. H., und JOHNSON, V. E., *Die sexuelle Reaktion,* Reinbek 1984
MINTZ, I. L., et al., *Fear of Fat,* New York 1983
MINUCHIN, S., ROSMAN, B. L., und BAKER, L., *Psychosomatische Krankheiten in der Familie,* Stuttgart 1983
MITCHELL, J., *Frauenbewegung – Frauenbefreiung,* Berlin 1981
MONEY, J., und ERHARDT, A., *Man and Woman, Boy and Girl: The Differentation and Dimorphism of Gender Identity from Conception to Maturity,* Baltimore 1973
MOYNIHAN, D., *The Negro Family: The Case for National Action,* Washington 1965
ORBACH, S., *Antidiät II,* München 1984. *Anti-Diätbuch,* München 1979
PALMER, R. L., *Anorexia Nervosa,* London 1980
POPE, G. H., und HUDSON, J. I., *New Hope for Binge Eaters,* New York 1984
RUSSELL, G. F. M., *Bulimia Nervosa: An Ominous Variant of Anorexia Nervosa,* in: Psychological Medicine, 9, 1979, S. 429–448
SCHWARTZ, D., THOMPSON, M., und JOHNSON, C., *Anorexia Nervosa and Bulimia: The Socio-cultural Context,* in: International Journal of Eating Disorders, 1, S. 20–36
SELVINI PALAZZOLI, M., *Magersucht. Von der Behandlung einzelner zur Familientherapie,* Stuttgart 1984
SHERFEY, M. J., *The Nature and Evolution of Female Sexuality,* New York 1972
SORLIE, P., GORDON, T., und KANNEL, W., *Body Build and Mortality, the Framingham Study,* in: Journal of the American Medical Association, 234, 1980, D. 1828–1831
SOURS, JOHN A., *Starving to Death in a Sea of Objects: The Anorexia Nervosa Syndrome,* New York 1980
SPITZ, R., *Die Entstehung der ersten Objektbeziehungen,* Stuttgart 1973
TURKEL, S., *Working,* New York 1974
VAERTING, M., KOEDT, ANNE, *Frauenstaat und Männerstaat. – Der Mythos vom vaginalen Orgasmus. Neubegründung der Psychologie von Mann und Weib,* Berlin 1979
VINCENT, L. M., *Competing with the Sylph,* New York 1979
WELLBOURNE, J., und PURGOLD, J., *The Eating Sickness. Anorexia, Bulimia and the Myth of Suicide by Slimming,* Brighton 1984
WINNICOTT, D. W., *Reifungsprozesse und fördernde Umwelt,* Frankfurt/M. 1984. *Primary Maternal Preoccupation;* Collected Papers, London 1958
WOOLEY, O. W., und WOOLEY, S. C., *The Beverley Hills Eating Disorder: the Mass Marketing of Anorexia Nervosa,* in: International Journal of Eating Disorders, 1, S. 57–69

Personen- und Sachregister